Mit bester Empfehlung

D1728547

medianet

Liebe weinaffine Leserinnen und Leser,

wir freuen uns besonders, Ihnen in gewohnter Tradition im aktuellen WEISSWEIN GUIDE AUSTRIA 2023 inklusive Rosé-, Orange- und Schaumweinen Österreichs ausgezeichnete Weine vorstellen zu dürfen.

Für diese Ausgabe haben 169 Winzerinnen und Winzer insgesamt 636 Weine eingereicht, hauptsächlich aus den Jahrgängen 2022 und 2021. Umfassende Informationen dazu finden Sie auf den Seiten 14 und 15. Der Punkteschnitt aller eingereichten Weine lag wie im Vorjahr über 91. Der Preisdurchschnitt lag um ungefähr acht Prozent höher, was in etwa der Inflationsrate entspricht. Wir bemerken allerdings auch den Trend, dass sich die Winzer bei den Einreichungen vermehrt auf ihre Spitzenweine konzentrieren. Nachdem wir bestrebt sind, hervorragende Weine für jedes Budget zu präsentieren, wollen wir diesem Trend ein wenig entgegenwirken, indem wir die Weine mit gutem Preis-Genuss-Verhältnis besonders vor den Vorhang holen. Deswegen bietet der Weißwein

Guide Austria 2023 für jede Kategorie eine Liste der Top 10 der Weine mit bestem Preis-Genuss-Verhältnis! Zudem zeichnen wir den Preis-Genuss-Sieger in jeder Kategorie aus. Darüber hinaus werden für Schnäppchenjäger die Top 50 Preis-Genuss-Hits über alle Kategorien hinweg aufsteigend nach dem Preis gelistet. Die zehn Winzer, die die meisten Weine in dieser Bestenliste platzieren konnten, ehren wir im Ranking der besten Preis-Genuss-Winzer.

Wie war das Wetter 2022?

Nach einem äußerst niederschlagsarmen und milden Winter fand der Austrieb der Reben erst Ende April statt, also relativ spät. Nach anhaltender Trockenheit kam die Rebblüte bei warmer Witterung hingegen recht früh, wobei sie in den meisten Gebieten von Regenfällen begleitet wurde, was zu Verrieselungen führte. Die Sommermonate waren von zahlreichen Hitzetagen und vor allem extremer Trockenheit gekennzeichnet, wie sie kaum je zuvor aufgetreten war. Schwere Hagelunwetter und großflächige Starkregen-Ereignisse blieben glücklicherweise aus.

Vor der Haupternte, um den 20. August, wendete sich das Blatt. Es kam zu Niederschlägen, die gebietsweise auch recht heftig ausfielen, gefolgt von zwei weiteren Regenperioden vor der Hauptlese. War die Zuckerreife zuvor noch gering, lösten die gerade noch rechtzeitigen Niederschläge einen wahren Reifeschub aus. Anfang September wurden Zucker-Gradationen wie im ausgezeichneten Weinjahr 2019 verzeichnet. Die Säure fiel zwar gegenüber den beiden Vorjahren ab, entsprach aber den Werten der ebenfalls sehr guten Weinjahre 2017 und 2012. Eine weitere Folge dieser Wetterkapriolen war eine nahezu gleichzeitige Reife der meisten Rebsorten.

Jahrgangseinschätzung

Während die Weißweine des Jahrgangs 2021 mehr durch lebendige Säure und Salzigkeit auffielen, weisen beim Jahrgang 2022 relativ viele Weine neben der ohnehin druckvollen Extraktsüße auch eine höhere Restsüße auf als die Jahre zuvor. Betrachtet man jeweils die Restzuckerwerte des jüngsten Jahrgangs eines unserer Weinguides, so hielt sich die Anzahl der Weine unter zwei Gramm und jene zwischen zwei und vier Gramm ungefähr die Waage und lag in etwa bei jeweils einem Drittel. Heuer dagegen machen die Weine zwischen zwei und vier Gramm Restzucker fast die Hälfte aller Weine des Jahrgangs 2022 aus. Nur 20 Prozent der 2022er haben weniger als zwei Gramm Restzucker. Geht der Trend zu drei bis vier Gramm Restzucker oder handelt es sich um eine Jahrgangstypizität? Die Zukunft wird es weisen.

Beim Grünen Veltliner kehrte das sagenumwobene Pfefferl zurück. Viele Exemplare zeigen neben der hohen Extraktsüße eine erfreuliche sortentypische Würze. Die Sauvignon Blancs 2022 erinnern mit Stachelbeeren und erfrischenden Zitrusnoten mehr an die Loire als an Neuseeland oder Bordeaux. Die österreichischen Sauvignons sind somit der Wiege der Rebsorte wieder ein Stück nähergekommen! Die Muskateller erfreuen meist mit saftigen Pfirsichnoten und charmantem Süße-Säure-Spiel und sind von der Aromatik her dezenter als die Jahre zuvor. Die Rieslinge begeistern mit Substanz und Spannung. Hohe Säure- und Restzuckerwerte, mehrheitlich zwischen drei und sieben Gramm, erzeugen eine agile Süße-Säure-Spannung. Neben den bekannt typischen Steinobstaromen mischen sich häufig Kernobst- und Zitrusnoten darunter. Die Burgundersorten brillieren 2022 trotz leichterem Alkohol als in anderen Jahren mit hoher Mineralität, dichter Substanz und vielschichtigen Aromen.

Auf den Punkt gebracht

Die Weine werden von den Juroren nach dem internationalen 100-Punkte-System bewertet, und die Durchschnittpunkte werden kaufmännisch auf- beziehungsweise abgerundet. Im Sinne der besseren Transparenz und zum aussagekräftigeren Vergleich mit anderen nationalen und internationalen Bewertungsinstitutionen werden nur die gerundeten Durchschnitts-Punkte angegeben. Weine mit Potenzial erhalten zusätzlich noch ein „+".

Die Verkostung

Die Verkostungen wurden ausschließlich verdeckt vorgenommen. Zeitgleich wurden drei Weine der gleichen Kategorie in willkürlicher Reihenfolge eingeschenkt und über 20 Minuten sensorisch beurteilt, sodass auch die Entwicklung im Glas in die Wertung einfließen konnte. Verkostet wurde aus Sophienwald-Bordeaux-Gläsern der Collection PHOENIX, die für mich die besten Gläser für mittelkräftige bis kräftige Weißweine sind. Alle geöffneten Flaschen wurden ungefähr sechs Stunden nach der Blindverkostung nochmals verkostet, um die Entwicklung besser einschätzen zu können. Weine, die in dieser Zeit signifikant zugelegt hatten, wurden in den Folgetagen nochmals der Jury blind zur Nachverkostung kredenzt. Pro Juror wurde für die Bewertung die höhere Punktezahl aus Nachverkostung und Hauptverkostung herangezogen.

Wer gewinnt?

Die höchste Bewertung holte sich das Weingut Kodolitsch aus der Südsteiermark mit dem Sauvignon Blanc Ried Rosengarten T.M.S. 2020, einem Weltmeister-Sauvignon, der an Dichte und Harmonie kaum zu übertreffen ist. Mit jeweils 96 Punkten folgen der wunderbar sortentypische Grüne Veltliner von Franz Hirtzbergers Rotem Tor, Willi Bründlmayers „Doppelspeerspitze" Blanc de Noirs 2016 und Chardonnay Steinberg 2021, der Grüner Veltliner Smaragd Ried Schön 2022 von der Domäne Wachau und Georg Prielers Pinot Blanc Ried Steinweingarten 2020.

Über den Sieg in der Kategorie „Preis-Genuss-Winzer" darf sich das Weingut Josef Fischer aus Hagenbrunn freuen, welches neben Gerhard Pamperl aus Ziersdorf drei Weine unter den Top 50 der Preis-Genuss-Hits platzieren konnte. Ausschlaggebend für den Sieg war der höhere durchschnittliche Preis-Genuss-Faktor. Wir gratulieren herzlichst!

Der Titel „Weingut des Jahres" - also der Gesamtsieg - ging heuer an das Weingut Bründlmayer aus dem Kamptal. Für jeden Kategoriesieg erhielt das jeweilige Weingut einen Punkt. Zusätzlich wurde jeweils ein Punkt für den höchstbewerteten Wein (Kodolitsch), für die meisten Weine unter den Top 50 (Bründlmayer), für den Wein mit dem besten Preis-Genuss-Verhältnis (Bioweingut Richard Schober aus Gaweinstal) und für die meisten Weine unter den Top 50 Preis-Genuss-Weinen (Fischer) an das jeweilige Weingut vergeben. Siege in zwei Kategorien konnte neben Willi Bründlmayer auch Hannes Söll aus der Südsteiermark (Welschriesling, Gereifte Weine) erringen. Mit dem Bonuspunkt für die meisten Weine unter den Top 50 und mit den Siegen in den Kategorien

Schaumwein weiß und Chardonnay liegt Bründlmayer mit drei Punkten klar an der Spitze. Wir gratulieren zum Gesamtsieg!

Welche Rebsorte hat die Nase vorn?

Die höchsten Durchschnittspunkte über alle eingereichten Proben wurden in der Kategorie „Gereifter Wein" vor den Orangeweinen und den Schaumweinen erzielt. Dies korreliert auch mit den Durchschnittsverkaufspreisen. Das exzellente Abschneiden der Gereiften Weine ist vor allem dem Weingut Maria und Hannes Söll zu verdanken. Hannes Söll hat mit seiner eigenen Methode „Sanfter Weinbau" einen Weg gefunden, Weine bei maximalem Aromenerhalt langsam reifen zu lassen.

Im Rebsortenmatch lag Weißburgunder ganz knapp vor Chardonnay, Sauvignon Blanc und Riesling. Bei der Preis-Genuss-Wertung setzten sich dagegen ganz souverän die Welschrieslinge vor den Rosés und den Muskatellern durch.

Ich darf Ihnen viel Spaß und Genuss beim Verkosten der aktuellen Jahrgänge wünschen. Allen teilnehmenden Winzern und Weingütern danken wir für ihr Vertrauen.

Bleiben Sie uns weiterhin gewogen und trinken Sie stets guten österreichischen Wein.

Ihr Johannes Fiala,
Herausgeber

PS: Der Guide ist unter www.weinguide.at oder im Buchhandel käuflich erwerblich.
ISBN-Nummer: 978-3-903254-64-0, Preis € 19,90.

Ich spüle hygienisch.
schnell.
effizient.
nachhaltig.

Ich bin **MasterLine.**

Ihre Spülmaschine für erstklassige
Hygiene und optimiertes Zeitmanagement.

Die neue MasterLine Serie ist auf höchste Anforderungen des
professionellen Geschirrspülens ausgelegt. Exzellente
Reinigungsergebnisse, intelligente Funktionen und eine
intuitive Bedienung erleichtern den Arbeitsalltag.

Entdecken Sie die Vorteile:
miele.at/pro/masterline

Miele Professional. Immer Besser.

8
INHALT

Das Beste aus Österreichs Regionen - Vom Produzenten direkt zu Dir

ÖSTERREICHS
GRÖSSTE DIREKT-
VERMARKTUNGSPLATTFORM

18.000

PRODUKTE VON

1.000

HEIMISCHEN
KLEIN- & FAMILIEN-
BETRIEBEN

Regionalität
& Qualität

Direkt vom
Produzenten

Ab Hof
& Versand

www.bauernladen.at

ORIENTIERUNG IM GUIDE

Zum besseren Verständnis und einfacherer Handhabung bieten wir hier Informationen zum Aufbau des Buches an.

Der Reihenfolge der Sortenkapitel, welche auf den Seiten 85 bis 289 den Kern dieses Weinguides bilden, liegt der aktuelle Rebflächenanteil in Österreich zugrunde. Beim Grünen Veltliner und Riesling wird noch zwischen klassisch (weniger als 13 % vol. Alkohol) und kräftig (ab 13 % vol. Alkohol) unterschieden. Selten eingereichte Rebsorten-Weine werden im Kapitel Sortenvielfalt zusammengefasst.

Nach den reinsortigen Weißweinen kommen weiße Cuvées inklusive Gemischter Sätze sowie gereifte Weißweine aus dem Jahrgang 2017 und älter. Dann bilden Orangeweine (maische-vergorene Weißweine) und Natural Wines (alternative Ausbau-weise, naturbelassen, unfiltriert) eine weitere interessante Kategorie. Auf die stillen Weine folgen die Perlweine und darüber hinaus weiße und Rosé-Schaumweine (Sekt). Last, but not least schließen Rosés und Schilcher den Weinteil ab.

Zu Beginn eines Sortenkapitels gibt es Erläuterungen zur Rebsorte bzw. Stilistik der Weine der Kategorie. Innerhalb der Sortenkapitel erfolgt die Reihung der Weine nach den erzielten Durchschnittspunkten auf eine Kommastelle genau.

Somit sind die Top 10 jeder Rebsorte bzw. jeder Kategorie mit den ersten zehn Weinen des entsprechenden Kapitels ident.

Die Herkunft verleiht dem Wein Unverwechselbarkeit, deshalb führen wir bei jedem Wein zuerst das Weinbau-gebiet gemäß Etikettenangabe an, danach die Rebsorte(n), Weinbezeichnung wie am Etikett, Ortsweinangabe und/oder Riede (Lage) und/oder den Markennamen sowie den Jahrgang. Es folgt die Infozeile, in welcher Alkohol- und Restzuckergehalt laut Weingesetz (trocken, halbtrocken, lieblich, süß), die Verschlussart (Schrauber, Naturkorken, Glas, usw.) und der Ausbau (Stahltank, großes Holzfass, Barrique, usw.) ersichtlich sind. Bei Cuvées werden zusätzlich am Beginn der Zeile die enthaltenen Rebsorten mit ihren Kürzeln (siehe nächste Seite) vermerkt. Die angegebenen Preise verstehen sich als Endverbraucher-Bruttopreise ab Hof und beruhen auf den Informationen der einreichenden Winzer mit Stand der Einreichung - Irrtum und Preiserhöhungen vorbehalten. Die Preise beziehen sich auf das Nennvolumen bzw. auf die Flaschengröße, welche in der Infozeile am Ende zu finden ist. Die Weinbeschreibungen sind nach dem klassischen COS-Prinzip (Color, Odor, Sapor) aufgebaut und beschreiben in dieser Reihenfolge die Eindrücke von Auge, Nase und Gaumen - die der Nase sind durch einen Strichpunkt von jenen des Gaumens getrennt.

Beurteilung der Weine. Die Beurteilung der Weine erfolgte nach dem internationalem 100-Punkte-System. Aus den Punktezahlen aller Juroren wurde der Durchschnitt gebildet und auf eine ganze Zahl kaufmännisch gerundet.

DIE WEINBEWERTUNGEN

Punkteschema

Punkterange	Weinqualität
75-79	einfach
80-84	gut
85-89	sehr gut
90-94	hervorragend, ausgezeichnet
95-100	absolute Spitze, Weltklasse

Potenzial

Weine, die nach ein bis drei Tagen zulegten und deswegen mit einer Steigerung der Qualität in den nächsten Jahren zu rechnen ist, wurden mit dem Attribut „Potenzial" gekennzeichnet. Die Kennzeichnung erfolgt durch ein hochgestelltes Plus neben der Punktezahl oder bei den Rankinglisten durch ein Hakerl in einer eigenen Potenzial-Spalte.

Preis-Genuss-Tipp €=!

Hochbewertete Weine, die besonders preiswert sind, wurden mit dem Preis-Genuss-Tipp ausgezeichnet und sind mit €=! gekennzeichnet.

Das empfehlenswerte Preis-Genuss-Verhältnis wird mit einer eigens entwickelten Formel ermittelt, bei der Preis und Punkte in Relation gesetzt werden. Dabei wird berücksichtigt, dass sich der Preisanstieg im Vergleich zur Qualität nicht linear verhält, sondern exponentiell.

Für Mathematiker, die es genau wissen wollen: Die exponentielle Preiskurve im Verhältnis zu den Punkten wurde durch Interpolation empirischer Werte im relevantem Punktebereich von 80 bis 100 Punkten ermittelt. Die Basis der Potenz bestimmt die Steigung der Kurve, welche so gewählt wurde, dass die Kurve die empirischen Werte annähernd trifft. Die empirischen Werte stammen aus eigener Erfahrung für österreichische Weine am österreichischen Markt. Der PGV-Faktor ermittelt sich so:

$$\text{PGV-Faktor} = \text{POTENZ} \; (3; (\text{Punkte-80}) / 5) / \text{Preis}$$

Weine, deren PGV-Faktor größer als 1 ist, haben ein sehr empfehlenswertes Preis-Genuss-Verhältnis. Liegen deren Preise zudem unter 30 Euro und schlagen mit mindestens 89 Punkten zu Buche, werden die Weine mit dem Preis-Genuss-Tipp ausgezeichnet.

Bauernladen

Weine, die mit „Bauernladen" gekennzeichnet sind, finden Sie mit einer Beschreibung zum Weingut auf www.bauernladen.at, der größten Direktvermarktungsplattform Österreichs, die regionale Produzenten mit Genussmenschen vernetzt.

Die besten Weingüter

Die besten Weingüter glänzen auf den Seiten 30 bis 33, beginnend mit dem Gesamtsieger des Jahres gefolgt vom Weingut mit dem bestem Preis-Genuss-Verhältnis. Rechts daneben sind jeweils die Top 10 im Weinguts-Ranking aufgelistet.

Die Ermittlung des Rankings der besten Weingüter und somit des Gesamtsiegers unterliegt einem komplexen mathematischen Algorithmus mit unterschiedlichen Gewichtungen. Großes Gewicht wird der Anzahl der Sortensiege und der Anzahl der Weine unter den Top 50 beigemessen.

Für jeden Kategoriesieg erhielt das jeweilige Weingut je einen Punkt. Zusätzlich wurde ein Punkt für den höchst bewerteten Wein „of the Show" und für den höchsten PGV-Faktor vergeben.

Ebenfalls je einen Zusatzpunkt bekam das betreffende Weingut sowohl für die meisten Weine unter den Top 50 Weißweinen, als auch für die meisten Weine unter den Top 50 Preis-Genuss-Weinen. Bei Gleichstand an Weinen innerhalb einer Gruppe entscheidet der höhere Punkteschnitt der betreffenden Weine.

Die Crème de la Crème
Auf den Seiten 34 bis 37 sind die 50 höchstbewerteten Weine aufgelistet. Die 50 attraktivsten Preis-Genuss-Hits über alle Sorten-Kategorien sind auf den Seiten 44 bis 47 ersichtlich.

Die Besten der 20 Besten
Um Weinreisenden die Suche nach den besten Weinen ihres Reiseziels zu erleichtern, haben wir auf den Seiten 38 bis 43 für jede Region ein Ranking der spannendsten Weingüter mit ihrem höchstbewerteten Wein erstellt.

Top 10 jeder Sorte
Für jedes Sortenkapitel wurde auf den Seiten 48 bis 83 jeweils auf der linken Seite ein Ranking nach Punkten auf eine Dezimalstelle genau (welche aber nicht angezeigt wird) erstellt. Auf der rechten Seite daneben befindet sich das Ranking der Top 10 Weine nach Preis-Genuss-Verhältnis, gereiht nach PGV-Faktor.

Abkürzungen Weißweinsorten
Blütenmuskateller - BM
Bouvier - BV
Chardonnay (Morillon) - CH
Donauriesling - DR
Frühroter Veltliner - FV
Furmint - FU
Goldburger - GO
Grauburgunder (Pinot Gris) - GB
Grüner Veltliner - GV
Jubiläumsrebe - JR
Müller-Thurgau (Rivaner) - MT
Muscaris - MU
Muskat Ottonel - MO
Muskateller (Gelber/Roter) - GM
Neuburger - NB
Riesling (Rheinriesling) - RR
Roter Veltliner - RV
Rotgipfler - RG
Sauvignon Blanc - SB
Sämling 88 (Scheurebe) - SÄ
Souvignier Gris - SG
Sylvaner (Grüner Sylvaner) - SY
Traminer (Gewürz/Roter/Gelber) - TR
Weißburgunder (Pinot Blanc, Klevner) - WB
Welschriesling - WR
Zierfandler (Spätrot) - ZF

Abkürzungen Rotweinsorten
Blauburger - BB
Blauer Portugieser - BP
Blauer Wildbacher - BW
Blaufränkisch - BF
Cabernet Franc - CF
Cabernet Sauvignon - CS
Malbec - MA
Merlot - ME
Pinot Noir (Blauburgunder, Spätburgunder) - PN
Ráthay - RH
Roesler - RÖ
St. Laurent - SL
Syrah (Shiraz) - SH
Zweigelt (Blauer Zweigelt, Rotburger) - ZW

Eingereichte Weine	**636** (Vorjahresguide 2022: 738)			
	535 Weißweine			
	14 Orangeweine			
	29 Roséweine			
	18 Perlweine / Frizzante			
	40 Schaumweine / Sekte			
Preisdurchschnitt	**€ 13,42** (Vorjahresguide 2022: € 12,47)			
Alkoholdurchschnitt	**12,80 %** (Vorjahresguide 2022: 12,80 %)			
Verschlussarten	Naturkorken	87	Diam	23
	Schraubverschluss	516	Kronenkapsel	4
	Glaskorken	6		
Ausbau Stillwein	Barrique	31	Amphore	3
	Kleines Holzfass (300 bis 600 l)	53	Steinfass	1
	Großes Holzfass	51	div. Kombinationen	80
	Stahltank	417		
Vinifizierung Schaumwein	Méthode Traditionelle	21	mit zugesetzter Kohlensäure	29
	Méthode Charmat	2	Pet Nat	6

Punkteschnitt: **91,08** (Vorjahresguide 2022: 91,38)			
Punkte	**Weine**	**Punkte**	**Weine**
97	1	91	107
96	5	90	167
95	18	89	96
94	49	88	19
93	54	87	2
92	118		

Herkunft	
Burgenland	73
Niederösterreich	311
Steiermark	122
Wien	41
Kärnten	12
Österreich	56
Weinland	10
Steirerland	10
Bergland	1

Jahrgänge	
Jahrgang	**Weine**
2022	397
2021	151
2020	36
2019	16
2018	6
2017 und älter	19
ohne Jahrgang	11

Banderole (rot-weiß-rot):
Ab der Stufe Qualitätswein, nicht erlaubt für Wein, Land- und ausländischen Wein.

Herkunft oder örtliche Herkunftsbezeichnung:
Österreichischer Wein muss zu 100 % aus heimischen Trauben bestehen und hat mit Österreichischer Wein, Wein aus Österreich oder Österreich bezeichnet zu werden. Folgende kleinere geografische Einheiten als Österreich können für Wein aus Trauben verwendet werden, die ausschließlich im angegebenen Herkunftsbereich erzeugt wurden: Weinbauregion, Weinbaugebiet, Großlage, Gemeinde, Riede oder Weinbauflur in Verbindung mit dem Namen der Gemeinde, in der diese liegt.

Sorte und Jahrgangsbezeichnung:
Der Wein muss zu mindestens 85 % aus der genannten Sorte / dem genannten Jahrgang stammen.

Qualitätsstufe:
Qualitätswein bis Trockenbeerenauslese

Staatliche Prüfnummer:
Voraussetzung für die Klassifizierung als Qualitätswein; wird nach einer chemischen und sensorischen Prüfung verliehen.

Restzucker:
trocken, halbtrocken, lieblich, süß

Alkoholgehalt:
in Volumenprozent (% vol.), Angaben nur in vollen oder halben Einheiten

Füllvolumen

DAS VERKOSTER-TEAM

DI JOHANNES FIALA
Weinakademiker, Weinjournalist und Weinhandel
„Meine große Leidenschaft ist die Bewertung und Beschreibung von Weinen. Als engagierter Juror bei zahlreichen nationalen und internationalen Weinwettbewerben konnte ich viel Verkostungserfahrung sammeln. Seit 2015 stammen die Weinbeschreibungen der medianet Weinguides aus meiner Feder und so habe ich mein Hobby - das verdeckte Weinverkosten - zum Beruf gemacht. Als Informatiker und Weinjournalist fühle ich mich der Genauigkeit und Objektivität verpflichtet."

ALEX HIRT
Weinakademiker und Weinexperte
„Über das Verkosten im privaten Bereich habe ich die Liebe zum Wein entdeckt. Durch den Abschluss der Weinakademie, den Erfolg als ,Weinkenner des Jahres' und dem Masterstudium ,Internationales Weinmarketing' lernte ich noch mehr den Wein zu lieben und habe ihn zu meinem Beruf gemacht - Mitglied in mehreren österreichischen Verkostungspanels."

MAXIMILIAN KIRSCHNER
Student der Weinakademie, Whisky- und Kaffee-Experte, Lektorat
„Meine große Leidenschaft umfasst neben dem kulinarischen Genuss vor allem die Sensorik von Getränken, und hier ist Wein mit seinen vielfältigen Ausdrucksformen die Nummer eins. Im Wahrnehmen von Sinneseindrücken ist Genauigkeit gefragt, die auch für das Lektorieren unabdingbar ist. So gingen schon zahlreiche Masterarbeiten durch meine Hände."

JOHANNES MAYER
Chefsommelier Hotel Sacher, Wien
„Seit meiner Ausbildung zum Restaurantfachmann im Hotel Sacher, Wien, bin ich bald 30 Jahre in dem Traditionshaus tätig. 2005 habe ich die Restaurantleitung im ,Anna Sacher' übernommen, wo ich nun seit vier Jahren Chefsommelier bin. Meine persönliche Leidenschaft zum Wein kann ich auch in meinem Beruf ausleben, das macht mich glücklich."

ING. MARTIN MEJZLIK

Weinakademiker, Geschäftsführer

„Seitdem ich vor vielen Jahren mit dem Thema Wein erstmals in Berührung kam, hat mich die faszinierende Welt der Weine nicht mehr losgelassen. Durch das Studium an der Weinakademie konnte ich meiner große Leidenschaft nachgehen und noch tiefer in die heimische und internationale Weinwelt eintauchen. Bei den zahlreichen Verkostungen liebe ich es, neue und spannende Facetten der Weine zu entdecken."

KEIKO SAKURADA

Diplom-Sommelière und -Barkeeperin, Kikisake-shi

„Ich komme aus der Präfektur Yamanashi in Japan, wo auch die bekannte autochthone Rebsorte Koshu herstammt. In Österreich habe ich meine Begeisterung für Wein entdeckt und mein Fachwissen bei der Ausbildung zur Diplom-Sommelière entwickelt. Seit 2018 nehme ich an nationalen und internationalen Weinbewertungen teil und berate für die Firma Heinemann Austria am Flughafen Wien Kunden aus aller Welt über Wein und Spirituosen."

ADI SCHMID

Sommelier-Ikone und Weinjournalist

Schon zu Lebzeiten eine Legende, ein Diamant in der heimischen Weinszene. Fast 41 Jahre hat er die Weingeschicke im Zwei-Sterne- und Vier-Hauben- Restaurant Steirereck gelenkt, insbesondere den umfangreichen Weinkeller betreut. Seine Weinkompetenz ist allumfassend, vor allem ist er Zeitzeuge des österreichischen Weinwunders. Wir freuen uns sehr, ihn im Verkosterteam dabei zu haben.

DI JÖRG TRONDL

Weinakademiker, Architekt, Winzer und Weinhandel

„Im Hauptberuf Architekt nutze ich die verbleibende Zeit, um mich intensiv mit allen Facetten des Weines auseinanderzusetzen. Als Betreiber einer Weinhandlung in Wien 6 und Führung eines eigenen kleinen Weinbaubetriebes („Helden der Weinberge") einerseits und andererseits als Mitglied in unterschiedlichen Verkostungspanels. Neue Facetten und Stilistiken zu entdecken ist immer wieder ein spannendes Unterfangen."

WEINBAU IN ÖSTERREICH

Österreichs Rebfläche umfasst rund 44.728 Hektar, die von ca. 11.000 Weinbauern bewirtschaftet werden. Die Anzahl weinproduzierender Betriebe beträgt 7.691. Viele Weingärtner liefern ihre Trauben entweder an Winzergenossenschaften oder an Weinkellereien. Aufgrund der klimatisch günstigeren Bedingungen befinden sich die österreichischen Weinbaugebiete vorwiegend im Osten des Landes, in den Bundesländern Niederösterreich, Burgenland, Steiermark und Wien. Aber auch in allen anderen Bundesländern (Kärnten, Oberösterreich, Salzburg, Tirol und Vorarlberg) gibt es Weinanbau in kleinem Ausmaß.

Die Bundesländer Niederösterreich (27.074 ha), Burgenland (11.772 ha), Steiermark (5.086 ha) und Wien (575 ha) bilden eigene generische Weinbaugebiete und vereinen in sich 17 spezifische Weinbaugebiete. In der Weinbauregion Bergland befinden sich fünf weitere Weinbaugebiete (Kärnten, Oberösterreich, Salzburg, Tirol und Vorarlberg).

Qualitätsweine aus 40 (26 weiße und 14 rote) zugelassen Qualitätsweinrebsorten können aus neun generischen Weinbaugebieten, die mit den Bundesländernamen bezeichnet werden, oder aus den 17 spezifischen Weinbaugebieten stammen. Die bedeutendsten generischen Weinbaugebiete sind Niederösterreich, Burgenland, Steiermark und Wien.

Die Weinbaufläche ist zu **68 % mit Weißweinsorten** bestockt, der Rotweinanteil ist in den letzten Jahren auf 32 % gesunken. Im Durchschnitt der letzten fünf Jahre wurden 2,4 Millionen Hektoliter geerntet. Die Ernte 2022 brachte mit 2,5 Mio. Hektoliter ein leicht überdurchschnittliches Ergebnis, lag mit 1 % über dem langjährigen Durchschnitt und und beinahe gleichauf mit der Ernte 2021. Etwa drei Viertel der gekelterten Weine werden in Österreich getrunken. Der Pro-Kopf-Konsum 2021/22 beträgt nach einer Schätzung der Statistik Austria über 26,4 Liter Wein im Jahr, das ist ein Zuwachs von 0,7 Liter gegenüber dem Vergleichszeitraum des Vorjahres.

Etwa zwei Drittel einer durchschnittlichen Weinernte werden als Qualitätsweine anerkannt. Diese Weine zählen zu den besten der Welt bei Weiß, Rot und Süß.

Übrigens: 2022 wurden auf der Welt (OIV 2022) rund **258 Millionen Hektoliter Wein** erzeugt. Österreich hat daran einen Anteil von weniger als einem Prozent (OIV 2022).

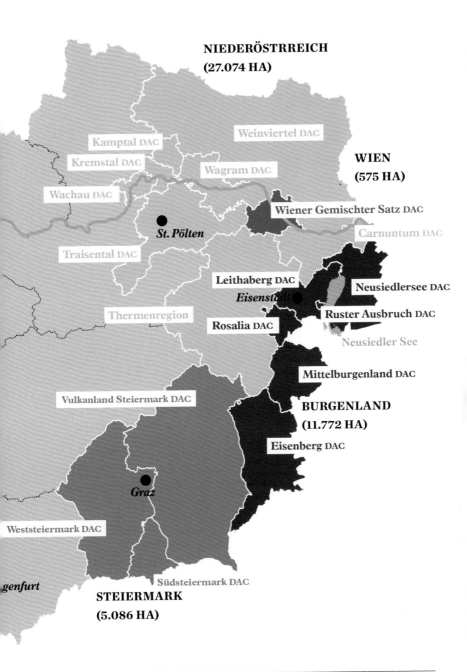

**NIEDERÖSTRREICH
(27.074 HA)**

Weinviertel DAC

Kamptal DAC

Kremstal DAC

Wagram DAC

**WIEN
(575 HA)**

Wachau DAC

Wiener Gemischter Satz DAC

Carnuntum DAC

St. Pölten

Traisental DAC

Leithaberg DAC

Neusiedlersee DAC

Eisenstadt

Thermenregion

Ruster Ausbruch DAC

Rosalia DAC

Neusiedler See

Mittelburgenland DAC

Vulkanland Steiermark DAC

**BURGENLAND
(11.772 HA)**

Eisenberg DAC

Graz

Weststeiermark DAC

genfurt

Südsteiermark DAC

**STEIERMARK
(5.086 HA)**

HERKUNFTSTYPISCHE QUALITÄTSWEINE (DAC)

In Österreich wurde mit dem an das romanische Herkunftssystem angelehnte DAC-System (Districtus Austriae Controllatus) die Herkunft von Weinen über Kriterien wie Rebsorte oder Zuckergehalt gestellt.

Herkunftstypische DAC-Weine eines spezifischen Weinbaugebietes werden einer sensorischen Prüfung unterzogen. Damit ist gewährleistet, dass sie jenem Geschmacksstil entsprechen, der von den jeweiligen Weinkomitees der derzeit bestehenden 17 DAC-Verordnungen definiert und geschützt wird.

Weinviertel DAC:
Leichte trockene Grüne Veltliner, kein Holzton, keine Botrytisnote; ab 1. Jänner des Folgejahres
Reserve: kräftige Grüne Veltliner; mind. 13 % vol., ab 15. März des Folgejahres
Große Reserve: ab 1. November des Folgejahres

Kremstal DAC, Kamptal DAC, Traisental DAC:
Grüner Veltliner oder Riesling in diesen Stufen: ohne Ortsangabe, mit Ortsangabe, mit Ortsangabe und Riedenbezeichnung sowie als Reserve

Carnuntum DAC:
Seit Jahrgang 2019 als Gebietsweine, Ortsweine und Riedenweine der Rebsorten: Chardonnay, Weißburgunder, Grüner Veltliner, Zweigelt, Blaufränkisch (Cuvées zu mind. 2/3 aus diesen Sorten, Rest: Qualitätsweinrebsorten)

Wachau DAC:
Seit Jahrgang 2020 als Gebietsweine, Ortsweine und Riedenweine. Herkunftsbezogen zugelassene Rebsorten und Verschnitte. Klare Auflagen zum Holzeinsatz, Leseart sowie Herstellung bzw. Abfüllung im Weinbaugebiet Wachau, Handlese verpflichtend.

Zugelassene Rebsorten:
• Riedenweine: Grüner Veltliner und Riesling
• Ortsweine: zusätzlich Weißburgunder, Grauburgunder, Chardonnay, Neuburger, Muskateller, Sauvignon Blanc und Traminer
• Gebietsweine: (reinsortig oder als Verschnitt): zusätzlich Frühroter Veltliner, Müller Thurgau, Muskat Ottonel, Roter Veltliner, Gemischter Satz, Blauer Burgunder, St. Laurent und Zweigelt

Wiener Gemischter Satz DAC:
Zumindest drei weiße Qualitätsweinrebsorten, gemeinsam in einem Wiener Weingarten angepflanzt, die gemeinsam gelesen und verarbeitet werden (der größte Anteil einer Rebsorte darf nicht höher als 50 % sein, der drittgrößte Anteil muss zumindest 10 % umfassen)
• ohne Lagenbezeichnung: max. 12,5 % vol.
• Lagenbezeichnung: mind. 12,5 % vol.

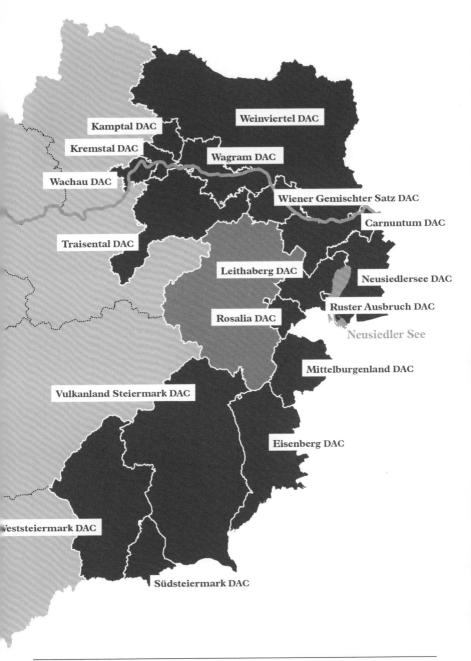

Leithaberg DAC:
Mineralisch und kräftig, Weiß- und Rotweinsorten zugelassen; max. 2,5 g/l Restzucker
- Weißwein: Grüner Veltliner, Weißburgunder, Chardonnay oder Neuburger, reinsortig oder als Cuvée aus diesen Sorten
- Rotwein: Blaufränkisch, eine Zugabe von maximal 15 % der Sorten Zweigelt, St. Laurent oder Pinot Noir ist erlaubt, Reifung im Holzfass

Neusiedlersee DAC:
Sortentypischer Zweigelt im Holzfass oder Stahltank ausgebaut. Neusiedlersee DAC Reserve wird im Holzfass ausgebaut und ist entweder ein reinsortiger Zweigelt oder eine Cuvée mit mindestens 60 % Zweigelt-Anteil. Seit 2020 gibt es auch einen DAC für Süßweine mit dem Zusatz der Prädikatsstufe Spätlese oder Auslese. Ab der Beerenauslese wird außerdem „Reserve" zwischen „Neusiedlersee DAC" und der Prädikatsstufe geschrieben.

Mittelburgenland DAC:
Seit Jahrgang 2005 regionstypischer, fruchtig-würziger Blaufränkisch; max. 2,5 g/l Restzucker
- Mittelburgenland DAC: mind. 12,5 % vol.; kein Holzton
- mit Riedenbezeichnung: mind. 13 % vol.; eventuell leichter Holzton
- Reserve: mind. 13 % vol.; merkbarer bis dominierender Holzton

Eisenberg DAC:
Blaufränkisch in zwei Kategorien:
- Eisenberg DAC: leicht mit mind. 12 % vol.
- Reserve: kräftig mit mehr als 13 % vol. und längerer Lagerung in großen oder kleinen Holzfässern, Restzucker max. 4g/l

Rosalia DAC & Rosalia DAC Rosé:
Seit 2017 für Rotwein und Rosé
- Rosalia DAC: Blaufränkisch, Zweigelt, mind. 12 % vol., max. 4 g/l Restzucker, finessenreich, fruchtig, würzig, aromatisch
- Reserve: mind. 13 % vol.
- Rosalia DAC Rosé: eine oder mehrere rote Qualitätsweinsorten, trocken, frisch, fruchtig, würzig; Riedenbezeichnung wie bei Reserve zulässig

Ruster Ausbruch DAC:
Seit 2020 definiert für Trockenbeerenauslesen (Mindestmostgewicht 30 °KMW) aus Trauben, die ausschließlich aus der Freistadt Rust stammen.

Süßweine mit mindestens 45 g/l Restzucker aus botrytisbefallenen, auf natürliche Weise am Stock geschrumpften Beeren, aus beliebigen weißen Qualitätsweinrebsorten. Handlese verpflichtet!

© Wein Burgenland, Birgit Machtinger

Burgenland - Vielfalt in Weiß, Rot, Rosé, Prickelnd und Süß

Das Burgenland besitzt eine sehr lange Tradition im Weinbau. Die Vielfalt war schon immer das Aushängeschild des burgenländischen Weines. Perfekt selektioniertes Rebmaterial, das im Bewusstsein des Terroirs und des unvergleichlichen Klimas gewählt wurde, ist ein Garant für die hohe Qualität bei jedem Wein-Stil.

Die unterschiedlichen Böden und Kleinklimata bieten unvergleichliche Vielfalt auf engstem Raum. Der Seewinkel ist weltweit für seine großen Süßweine bekannt. Entlang der Parndorfer Platte mit den steinigen, sandigen Böden und höherem Kalkgehalt liegen ideale Voraussetzungen für vollreife Weiß- und Rotweintrauben vor. Die Hanglagen des Leithagebirges mit dem hohen Kalk- und Schiefergehalt prägen hier die qualitativ hochwertigen Weiß- und Rotweine. Die Freistadt Rust pflegt zudem die Tradition des „Ruster Ausbruchs". Die Region Rosalia zeigt neben den Rotweinen mit ihren trockenen und fruchtigen Roséweinen auf, die durch den Übergang zu den Ausläufern der Alpen klimatisch beeinflusst werden. Im Mittelburgenland sorgen tiefgründige

Böden für besondere Fülle und Würze in den gehaltvollen Rotweinen - vor allem beim Blaufränkisch. In der Region Eisenberg verleihen die eisenhältigen Böden den Weiß- und Rotweinen eine außergewöhnliche Eleganz. Eine Spezialität der Region ist der „Uhudler".

Dreimal hoch auf die Weißweine Burgenlands

Während Burgenland weitläufig eher für seine Rot- und Süßweine bekannt ist, schätzen Weinkenner aber auch die Weißweine. Immerhin sind fast 45% der burgenländischen Rebfläche mit Weißweinreben bestockt. Besonders im Einzugsgebiet des Leithagebirges, wo auf Böden mit hohem Aktivkalkgehalt auf höheren Lagen puristische Weine mit hoher Mineralität gekeltert werden können, findet der Weinfreund Burgundersorten von internationalem Format. Und der Grüne Veltliner punktet mit Tiefgang und Langlebigkeit und zeigt ein unvergleichbares Geschmacksprofil.

Wein Burgenland
7082 Donnerskirchen, Hauptstraße 57, +43 (0)2683 / 48901, wein@weinburgenland.at, www. weinburgenland.at

Südsteiermark DAC
Vulkanland DAC
Weststeiermark DAC:
Seit Jahrgang 2018 dreistufige Herkunftspyramide mit Gebietsweinen, Ortsweinen und Riedenweinen; max. 4 g/l Restzucker außer bei Riesling, Traminer und Prädikatsweinen; keine Rotweine

Zugelassene Rebsorten:
Welschriesling, Weißburgunder, Morillon, Grauburgunder, Riesling, Gelber Muskateller, Sauvignon Blanc, Traminer und Blauer Wildbacher (nur in der Weststeiermark als Schilcher) sowie Cuvées daraus.

Reserve: frühester Verkaufstermin um 18 Monate (Schilcher: 12 Monate) später

Wagram DAC:
Seit Jahrgang 2021 dreistufige Herkunftspyramide, Cuvée oder Gemischter Satz nur bei Gebietsweinen, trocken, Weißweine ohne dominanten Holzton, keine Rieden bei Rotweinen.

Zugelassene Rebsorten:
• Riedenweine: Grüner Veltliner, Roter Veltliner, Riesling
• Ortsweine: zusätzlich Chardonnay, Weißburgunder, Blauburgunder, Zweigelt (kein Rosé oder Weißgepresster)

• Gebietsweine: zusätzlich Frühroter Veltliner, Grauer Burgunder, Gelber Muskateller, Sauvignon Blanc, Traminer, St. Laurent

NEU:

(ab dem Erntejahr 2023 gültig)

Thermenregion DAC:
Seit Jahrgang 2023 dreistufige Herkunftspyramide für Weiß- und Rotweine, kein Rosé, reinsortig oder als Cuvée, trocken, ohne dominierenden Holzton.

Zugelassene Ortsweine: Perchtoldsdorf, Gumpoldskirchen, Tattendorf, Wiener Neustadt und Bad Vöslau.

Zugelassene Rebsorten:
• Riedenweine: Zierfandler, Rotgipfler, Weißburgunder, Chardonnay, St. Laurent und Pinot Noir
• Ortsweine: zusätzlich Grauburgunder und Zweigelt und auch Süßweine
• Gebietsweine: zusätzlich Neuburger, Gemischter Satz und Blauer Portugieser

KUNSTWERKE AUS GLAS

Alle Weine, die in diesem Guide beschrieben sind (auch die Schaumweine), wurden im Sophienwald-Glas Bordeaux-Phönix (das 2. von links) verkostet. Optik, Haptik und Verkostungseigenschaften sind ausgezeichnet - sicherlich auch ein Grund für die große Anzahl der hohen Bewertungen dieses Jahr.

Die dünnwandigen Gläser überzeugen mit ihrer filigranen Art und zeichnen sich durch Leichtigkeit und Eleganz aus. Der breite Bauch erlaubt es den Aromen optimal in die Luft aufzusteigen und durch die relativ starke Verengung werden sie zur Nase hin gebündelt. Es ist der perfekte Kompromiss zwischen einem reinen Verkostungsglas und einem Genussglas.

Die Sophienwald-Gläser sind Kunstwerke aus Glas, die die Widersprüche zart und fest, klassisch und modern, edel und doch erschwinglich in sich vereinen.

Alle Gläser sind mundgeblasen, nach alter Tradition in Holzformen aus ausgesuchtem Buchenholz, wodurch sie eine besonders wunderbare Glasoberfläche erhalten. Jedes

Glas ist ein handgefertigtes Unikat und garantiert bleifrei. Sophienwald-Gläser werden wie fast alle mundgeblasenen Gläser dieser Art in Ländern der früheren k.u.k. Monarchie produziert. Der Firmensitz befindet sich auf dem ehemaligen Standort der Niklas-Glashütte in Alt-Nagelberg, wo die Glaskunst schon 1725 ihre Hochblüte erlebte.

3871 Alt-Nagelberg
Hauptstraße 45
Austria / Österreich
Mail: info@sophienwald.com
Telefon: +43 676 330 55 65
www.sophienwald.com

QUALITÄTSSTUFEN NACH DEM ÖSTERREICHISCHEN WEINGESETZ

Natürlicher Zuckergehalt der Trauben bei der Lese wird Mostgewicht genannt und in Österreich in Grad KMW (Klosterneuburger Mostwaage) angegeben und folgenderweise eingeteilt:

Wein (früher Tafelwein) .... ohne Angabe von Rebsorte oder genauere Herkunft
Landwein: .... mind. 14° KMW, min. 8,5% vol.

Qualitätsweine:
Qualitätswein .... mind. 15° KMW, min. 9% vol.
Kabinett .... mind. 17° KMW, max. 12,9% vol.

Mit Ende Jänner 2022 trat die neue Verordnung für Österreichischen Sekt in Kraft. Ab diesem Zeitpunkt lautet die Bezeichnung für Österreichischen Sekt mit geschützter Ursprungsbezeichnung (g.U.) „Sekt Austria" - verdeutlicht durch die rot-weiß-rote Banderole auf dem Flaschenverschluss.

Somit darf „Qualitätsschaumwein mit geschützter Ursprungsbezeichnung" („Sekt g.U.") ausschließlich in Verbindung mit den Begriffen „Sekt Austria", „Sekt Austria Reserve" oder „Sekt Austria Große Reserve" und unter den in dieser Verordnung festgelegten Bedingungen in Verkehr gebracht werden.

Sekt Austria:
Die Lese der Trauben findet in einem einzigen Bundesland statt. Zur Sekterzeugung sind alle bekannten Methoden, bei der die Kohlensäure durch die zweite Gärung entsteht, erlaubt. Schaumweine mit zugesetzter Kohlensäure dürfen nicht als Sekt bezeichnet werden. Der Sekt liegt mindestens neun Monate in der Flasche beziehungsweise sechs Monate im Tank auf der Hefe. Die Angabe eines Bundeslands als geschützte Ursprungsbezeichnung ist vorgeschrieben.

Sekt Austria Reserve:
Die Traubenernte und -pressung findet in einem einzigen Bundesland statt. Es wird rein manuell geerntet. Zur Sektherstellung ist nur die traditionelle Flaschengärung als Methode zugelassen. Der Sekt liegt für mindestens 18 Monate auf der Hefe.

Sekt Austria Große Reserve:
Die Traubenlese und -pressung findet nicht nur in einem einzigen Bundesland, sondern in nur einer Gemeinde statt. Auch hier ist manuelle Lese und traditionelle Flaschengärung obligatorisch. Der Sekt liegt bei der Großen Reserve für zumindest 36 Monate auf der Hefe.

GESAMTSIEGER WEISSWEIN GUIDE AUSTRIA 2023

**Sieger
Weißwein
Winzer
2023**

Weingut Bründlmayer

3550 Langenlois, Zwettler Straße 23
+43 (0) 2734/21720
weingut@bruendlmayer.at
www.bruendlmayer.at

Das Weingut Bründlmayer aus dem Kamptal überzeugte mit allen eingereichten Weinen. In der Kategorie „Schaumwein weiß" konnte es sogar mit dem 1. und 2. Platz souverän den Sieg einfahren und bestätigt somit seine Vorreiterrolle bei österreichischem Sekt. Auch in der Kategorie „Chardonnay" brillierte Willi Bründlmayer und kann seinen Vorjahressieg wiederholen. Bei der Wertung „Meiste Weine unter den Top 50" gab es ein enges Rennen zwischen vier Weingütern. Mit jeweils 4 Weinen waren das Weingut Kodolitsch aus Leibnitz, das Weingut Schloss Gobelsburg sowie Maria und Hannes Söll aus Gamlitz gleichauf mit dem Weingut Bründlmayer. Letztgenannter konnte mit dem höchsten Punkteschnitt diese Wertung in Summe für sich entscheiden. Mit drei Siegen steht schließlich das Weingut Bründlmayer allein auf weiter Flur und ist somit der unumstrittene Gesamtsieger. Wir gratulieren herzlichst.

DIE BESTEN WEINGÜTER IM WEISSWEIN GUIDE AUSTRIA 2023

Die besten Weingüter im Weißwein Guide Austria 2023

Ranking	Weingut	bester Wein	Seite
1	Weingut Bründlmayer, Langenlois	Blanc de Noirs Extra Brut Reserve 2016	297
2	Maria und Hannes Söll - Sanfter Weinbau, Gamlitz	Gelber Muskateller Söll la Vie Papageno - Sanfter Weinbau 2011	318
3	Weingut Kodolitsch, Leibnitz	Sauvignon Blanc Ried Rosengarten T.M.S. 2020	317
4	Weingut Schloss Gobelsburg, Gobelsburg	Tradition Heritage Cuvée 3 Jahre Edition 851	298
5	Weingut Prieler, Schützen am Gebirge	Pinot Blanc Ried Steinweingarten 2020	312
6	Domäne Wachau, Dürnstein	Grüner Veltliner Smaragd Ried Schön 2022	
7	Fink & Kotzian Weinbau, Eggenburg	Riesling Berg und Meer 2021	
8	Weingut Franz Hirtzberger, Spitz an der Donau	Grüner Veltliner Smaragd Rotes Tor 2022	
9	Bioweingut Richard Schober, Gaweinstal	Grüner Veltliner Ried Schrickerberg 2022	303
10	Weingut & Buschenschank Weber, St. Stefan ob Stainz	Schilcher Klassik 2022	321

2   3   4   5   6   7   8   9   10

SIEGER BESTES PREIS-GENUSS-VERHÄLTNIS

Weingut Josef Fischer, Hagenbrunn

2102 Hagenbrunn, Schlossgasse 38
+43 (0) 2262/672792
wein@weingutfischer.com
www.weingutfischer.com

Das Weingut Josef Fischer aus Hagenbrunn darf sich über den Sieg der Trophy für Weine mit dem besten Preis-Genuss-Verhältnis freuen! Mit gleich drei Weinen unter den Top 50 der Preis-Genuss-Hits kann man getrost sagen, dass hier der preisbewusste Weinfreund börserlschonend zu ausgezeichnetem Weingenuss kommt.

Das Ergebnis fiel knapp aus, denn auch Gerhard Pamperl aus Ziersdorf konnte drei Weine unter die Top 50 Preis-Genuss-Hits platzieren. Beide Winzer haben zusätzlich je einen Preis-Genuss-Sieg in einer Kategorie zu Buche stehen. Den Ausschlag für den Sieg als Weingut mit dem besten Preis-Genuss-Verhältnis gab schließlich der deutlich höhere durchschnittliche Preis-Genuss-Faktor der drei Weine von Josef Fischer. Wir gratulieren herzlichst!

DIE WEINGÜTER MIT DEM BESTEN PREIS–GENUSS–VERHÄLTNIS

Die Weingüter mit dem besten Preis-Genuss-Verhältnis

Ranking	Weingut	bester Wein	Seite
1	Weingut Josef Fischer, Hagenbrunn	Riesling Ried Aichleiten 2021	
2	Weinbau Gerhard Pamperl, Ziersdorf	Orangewine	
3	Fink & Kotzian Weinbau, Eggenburg	Riesling Berg und Meer 2021	
4	Weingut Wiesböck, Wildungsmauer	Welschriesling 2022	
5	Maria und Hannes Söll - Sanfter Weinbau, Gamlitz	Welschriesling Terroir de Nature - Sanfter Weinbau 2020	318
6	Weingut Familie Schlager, Sooß	Rotgipfler Exclusiv 2021	
7	Bioweinbau Berger, Großengersdorf	Blütenmuskateller Jungfernlese 2022	300
8	Weinhof Hubert Blauensteiner, Kirchberg am Wagram	Riesling 2022	
9	Winzerhof Schachinger, Gedersdorf	Riesling Ried Steingraben 2021	
10	Weingut Reisinger, Obritz	Grüner Veltliner Klassik 2022	303

2	3	4	5	6	7	8	9	10

Die besten 50 Weine nach PUNKTEN

Die **TOP** DREI		Punkte	Potenzial	Seite
1	**Weingut Kodolitsch, Leibnitz** Sauvignon Blanc Ried Rosengarten T.M.S. 2020	97	✔	182
2	**Weingut Franz Hirtzberger, Spitz an der Donau** Grüner Veltliner Smaragd Rotes Tor 2022	96	✔	106
3	**Weingut Bründlmayer, Langenlois** Blanc de Noirs Extra Brut Reserve 2016	96		266

	Die besten 50 Weine nach PUNKTEN	Punkte	Potenzial	Seite
4	**Weingut Bründlmayer, Langenlois** Chardonnay Reserve Ried Steinberg 2021	96	✔	152
5	**Domäne Wachau, Dürnstein** Grüner Veltliner Smaragd Ried Schön 2022	96	✔	107
6	**Weingut Prieler, Schützen am Gebirge** Pinot Blanc Ried Steinweingarten 2020	96		166
7	**Weingut Bernd Stelzl, Leutschach an der Weinstraße** Chardonnay Ried Hirritsch Hube 2021	95	✔	168
8	**Weingut Kollwentz, Großhöflein** Chardonnay Gloria 2021	95	✔	153
9	**Weingut Assigal, Leibnitz** Sauvignon Blanc Ried Kogelberg 2021	95		183
10	**Weingut Bründlmayer, Langenlois** Blanc de Blancs Extra Brut Reserve	95	✔	267
11	**Weingut Assigal, Leibnitz** Morillon Ried Götterberg 2021	95	✔	153
12	**Weingut Schloss Gobelsburg, Gobelsburg** Tradition Heritage Cuvée 3 Jahre Edition 851	95	✔	232
13	**Weingut Riegelnegg - Olwitschhof, Gamlitz** Sauvignon Blanc Ried Sernauberg Exzellenz 2020	95	✔	183
14	**Weingut Prieler, Schützen am Gebirge** Pinot Blanc Alte Reben 2020	95		169
15	**Weingut Peter Skoff - Domäne Kranachberg, Gamlitz** Morillon Reserve Ried Kranachberg 2018	95		153
16	**Domäne Wachau, Dürnstein** Riesling Smaragd Ried Achleiten 2022	95	✔	144
17	**Weingut Kodolitsch, Leibnitz** Sauvignon Blanc Alte Reben Ried Kogelberg 2020	95	✔	183
18	**Weingut Stefan Potzinger, Gabersdorf** Sauvignon Blanc Ried Czamillonberg 2022	95		183
19	**Weingut Wagentristl, Großhöflein** Weißburgunder Ried Tatschler 2021	95	✔	169

	Die besten 50 Weine nach PUNKTEN	Punkte	Potenzial	Seite
20	**Fink & Kotzian Weinbau, Eggenburg** Riesling Berg und Meer 2021	95		145
21	**Weingut Bernd Stelzl, Leutschach an der Weinstraße** Weißer Burgunder Ried Hirritschberg 2021	95		169
22	**Maria und Hannes Söll - Sanfter Weinbau, Gamlitz** Gelber Muskateller Söll la Vie Papageno - Sanfter Weinbau 2011	95		246
23	**Weingut Leberl, Großhöflein** Chardonnay Ried Reisbühel 2021	95	✔	153
24	**Weingut Ecker, Grafenberg** Grüner Veltliner Ried Sätzen 2021	95		107
25	**Maria und Hannes Söll - Sanfter Weinbau, Gamlitz** Sauvignon Blanc - Sanfter Weinbau 2020	94	✔	184
26	**Domaine Pöttelsdorf Familymade, Pöttelsdorf** Chardonnay Edel Weiss fassgereift 2021	94	✔	154
27	**Domäne Wachau, Dürnstein** Riesling Smaragd Ried Brandstatt 2022	94	✔	145
28	**Weingut Wagentristl, Großhöflein** Weißburgunder Ried Kreidestein 2021	94	✔	169
29	**Weingut Feiler-Artinger, Rust** Welschriesling O.S.Olé Bio 2020	94	✔	252
30	**Weingut Wien Cobenzl, Wien** Riesling Ried Preussen - Nussberg 1ÖTW 2021	94	✔	145
31	**Weingut Schloss Gobelsburg, Gobelsburg** Blanc de Blancs Brut Reserve	94	✔	267
32	**Weinbau Menitz, Leithaprodersdorf** Chardonnay Reserve Ried Vorderberg 2021	94		154
33	**Weingut Mayer am Pfarrplatz, Wien** Grüner Veltliner Ried Schenkenberg 1ÖTW 2021	94		107
34	**Weingut MUSTER.gamlitz, Gamlitz** Chardonnay Ried Grubthal 2020	94		154
35	**Maria und Hannes Söll - Sanfter Weinbau, Gamlitz** Gelber Muskateller Söll la Vie Orange - Sanfter Weinbau 2013	94		253

	Die besten 50 Weine nach PUNKTEN	Punkte	Potenzial	Seite
36	**Laurenz V., Wien** Grüner Veltliner L5 2020	94		107
37	**Weingut Prieler, Schützen am Gebirge** Pinot Blanc Ried Haidsatz 2020	94	✔	170
38	**Weingut Stefan Zehetbauer, Schützen am Gebirge** Pinot Blanc Ried Satz 2020	94	✔	170
39	**Maria und Hannes Söll - Sanfter Weinbau, Gamlitz** Welschriesling Selektion - Sanfter Weinbau 2017	94	✔	253
40	**Graf Hardegg, Seefeld-Kadolz** V 2021	94	✔	216
41	**Weingut Kodolitsch, Leibnitz** Sauvignon Blanc Ried Rosengarten 2021	94	✔	184
42	**Weingut Schloss Gobelsburg, Gobelsburg** Grüner Veltliner Ried Grub 1ÖTW 2021	94	✔	108
43	**Weingut Krispel, Hof bei Straden** Grauburgunder Ried Neusetzberg 2020	94		210
44	**Weingut Bründlmayer, Langenlois** Grüner Veltliner Ried Käferberg 1ÖTW 2021	94		108
45	**BIO Weinbau Killmeyer, Raggendorf** Grüner Veltliner Reserve Ried Herrnberge 2021	94		108
46	**Weingut Schloss Gobelsburg, Gobelsburg** Riesling Ried Gaisberg 1ÖTW 2021	94		145
47	**Weingut Leo Aumann, Tribuswinkel** Chardonnay Reserve 2021	94		154
48	**Weingut Kodolitsch, Leibnitz** Weißburgunder Ried Rosengarten 2021	94	✔	170
49	**Bioweingut Richard Schober, Gaweinstal** Grüner Veltliner Ried Schrickerberg 2022	94		108
50	**Fink & Kotzian Weinbau, Eggenburg** Roter Traminer 2021	94		217

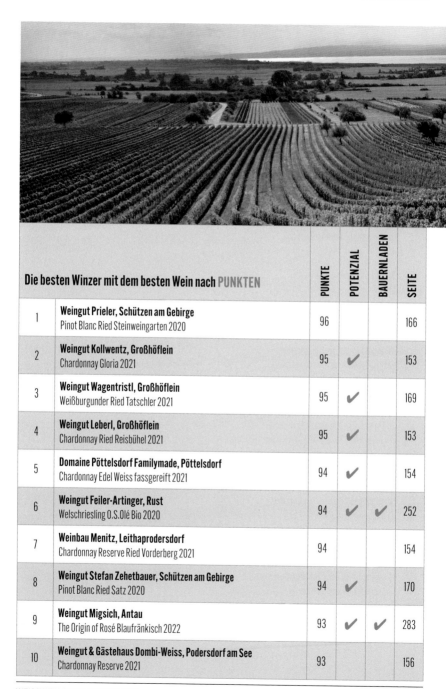

Die besten Winzer mit dem besten Wein nach PUNKTEN	PUNKTE	POTENZIAL	BAUERNLADEN	SEITE
1 **Weingut Prieler, Schützen am Gebirge** Pinot Blanc Ried Steinweingarten 2020	96			166
2 **Weingut Kollwentz, Großhöflein** Chardonnay Gloria 2021	95	✔		153
3 **Weingut Wagentristl, Großhöflein** Weißburgunder Ried Tatschler 2021	95	✔		169
4 **Weingut Leberl, Großhöflein** Chardonnay Ried Reisbühel 2021	95	✔		153
5 **Domaine Pöttelsdorf Familymade, Pöttelsdorf** Chardonnay Edel Weiss fassgereift 2021	94	✔		154
6 **Weingut Feiler-Artinger, Rust** Welschriesling O.S.Olé Bio 2020	94	✔	✔	252
7 **Weinbau Menitz, Leithaprodersdorf** Chardonnay Reserve Ried Vorderberg 2021	94			154
8 **Weingut Stefan Zehetbauer, Schützen am Gebirge** Pinot Blanc Ried Satz 2020	94	✔		170
9 **Weingut Migsich, Antau** The Origin of Rosé Blaufränkisch 2022	93	✔	✔	283
10 **Weingut & Gästehaus Dombi-Weiss, Podersdorf am See** Chardonnay Reserve 2021	93			156

Die besten Winzer mit dem besten Wein nach PUNKTEN	PUNKTE	POTENZIAL	BAUERNLADEN	SEITE
11 **Weingut Johannes Münzenrieder, Apetlon** Chardonnay Reserve Ried Salzgründe 2020	93	✔		155
12 **Uhudlerei Mirth, Eltendorf** Uhudler Eros 2022	93			283
13 **Weingut Leo Hillinger, Jois** Pinot Blanc 2019	92			172
14 **Weingut Kleber, Rudersdorf** Rhein-Riesling Ried Hussibrand 2022	92			147
15 **Robitza Wein, Oslip** Chardonnay Steinnelke 2019	92			158
16 **Weingut Pluschkovits, Leithaprodersdorf** Welschriesling 2022	92		✔	129
17 **Schmelzer's Weingut - biodynamisch, Gols** Schlicht und ergreifend Cuvée Orangewine 2018	92			254
18 **Weingut Josef Tesch, Neckenmarkt** Frizzante No1 Gelber Muskateller 2022	91		✔	269
19 **Weingut Juliana Wieder, Neckenmarkt** Rosé Blaufränkisch 2022	91		✔	285
20 **Familienweingut Ackermann, Donnerskirchen** Welschriesling Ried Halbjoch 2022	91			130

Die besten Winzer mit dem besten Wein nach PUNKTEN	PUNKTE	POTENZIAL	BAUERNLADEN	SEITE
1 **Weingut Franz Hirtzberger, Spitz an der Donau** Grüner Veltliner Smaragd Rotes Tor 2022	96	✔		106
2 **Weingut Bründlmayer, Langenlois** Blanc de Noirs Extra Brut Reserve 2016	96			266
3 **Domäne Wachau, Dürnstein** Grüner Veltliner Smaragd Ried Schön 2022	96	✔		107
4 **Weingut Schloss Gobelsburg, Gobelsburg** Tradition Heritage Cuvée 3 Jahre Edition 851	95	✔		232
5 **Fink & Kotzian Weinbau, Eggenburg** Riesling Berg und Meer 2021	95			145
6 **Weingut Ecker, Grafenberg** Grüner Veltliner Ried Sätzen 2021	95			107
7 **Weingut Wien Cobenzl, Wien** Riesling Ried Preussen - Nussberg 1ÖTW 2021	94	✔		145
8 **Weingut Mayer am Pfarrplatz, Wien** Grüner Veltliner Ried Schenkenberg 1ÖTW 2021	94			107
9 **Laurenz V., Wien** Grüner Veltliner L5 2020	94			107
10 **Graf Hardegg, Seefeld-Kadolz** V 2021	94	✔	✔	216

Die besten Winzer mit dem besten Wein nach PUNKTEN	PUNKTE	POTENZIAL	BAUERNLADEN	SEITE
11 BIO Weinbau Killmeyer, Raggendorf Grüner Veltliner Reserve Ried Herrnberge 2021	94			108
12 Weingut Leo Aumann, Tribuswinkel Chardonnay Reserve 2021	94			154
13 Bioweingut Richard Schober, Gaweinstal Grüner Veltliner Ried Schrickerberg 2022	94			108
14 Weingut Stalzer, Spitz an der Donau Grüner Veltliner Smaragd Ried Vogelleithen 2022	94	✔		109
15 Weingut Edlmoser, Wien Wiener Gemischter Satz Ried Himmel - Maurerberg 1ÖTW 2021	94	✔		233
16 Weingut Josef Fischer, Hagenbrunn Riesling Ried Aichleiten 2021	94			146
17 Winzerhof Schachinger, Gedersdorf Riesling Ried Steingraben 2021	94			146
18 Weingut Polz, Rossatz Grüner Veltliner Smaragd Ried Kreuzberg 2022	94	✔		109
19 Weingut Etz, Walkersdorf Riesling Ried Gaisberg - Zöbing 2021	94			146
20 Weingut Roman Gritsch, Spitz an der Donau Riesling Smaragd Ried 1000-Eimerberg 2021	94			146

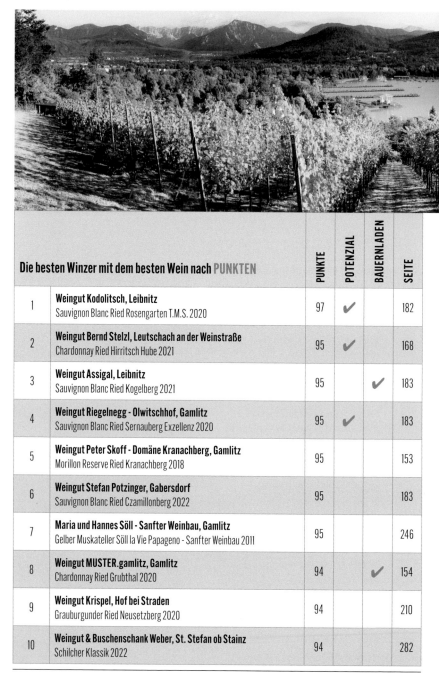

Die besten Winzer mit dem besten Wein nach PUNKTEN	PUNKTE	POTENZIAL	BAUERNLADEN	SEITE
1 **Weingut Kodolitsch, Leibnitz** Sauvignon Blanc Ried Rosengarten T.M.S. 2020	97	✔		182
2 **Weingut Bernd Stelzl, Leutschach an der Weinstraße** Chardonnay Ried Hirritsch Hube 2021	95	✔		168
3 **Weingut Assigal, Leibnitz** Sauvignon Blanc Ried Kogelberg 2021	95		✔	183
4 **Weingut Riegelnegg - Olwitschhof, Gamlitz** Sauvignon Blanc Ried Sernauberg Exzellenz 2020	95	✔		183
5 **Weingut Peter Skoff - Domäne Kranachberg, Gamlitz** Morillon Reserve Ried Kranachberg 2018	95			153
6 **Weingut Stefan Potzinger, Gabersdorf** Sauvignon Blanc Ried Czamillonberg 2022	95			183
7 **Maria und Hannes Söll - Sanfter Weinbau, Gamlitz** Gelber Muskateller Söll la Vie Papageno - Sanfter Weinbau 2011	95			246
8 **Weingut MUSTER.gamlitz, Gamlitz** Chardonnay Ried Grubthal 2020	94		✔	154
9 **Weingut Krispel, Hof bei Straden** Grauburgunder Ried Neusetzberg 2020	94			210
10 **Weingut & Buschenschank Weber, St. Stefan ob Stainz** Schilcher Klassik 2022	94			282

Die besten Winzer mit dem besten Wein nach PUNKTEN	PUNKTE	POTENZIAL	BAUERNLADEN	SEITE
11 Weinbau Amandus Adam, Leutschach an der Weinstraße Gelber Muskateller ACA 2022	94		✔	200
12 Domaines Kilger Wein, Gamlitz Chardonnay Leutschach 2021	93	✔		155
13 Weingut Skringer, Leutschach an der Weinstraße Sauvignon Blanc 2022	93		✔	186
14 Panoramaweinhof Strablegg-Leitner, Leutschach a.d. Weinstraße Morillon Ried Kaiseregg 2019	93			156
15 Weingut Trapl, St. Stefan ob Stainz Schilcher Ried Lestein 2022	93	✔		283
16 Weingut Christian Reiterer, Wies Schilcher Frizzante	93			258
17 Weinhof Andrea und Franz Gangl, Klöch Gelber Traminer Klöch - Edgar 2022	93		✔	218
18 Weinbaubetrieb Sternberg, Wernberg - Kärnten Traminer 2020	93			218
19 Weingut Georgiberg, Berghausen Gelber Muskateller 2022	93			201
20 Weinhof Florian, Dobl Schilcher Klassik 2022	93			284

Die besten 50 Preis-Genuss-Weine nach Preis

	Die TOP DREI	Punkte	Preis	Bauernladen	Seite
1	**Bioweingut Richard Schober, Gaweinstal** Grüner Veltliner Ried Schrickerberg 2022	94	€ 7,50		108
2	**Weingut Josef Fischer, Hagenbrunn** Riesling Ried Aichleiten 2021	94	€ 7,50		146
3	**Fink & Kotzian Weinbau, Eggenburg** Riesling Berg und Meer 2021	95	€ 9,00		145

	Die besten 50 Preis-Genuss-Weine nach PREIS	Punkte	Preis	Bauernladen	Seite
4	**Weingut Wiesböck, Wildungsmauer** Welschriesling 2022	91	€ 4,80		129
5	**Familienweingut Ackermann, Donnerskirchen** Welschriesling Ried Halbjoch 2022	91	€ 5,00		130
6	**Weingut Wiesböck, Wildungsmauer** Grüner Veltliner "Der Schöne Josef" 2022	90	€ 5,00		119
7	**Weingut Dollinger, Spannberg** Grüner Veltliner 2022	90	€ 5,00		92
8	**Winzerhof Gnadenberger, Ziersdorf** Roter Veltliner Ried Fellingen 2022	90	€ 5,00		224
9	**Weingut Dollinger, Spannberg** Müller-Thurgau 2022	90	€ 5,00		225
10	**Weinbau Gerhard Pamperl, Ziersdorf** Orangewine	91	€ 5,10		255
11	**Weinbau Gerhard Pamperl, Ziersdorf** Ziersdorfer Gemischter Satz 2022	90	€ 5,10		239
12	**Weinbau Gerhard Pamperl, Ziersdorf** Weißburgunder 2022	90	€ 5,10		177
13	**Weinbauernhof Johannes Hess, Hohenruppersdorf** Light Pink Zweigelt Rosé 2022	90	€ 5,50		287
14	**Weingut Patricia Hinteregger, Sitzendorf an der Schmida** Gemischter Satz Ried Mühlberg Classic 2022	91	€ 5,90		238
15	**Weinhof Hubert Blauensteiner, Kirchberg am Wagram** Riesling 2022	92	€ 6,00		148
16	**Weinhof Hubert Blauensteiner, Kirchberg am Wagram** Gewürztraminer 2022	91	€ 6,00		221
17	**Weingut Beyer, Zellerndorf** Grüner Veltliner Ried Wartberg 2022	93	€ 6,50		109
18	**Weingut Josef Fischer, Hagenbrunn** Grüner Veltliner Ried Fasching 2022	93	€ 6,30		109
19	**Weingut Josef Fischer, Hagenbrunn** Gemischter Satz 2022	92	€ 6,50		235

Die besten 50 Preis-Genuss-Weine nach PREIS		Punkte	Preis	Bauernladen	Seite
20	**Winzerhof Holzheu - Familie Heigl, Krustetten** Riesling Ried Kellerberg 2022	92	€ 6,50		148
21	**Bioweinbau Berger, Großengersdorf** Rosé Frizzante 2021	92	€ 7,00		259
22	**Weingut Ing. Johannes Mold, Ziersdorf** Grüner Veltliner Classic Ried Im Heiligen Geist 2022	92	€ 7,00		88
23	**Weingut Pluschkovits, Leithaprodersdorf** Welschriesling 2022	92	€ 7,00	✔	129
24	**Weingut Christoph Bieglmayer, Mittergrabern** Weißburgunder Bio Ried Spiegel 2022	92	€ 7,00	✔	174
25	**Weingut Reisinger, Obritz** Grüner Veltliner Klassik 2022	92	€ 7,10		87
26	**NÖ Landesweingut Krems, Krems** Riesling 2022	92	€ 7,20		148
27	**Maria und Hannes Söll - Sanfter Weinbau, Gamlitz** Welschriesling Terroir de Nature - Sanfter Weinbau 2020	93	€ 7,50		128
28	**Bioweinbau Berger, Großengersdorf** Blütenmuskateller Jungfernlese 2022	93	€ 7,50		217
29	**Weinbau u. Buschenschank Schauhuber, Stetteldorf** Grüner Veltliner Reserve 2021	93	€ 7,50		110
30	**Weinhof Florian, Dobl** Schilcher Klassik 2022	93	€ 7,50		284
31	**Weingut Reisinger, Obritz** Grüner Veltliner Ried Wartberg 2022	92	€ 7,60		113
32	**Winzerhof Schachinger, Gedersdorf** Grüner Veltliner Ried Tiefenthal 2022	92	€ 7,70		88
33	**Weingut & Buschenschank Weber, St. Stefan ob Stainz** Schilcher Klassik 2022	94	€ 7,80		282
34	**Weingut Familie Schlager, Sooß** Rotgipfler Exclusiv 2021	93	€ 7,90		217
35	**Weingut Familie Schlager, Sooß** Traminer Ried Talken 2020	93	€ 7,90		217

	Die besten 50 Preis-Genuss-Weine nach **PREIS**	Punkte	Preis	Bauernladen	Seite
36	**Bio-Weingut Frühwirth, Teesdorf** Grüner Veltliner Classic Bio Ried Neudeck 2022	92	€ 8,00		111
37	**Winzerhof Schachinger, Gedersdorf** Riesling Ried Steingraben 2021	94	€ 9,00		146
38	**Fink & Kotzian Weinbau, Eggenburg** Gemischter Satz Ried Hintern Dorf 2021	93	€ 9,00		233
39	**Weingut & Gästehaus Dombi-Weiss, Podersdorf am See** Chardonnay Reserve 2021	93	€ 9,00		156
40	**Uhudlerei Mirth, Eltendorf** Uhudler Eros 2022	93	€ 9,00		283
41	**Weingut Trapl, St. Stefan ob Stainz** Schilcher Ried Lestein 2022	93	€ 9,00		283
42	**Weingut Franz Wieselthaler, Wien** Wiener Gemischter Satz 2022	93	€ 9,20		234
43	**Wein-Wimmer, Frauendorf an der Schmida** Grauburgunder Premium 2022	93	€ 9,30		211
44	**Weingut Christian Reiterer, Wies** Schilcher Frizzante	93	€ 9,30		258
45	**Weingut Roman Gritsch, Spitz an der Donau** Grüner Veltliner Federspiel Ried Setzberg 2022	93	€ 9,50		86
46	**Weinbau Amandus Adam, Leutschach an der Weinstraße** Gelber Muskateller ACA 2022	94	€ 10,20	✔	200
47	**Maria und Hannes Söll - Sanfter Weinbau, Gamlitz** Sauvignon Blanc - Sanfter Weinbau 2020	94	€ 10,50		184
48	**Weinbau Menitz, Leithaprodersdorf** Chardonnay Reserve Ried Vorderberg 2021	94	€ 10,50		154
49	**Weingut Ecker, Grafenberg** Grüner Veltliner Ried Sätzen 2021	95	€ 12,00		107
50	**BIO Weinbau Killmeyer, Raggendorf** Grüner Veltliner Reserve Ried Herrnberge 2021	94	€ 12,00		108

GRÜNER VELTLINER KLASSISCH

	Die besten 10 Weine nach PUNKTEN	PUNKTE	PREIS	BAUERNLADEN	SEITE
1	**Weingut Roman Gritsch, Spitz an der Donau** Grüner Veltliner Federspiel Ried Setzberg 2022	93	€ 9,50		86
2	**Weingut Roman Gritsch, Spitz an der Donau** Grüner Veltliner Federspiel Ried Gasslreith 2022	93	€ 9,00		87
3	**Weingut Schloss Gobelsburg, Gobelsburg** Grüner Veltliner Domäne Gobelsburg 2022	93	€ 11,80		87
4	**Weingut Reisinger, Obritz** Grüner Veltliner Klassik 2022	92	€ 7,10		87
5	**Domäne Wachau, Dürnstein** Grüner Veltliner Federspiel Ried Kollmitz 2022	92	€ 14,00		87
6	**Weingut Ing. Johannes Mold, Ziersdorf** Grüner Veltliner Classic Ried Im Heiligen Geist 2022	92	€ 7,00		88
7	**Winzerhof Schachinger, Gedersdorf** Grüner Veltliner Ried Tiefenthal 2022	92	€ 7,70		88
8	**Weingut Eder, Gedersdorf** Grüner Veltliner Ried Gernlissen 2022	92	€ 8,30	✔	88
9	**Winzerhof Schachinger, Gedersdorf** Grüner Veltliner Ried Weitgasse 2022	92	€ 8,50		88
10	**Weingut Josef Schmid, Stratzing** Grüner Veltliner Kremser Löss 2022	92	€ 10,50		89

	Die besten 10 Preis-Genuss-Hits nach PGV-Faktor	PUNKTE	PREIS	BAUERNLADEN	SEITE
1	**Weingut Reisinger, Obritz** Grüner Veltliner Klassik 2022	92	€ 7,10		87
2	**Weingut Dollinger, Spannberg** Grüner Veltliner 2022	90	€ 5,00		92
3	**Weingut Ing. Johannes Mold, Ziersdorf** Grüner Veltliner Classic Ried Im Heiligen Geist 2022	92	€ 7,00		88
4	**Winzerhof Schachinger, Gedersdorf** Grüner Veltliner Ried Tiefenthal 2022	92	€ 7,70		88
5	**Weingut Roman Gritsch, Spitz an der Donau** Grüner Veltliner Federspiel Ried Setzberg 2022	93	€ 9,50		86
6	**Weingut Roman Gritsch, Spitz an der Donau** Grüner Veltliner Federspiel Ried Gasslreith 2022	93	€ 9,00		87
7	**Weingut Patricia Hinteregger, Sitzendorf an der Schmida** Grüner Veltliner Ried Hofgarten 2022	90	€ 5,90		93
8	**Weingut Weingartshofer, Großkrut** Grüner Veltliner Benjamin 2022	91	€ 6,50		91
9	**Weinbauernhof Johannes Hess, Hohenruppersdorf** Grüner Veltliner Ried Zwiefänger 2022	91	€ 6,50		91
10	**Weingut Oberschil-Rieger, Hagenbrunn** Grüner Veltliner Classic 2022	91	€ 7,00		90

GRÜNER VELTLINER KRÄFTIG

	Die besten 10 Weine nach PUNKTEN	PUNKTE	PREIS	BAUERNLADEN	SEITE
1	**Weingut Franz Hirtzberger, Spitz an der Donau** Grüner Veltliner Smaragd Rotes Tor 2022	96	€ 42,00		106
2	**Domäne Wachau, Dürnstein** Grüner Veltliner Smaragd Ried Schön 2022	96	€ 36,00		107
3	**Weingut Ecker, Grafenberg** Grüner Veltliner Ried Sätzen 2021	95	€ 12,00		107
4	**Weingut Mayer am Pfarrplatz, Wien** Grüner Veltliner Ried Schenkenberg 1ÖTW 2021	94	€ 25,00		107
5	**Laurenz V., Wien** Grüner Veltliner L5 2020	94	€ 30,00		107
6	**Weingut Schloss Gobelsburg, Gobelsburg** Grüner Veltliner Ried Grub 1ÖTW 2021	94	€ 34,00		108
7	**Weingut Bründlmayer, Langenlois** Grüner Veltliner Ried Käferberg 1ÖTW 2021	94	€ 48,00		108
8	**BIO Weinbau Killmeyer, Raggendorf** Grüner Veltliner Reserve Ried Herrnberge 2021	94	€ 12,00		108
9	**Bioweingut Richard Schober, Gaweinstal** Grüner Veltliner Ried Schrickerberg 2022	94	€ 7,50		108
10	**Weingut Stalzer, Spitz an der Donau** Grüner Veltliner Smaragd Ried Vogelleithen 2022	94	€ 15,50		109

	Die besten 10 Preis-Genuss-Hits nach PGV-Faktor	PUNKTE	PREIS	BAUERNLADEN	SEITE
1	**Bioweingut Richard Schober, Gaweinstal** Grüner Veltliner Ried Schrickerberg 2022	94	€ 7,50		108
2	**Weingut Josef Fischer, Hagenbrunn** Grüner Veltliner Ried Fasching 2022	93	€ 6,30		109
3	**Weingut Beyer, Zellerndorf** Grüner Veltliner Ried Wartberg 2022	93	€ 6,50		109
4	**Weingut Wiesböck, Wildungsmauer** Grüner Veltliner "Der Schöne Josef" 2022	90	€ 5,00		119
5	**Weinbau u. Buschenschank Schauhuber, Stetteldorf** Grüner Veltliner Reserve 2021	93	€ 7,50		110
6	**Weingut Ecker, Grafenberg** Grüner Veltliner Ried Sätzen 2021	95	€ 12,00		107
7	**Bio-Weingut Frühwirth, Teesdorf** Grüner Veltliner Classic Bio Ried Neudeck 2022	92	€ 8,00		111
8	**BIO Weinbau Killmeyer, Raggendorf** Grüner Veltliner Reserve Ried Herrnberge 2021	94	€ 12,00		108
9	**Weingut Reisinger, Obritz** Grüner Veltliner Ried Wartberg 2022	92	€ 7,60		113
10	**Weingut Mayr Minichhofen, Ravelsbach** Grüner Veltliner Ried Hüttenthal 2022	92	€ 7,90		113

WELSCHRIESLING

	Die besten 10 Weine nach PUNKTEN	PUNKTE	PREIS	BAUERNLADEN	SEITE
1	**Maria und Hannes Söll - Sanfter Weinbau, Gamlitz** Welschriesling Terroir de Nature - Sanfter Weinbau 2020	93	€ 7,50		128
2	**Weingut Krispel, Hof bei Straden** Welschriesling Ried Stradener Rosenberg 2019	93	€ 18,00		129
3	**Weingut Pluschkovits, Leithaprodersdorf** Welschriesling 2022	92	€ 7,00	✔	129
4	**Weingut Wiesböck, Wildungsmauer** Welschriesling 2022	91	€ 4,80		129
5	**Weingut Assigal, Leibnitz** Welschriesling 2022	91	€ 7,50	✔	129
6	**Domaines Kilger Wein, Gamlitz** Welschriesling 2022	91	€ 8,90		130
7	**Familienweingut Ackermann, Donnerskirchen** Welschriesling Ried Halbjoch 2022	91	€ 5,00		130
8	**Bioweinbau Berger, Großengersdorf** Welschriesling 2022	91	€ 6,50		130
9	**Weinhof Gwaltl, Fehring** Welschriesling 2022	90	€ 6,50		130
10	**Weinbau Gerhard Liener, Gamlitz** Welschriesling 2022	90	€ 6,50		131

Die besten 10 Preis-Genuss-Hits nach PGV-Faktor	PUNKTE	PREIS	BAUERNLADEN	SEITE
1 **Weingut Wiesböck, Wildungsmauer** Welschriesling 2022	91	€ 4,80		129
2 **Maria und Hannes Söll - Sanfter Weinbau, Gamlitz** Welschriesling Terroir de Nature - Sanfter Weinbau 2020	93	€ 7,50		128
3 **Familienweingut Ackermann, Donnerskirchen** Welschriesling Ried Halbjoch 2022	91	€ 5,00		130
4 **Weingut Pluschkovits, Leithaprodersdorf** Welschriesling 2022	92	€ 7,00	✔	129
5 **Bioweinbau Berger, Großengersdorf** Welschriesling 2022	91	€ 6,50		130
6 **Weinhof Gwaltl, Fehring** Welschriesling 2022	90	€ 6,50		130
7 **Weingut Dollinger, Spannberg** Welschriesling 2022	89	€ 5,00		133
8 **Weinbau Gerhard Liener, Gamlitz** Welschriesling 2022	90	€ 6,50		131
9 **Weinbau Christian Wiedermann, Zistersdorf** Welschriesling 2022	89	€ 5,00		133
10 **Weingut Assigal, Leibnitz** Welschriesling 2022	91	€ 7,50	✔	129

RIESLING KLASSISCH

	Die besten 10 Weine nach PUNKTEN	PUNKTE	PREIS	BAUERNLADEN	SEITE
1	**Fink & Kotzian Weinbau, Eggenburg** Riesling Berg und Meer ++ 2021	92	€ 15,00		136
2	**Weingut Eder, Gedersdorf** Riesling Limited Edition 2022	92	€ 12,50	✔	137
3	**Weingut Hutter Silberbichlerhof, Mautern** Riesling Federspiel 2021	92	€ 11,90		137
4	**Weingut Bründlmayer, Langenlois** Riesling Kamptal Terrassen 2022	92	€ 14,50		137
5	**Weingut Ecker, Grafenberg** Riesling Ried Kogeln 2022	92	€ 8,50		137
6	**Domäne Wachau, Dürnstein** Riesling Federspiel Ried Trenning 2022	92	€ 14,00		138
7	**Weingut Leo Aumann, Tribuswinkel** Riesling Ried Hofbreite 2021	92	€ 12,50		138
8	**Weingut Christoph Bieglmayer, Mittergrabern** Riesling Bio Ried Diermannsee 2022	92	€ 8,00	✔	138
9	**Weingut Josef Schmid, Stratzing** Riesling Pfeiffenberg 2022	91	€ 15,00		138
10	**Weinbaubetrieb Sternberg, Wernberg** Riesling 2021	91	€ 18,00		139

Die besten 10 Preis-Genuss-Hits nach PGV-Faktor	PUNKTE	PREIS	BAUERNLADEN	SEITE
1 **Weingut Christoph Bieglmayer, Mittergrabern** Riesling Bio Ried Diermannsee 2022	92	€ 8,00	✔	138
2 **Weingut Ecker, Grafenberg** Riesling Ried Kogeln 2022	92	€ 8,50		137
3 **Weinbau Hermann Haller, Enzersfeld im Weinviertel** Riesling Ried Gugl 2022	91	€ 8,00		139
4 **Weingut Haimerl, Gobelsburg** Riesling Gobelsburg 2022	91	€ 8,90		139
5 **Weinbau Gerhard Pamperl, Ziersdorf** Weißer Riesling 2022	88	€ 5,10		142
6 **Weingut Gerhold, Gösing am Wagram** Riesling Ried Fumberg 2022	91	€ 8,50	✔	140
7 **Bioweinbau Berger, Großengersdorf** Rheinriesling 2022	90	€ 7,00		141
8 **Weingut Ing. Johannes Mold, Ziersdorf** Riesling vom Gesteinsboden 2022	90	€ 8,50		140
9 **Weingut Paul, Leobendorf** Riesling Ried im Himmel 2022	89	€ 7,30	✔	142
10 **Weingut Hutter Silberbichlerhof, Mautern** Riesling Federspiel 2021	92	€ 11,90		137

RIESLING KRÄFTIG

	Die besten 10 Weine nach PUNKTEN	PUNKTE	PREIS	BAUERNLADEN	SEITE
1	**Domäne Wachau, Dürnstein** Riesling Smaragd Ried Achleiten 2022	95	€ 36,00		144
2	**Fink & Kotzian Weinbau, Eggenburg** Riesling Berg und Meer 2021	95	€ 9,00		145
3	**Domäne Wachau, Dürnstein** Riesling Smaragd Ried Brandstatt 2022	94	€ 36,00		145
4	**Weingut Wien Cobenzl, Wien** Riesling Ried Preussen - Nussberg 1ÖTW 2021	94	€ 21,00		145
5	**Weingut Schloss Gobelsburg, Gobelsburg** Riesling Ried Gaisberg 1ÖTW 2021	94	€ 26,00		145
6	**Weingut Josef Fischer, Hagenbrunn** Riesling Ried Aichleiten 2021	94	€ 7,50		146
7	**Winzerhof Schachinger, Gedersdorf** Riesling Ried Steingraben 2021	94	€ 9,00		146
8	**Weingut Etz, Walkersdorf** Riesling Ried Gaisberg - Zöbing 2021	94	€ 14,00		146
9	**Weingut Roman Gritsch, Spitz an der Donau** Riesling Smaragd Ried 1000-Eimerberg 2021	94	€ 18,00		146
10	**Weingut Josef Schmid, Stratzing** Riesling Ried Stratzinger Sunogeln 1ÖTW 2021	93	€ 21,50		147

	Die besten 10 Preis-Genuss-Hits nach PGV-Faktor	PUNKTE	PREIS	BAUERNLADEN	SEITE
1	**Weingut Josef Fischer, Hagenbrunn** Riesling Ried Aichleiten 2021	94	€ 7,50		146
2	**Fink & Kotzian Weinbau, Eggenburg** Riesling Berg und Meer 2021	95	€ 9,00		145
3	**Winzerhof Schachinger, Gedersdorf** Riesling Ried Steingraben 2021	94	€ 9,00		146
4	**Weinhof Hubert Blauensteiner, Kirchberg am Wagram** Riesling 2022	92	€ 6,00		148
5	**Winzerhof Holzheu - Familie Heigl, Krustetten** Riesling Ried Kellerberg 2022	92	€ 6,50		148
6	**NÖ Landesweingut Krems, Krems** Riesling 2022	92	€ 7,20		148
7	**Weingut Martin Schwinner, Hohenwarth am Manhartsberg** Riesling 2022	91	€ 6,90	✔	149
8	**Weingut Kleber, Rudersdorf** Rhein-Riesling Ried Hussibrand 2022	92	€ 8,00		147
9	**Winzerhof Gnadenberger, Ziersdorf** Rheinriesling Ried Hochstraße 2022	89	€ 5,50		150
10	**Weingut Etz, Walkersdorf** Riesling Ried Gaisberg - Zöbing 2021	94	€ 14,00		146

CHARDONNAY

	Die besten 10 Weine nach PUNKTEN	PUNKTE	PREIS	BAUERNLADEN	SEITE
1	**Weingut Bründlmayer, Langenlois** Chardonnay Reserve Ried Steinberg 2021	96	€ 39,00		152
2	**Weingut Bernd Stelzl, Leutschach an der Weinstraße** Chardonnay Ried Hirritsch Hube 2021	95	€ 38,00		168
3	**Weingut Kollwentz, Großhöflein** Chardonnay Gloria 2021	95	€ 59,00		153
4	**Weingut Assigal, Leibnitz** Morillon Ried Götterberg 2021	95	€ 22,80	✔	153
5	**Weingut Peter Skoff - Domäne Kranachberg, Gamlitz** Morillon Reserve Ried Kranachberg 2018	95	€ 28,00		153
6	**Weingut Leberl, Großhöflein** Chardonnay Ried Reisbühel 2021	95	€ 16,00		153
7	**Domaine Pöttelsdorf Familymade, Pöttelsdorf** Chardonnay Edel Weiss fassgereift 2021	94	€ 16,00		154
8	**Weinbau Menitz, Leithaprodersdorf** Chardonnay Reserve Ried Vorderberg 2021	94	€ 10,50		154
9	**Weingut MUSTER.gamlitz, Gamlitz** Chardonnay Ried Grubthal 2020	94	€ 39,00	✔	154
10	**Weingut Leo Aumann, Tribuswinkel** Chardonnay Reserve 2021	94	€ 18,00		154

	Die besten 10 Preis-Genuss-Hits nach PGV-Faktor	PUNKTE	PREIS	BAUERNLADEN	SEITE
1	**Weinbau Menitz, Leithaprodersdorf** Chardonnay Reserve Ried Vorderberg 2021	94	€ 10,50		154
2	**Weingut & Gästehaus Dombi-Weiss, Podersdorf am See** Chardonnay Reserve 2021	93	€ 9,00		156
3	**Winzerhof Gnadenberger, Ziersdorf** Chardonnay Ried Lehlen 2022	90	€ 5,50		163
4	**Weingut Reisinger, Obritz** Chardonnay Klassik 2022	92	€ 7,60		158
5	**Weingut Prieler, Schützen am Gebirge** Chardonnay Sinner 2022	94	€ 12,00		155
6	**Weingut Dr. Gutschik, Wien** Chardonnay Ried Jungenberg 2022	92	€ 8,00		159
7	**Weingut Leberl, Großhöflein** Chardonnay Ried Reisbühel 2021	95	€ 16,00		153
8	**Weinhof Gwaltl, Fehring** Chardonnay 2022	91	€ 7,50		159
9	**Domaine Pöttelsdorf Familymade, Pöttelsdorf** Chardonnay Edel Weiss fassgereift 2021	94	€ 16,00		154
10	**Weinhof Hubert Blauensteiner, Kirchberg am Wagram** Chardonnay 2022	90	€ 7,00		161

WEISSBURGUNDER

	Die besten 10 Weine nach PUNKTEN	PUNKTE	PREIS	BAUERNLADEN	SEITE
1	**Weingut Prieler, Schützen am Gebirge** Pinot Blanc Ried Steinweingarten 2020	96	€ 43,00		166
2	**Weingut Prieler, Schützen am Gebirge** Pinot Blanc Alte Reben 2020	95	€ 19,00		169
3	**Weingut Wagentristl, Großhöflein** Weißburgunder Ried Tatschler 2021	95	€ 25,00		169
4	**Weingut Bernd Stelzl, Leutschach an der Weinstraße** Weißer Burgunder Ried Hirritschberg 2021	95	€ 24,00		169
5	**Weingut Wagentristl, Großhöflein** Weißburgunder Ried Kreidestein 2021	94	€ 25,00		169
6	**Weingut Prieler, Schützen am Gebirge** Pinot Blanc Ried Haidsatz 2020	94	€ 36,00		170
7	**Weingut Stefan Zehetbauer, Schützen am Gebirge** Pinot Blanc Ried Satz 2020	94	€ 20,00		170
8	**Weingut Kodolitsch, Leibnitz** Weißburgunder Ried Rosengarten 2021	94	€ 24,50		170
9	**Weingut Franz Hirtzberger, Spitz an der Donau** Weißburgunder Smaragd 2022	94	€ 41,00		170
10	**Weingut Krispel, Hof bei Straden** Weißburgunder Ried Straden 2021	93	€ 15,70		171

	Die besten 10 Preis-Genuss-Hits nach PGV-Faktor	PUNKTE	PREIS	BAUERNLADEN	SEITE
1	**Weinbau Gerhard Pamperl, Ziersdorf** Weißburgunder 2022	90	€ 5,10		177
2	**Weingut Christoph Bieglmayer, Mittergrabern** Weißburgunder Bio Ried Spiegel 2022	92	€ 7,00	✔	174
3	**Weingut Wagentristl, Großhöflein** Weißburgunder 2022	92	€ 9,00		173
4	**Weinbau und Gästehaus Grießbacher, St. Anna am Aigen** Weißburgunder 2022	90	€ 6,90	✔	176
5	**Weingut Prieler, Schützen am Gebirge** Pinot Blanc Alte Reben 2020	95	€ 19,00		169
6	**Weingut Prieler, Schützen am Gebirge** Pinot Blanc Ried Seeberg 2022	93	€ 12,00		171
7	**Weinbau J. Wittmann, Poysbrunn** Weißburgunder 2022	90	€ 6,50		178
8	**Weingut Gerhold, Gösing am Wagram** Pinot Blanc Gösing 2022	91	€ 8,50	✔	175
9	**Weingut Thyri, Eggendorf am Wagram** Weißburgunder Kalk Edition Michael 2021	92	€ 9,80		173
10	**Fink & Kotzian Weinbau, Eggenburg** Pinot Blanc Königsberg 2021	92	€ 12,00		171

SAUVIGNON BLANC

	Die besten 10 Weine nach PUNKTEN	PUNKTE	PREIS	BAUERNLADEN	SEITE
1	**Weingut Kodolitsch, Leibnitz** Sauvignon Blanc Ried Rosengarten T.M.S. 2020	97	€ 65,00		182
2	**Weingut Assigal, Leibnitz** Sauvignon Blanc Ried Kogelberg 2021	95	€ 25,80	✔	183
3	**Weingut Riegelnegg - Olwitschhof, Gamlitz** Sauvignon Blanc Ried Sernauberg Exzellenz 2020	95	€ 42,00		183
4	**Weingut Kodolitsch, Leibnitz** Sauvignon Blanc Alte Reben Ried Kogelberg 2020	95	€ 65,00		183
5	**Weingut Stefan Potzinger, Gabersdorf** Sauvignon Blanc Ried Czamillonberg 2022	95	€ 17,50		183
6	**Maria und Hannes Söll - Sanfter Weinbau, Gamlitz** Sauvignon Blanc - Sanfter Weinbau 2020	94	€ 10,50		184
7	**Weingut Kodolitsch, Leibnitz** Sauvignon Blanc Ried Rosengarten 2021	94	€ 29,00		184
8	**Weingut Bernd Stelzl, Leutschach an der Weinstraße** Sauvignon Blanc Ried Hirritschberg 2020	94	€ 28,00		184
9	**Weingut Stefan Potzinger, Gabersdorf** Sauvignon Blanc Ried Steinriegel 2022	94	€ 18,90		184
10	**Weingut Peter Skoff - Domäne Kranachberg, Gamlitz** Sauvignon Blanc Ried Kranachberg Rottriegl 2019	94	€ 32,00		185

Die besten 10 Preis-Genuss-Hits nach PGV-Faktor	PUNKTE	PREIS	BAUERNLADEN	SEITE
1	**Maria und Hannes Söll - Sanfter Weinbau, Gamlitz** Sauvignon Blanc - Sanfter Weinbau 2020	94	€ 10,50		184
2	**Weingut Stelzl Mariengarten, Leutschach an der Weinstraße** Sauvignon Blanc Klassik 2022	92	€ 8,50		187
3	**Familienweingut Ackermann, Donnerskirchen** Sauvignon Blanc Ried Wolfsbachweg 2022	89	€ 5,00		196
4	**Weingut Skringer, Leutschach an der Weinstraße** Sauvignon Blanc 2022	93	€ 10,80	✔	186
5	**Bio Weinbau Fidesser, Retz** Sauvignon Blanc Ried Altenberg 2021	90	€ 5,90	✔	196
6	**Weinhof Gwaltl, Fehring** Sauvignon Blanc 2022	91	€ 8,20		190
7	**Weingut Stefan Potzinger, Gabersdorf** Sauvignon Blanc Ried Czamillonberg 2022	95	€ 17,50		183
8	**Weinhof Florian, Dobl** Sauvignon Blanc 2022	91	€ 8,20		191
9	**Weingut Blauensteiner, Gösing am Wagram** Sauvignon Blanc 2022	92	€ 9,50		188
10	**Weingut Paul, Leobendorf** Sauvignon Blanc Ried Kirchberg 2022	90	€ 7,30	✔	194

MUSKATELLER

	Die besten 10 Weine nach PUNKTEN	PUNKTE	PREIS	BAUERNLADEN	SEITE
1	**Weinbau Amandus Adam, Leutschach an der Weinstraße** Gelber Muskateller ACA 2022	94	€ 10,20	✔	200
2	**Weingut Kodolitsch, Leibnitz** Gelber Muskateller 2022	93	€ 12,90		201
3	**Weingut Georgiberg, Berghausen** Gelber Muskateller 2022	93	€ 9,50		201
4	**Weingut Wutte, Fresing** Gelber Muskateller Klassik 2022	92	€ 8,90		201
5	**Weingut Peter Skoff - Domäne Kranachberg, Gamlitz** Gelber Muskateller Ried Kranachberg 2021	92	€ 16,20		201
6	**Weinhof Loder-Taucher / Buschenschank Gansrieglhof, Weiz** Gelber Muskateller 2022	92	€ 9,20		202
7	**Weinbau Gerhard Liener, Gamlitz** Gelber Muskateller Gamlitz 2022	92	€ 9,00		202
8	**Panoramaweinhof Strablegg-Leitner, Leutschach a.d. Weinstraße** Gelber Muskateller Ried Wurzenberg 2022	92	€ 11,70		202
9	**Weingut & Buschenschank Weber, St. Stefan ob Stainz** Gelber Muskateller 2022	92	€ 9,00		202
10	**Weinhof Andrea und Franz Gangl, Klöch** Gelber Muskateller 2022	91	€ 7,50	✔	203

	Die besten 10 Preis-Genuss-Hits nach PGV-Faktor	PUNKTE	PREIS	BAUERNLADEN	SEITE
1	**Weinbau Amandus Adam, Leutschach an der Weinstraße** Gelber Muskateller ACA 2022	94	€ 10,20	✔	200
2	**Weingut Georgiberg, Berghausen** Gelber Muskateller 2022	93	€ 9,50		201
3	**Weinhof Andrea und Franz Gangl, Klöch** Gelber Muskateller 2022	91	€ 7,50	✔	203
4	**Weingut Wutte, Fresing** Gelber Muskateller Klassik 2022	92	€ 8,90		201
5	**Weingut & Buschenschank Weber, St. Stefan ob Stainz** Gelber Muskateller 2022	92	€ 9,00		202
6	**Weinbau Gerhard Liener, Gamlitz** Gelber Muskateller Gamlitz 2022	92	€ 9,00		202
7	**Weinhof Loder-Taucher / Buschenschank Gansrieglhof, Weiz** Gelber Muskateller 2022	92	€ 9,20		202
8	**Winzerhof Gnadenberger, Ziersdorf** Gelber Muskateller Ried Steiningen 2022	89	€ 6,00		206
9	**Weingut Polz, Rossatz** Gelber Muskateller Rossatz 2022	91	€ 9,20		203
10	**Weingut Wiesböck, Wildungsmauer** Gelber Muskateller 2022	89	€ 6,20		207

GRAUBURGUNDER

	Die besten 10 Weine nach PUNKTEN	PUNKTE	PREIS	BAUERNLADEN	SEITE
1	**Weingut Krispel, Hof bei Straden** Grauburgunder Ried Neusetzberg 2020	94	€ 26,00		210
2	**Wein-Wimmer, Frauendorf an der Schmida** Grauburgunder Premium 2022	93	€ 9,30		211
3	**Bio-Weingut Frühwirth, Teesdorf** Pinot Gris Bio Premium Reserve Ried Rotes Kreuz 2021	93	€ 15,00		211
4	**Weingut MUSTER.gamlitz, Gamlitz** Grauburgunder Illyr 2021	93	€ 17,00	✔	211
5	**Weingut Peter Bernreiter, Wien** Grauburgunder 2022	92	€ 12,00	✔	211
6	**Fink & Kotzian Weinbau, Eggenburg** Pinot Gris Ried Hintern Dorf 2021	92	€ 15,00		212
7	**TrippelGUT, Feldkirchen i. K.** Grauburgunder The Grey Alpine Wine Ried Grafenstein 2022	92	€ 28,00		212
8	**Weingut & Gästehaus Dombi-Weiss, Podersdorf am See** Grauer Mönch 2021	91	€ 7,50		212
9	**Weingut Krug, Gumpoldskirchen** Pinot Gris Die Versuchung 2022	90	€ 26,00	✔	212
10	**Weingut Leitgeb, Bad Gleichenberg** Grauburgunder Ried Katzianer 2020	90	€ 12,90	✔	213

	Die Die besten 10 Preis-Genuss-Hits nach PGV-Faktor	PUNKTE	PREIS	BAUERNLADEN	SEITE
1	**Wein-Wimmer, Frauendorf an der Schmida** Grauburgunder Premium 2022	93	€ 9,30		211
2	**Weingut & Gästehaus Dombi-Weiss, Podersdorf am See** Grauer Mönch 2021	91	€ 7,50		212
3	**Weinbauernhof Johannes Hess, Hohenruppersdorf** Grauer Burgunder 2022	89	€ 6,50		213
4	**Weingut Peter Bernreiter, Wien** Grauburgunder 2022	92	€ 12,00	✔	211
5	**Bio-Weingut Frühwirth, Teesdorf** Pinot Gris Bio Premium Reserve Ried Rotes Kreuz 2021	93	€ 15,00		211
6	**Fink & Kotzian Weinbau, Eggenburg** Pinot Gris Ried Hintern Dorf 2021	92	€ 15,00		212
7	**Weingut MUSTER.gamlitz, Gamlitz** Grauburgunder Illyr 2021	93	€ 17,00	✔	211
8	**Weinhof Gwaltl, Fehring** Grauer Burgunder 2022	89	€ 8,50		213
9	**Weingut Krispel, Hof bei Straden** Grauburgunder Ried Neusetzberg 2020	94	€ 26,00		210
10	**Weingut Leitgeb, Bad Gleichenberg** Grauburgunder Ried Katzianer 2020	90	€ 12,90	✔	213

SORTENVIELFALT

	Die besten 10 Weine nach PUNKTEN	PUNKTE	PREIS	BAUERNLADEN	SEITE
1	**Graf Hardegg, Seefeld-Kadolz** V 2021	94	€ 25,00	✔	216
2	**Fink & Kotzian Weinbau, Eggenburg** Roter Traminer 2021	94	€ 12,00		217
3	**Weingut Familie Schlager, Sooß** Rotgipfler Exclusiv 2021	93	€ 7,90		217
4	**Bioweinbau Berger, Großengersdorf** Blütenmuskateller Jungfernlese 2022	93	€ 7,50		217
5	**Weingut Familie Schlager, Sooß** Traminer Ried Talken 2020	93	€ 7,90		217
6	**Weinhof Andrea und Franz Gangl, Klöch** Gelber Traminer Klöch - Edgar 2022	93	€ 9,50	✔	218
7	**Weinbaubetrieb Sternberg, Wernberg** Traminer 2020	93	€ 19,00		218
8	**Bio Weingut Urbanihof - Paschinger, Fels am Wagram** Roter Veltliner Kleines Holz Bio 2021	92	€ 13,00	✔	218
9	**Graf Hardegg, Seefeld-Kadolz** Roter Veltliner Ried Steinbügel 2021	92	€ 22,50	✔	218
10	**Weingut Krug, Gumpoldskirchen** Rotgipfler Die Vollendung 2022	92	€ 28,00	✔	219

	Die besten 10 Preis-Genuss-Hits nach PGV-Faktor	PUNKTE	PREIS	BAUERNLADEN	SEITE
1	**Bioweinbau Berger, Großengersdorf** Blütenmuskateller Jungfernlese 2022	93	€ 7,50		217
2	**Weingut Familie Schlager, Sooß** Rotgipfler Exclusiv 2021	93	€ 7,90		217
3	**Weingut Familie Schlager, Sooß** Traminer Ried Talken 2020	93	€ 7,90		217
4	**Winzerhof Gnadenberger, Ziersdorf** Roter Veltliner Ried Fellingen 2022	90	€ 5,00		224
5	**Weinhof Hubert Blauensteiner, Kirchberg am Wagram** Gewürztraminer 2022	91	€ 6,00		221
6	**Weingut Dollinger, Spannberg** Müller-Thurgau 2022	90	€ 5,00		225
7	**Fink & Kotzian Weinbau, Eggenburg** Roter Traminer 2021	94	€ 12,00		217
8	**Weinhof Andrea und Franz Gangl, Klöch** Gelber Traminer Klöch - Edgar 2022	93	€ 9,50	✔	218
9	**Weinbauernhof Johannes Hess, Hohenruppersdorf** Blütenmuskateller 2022	91	€ 6,50		221
10	**Weinbau Radl, Münchendorf** Neuburger 2022	91	€ 7,00		221

CUVÉE & GEMISCHTER SATZ

	Die besten 10 Weine nach PUNKTEN	PUNKTE	PREIS	BAUERNLADEN	SEITE
1	**Weingut Schloss Gobelsburg, Gobelsburg** Tradition Heritage Cuvée 3 Jahre Edition 851	95	€ 29,00		232
2	**Weingut Edlmoser, Wien** Wiener Gemischter Satz Ried Himmel - Maurerberg 1ÖTW 2021	94	€ 22,00		233
3	**Weingut Wien Cobenzl, Wien** Wiener Gemischter Satz Ried Steinberg - Grinzing 1ÖTW 2021	94	€ 24,00		233
4	**Weingut Edlmoser, Wien** Wiener Gemischter Satz Ried Sätzen - Maurerberg 1ÖTW 2021	94	€ 28,00		233
5	**Fink & Kotzian Weinbau, Eggenburg** Gemischter Satz Ried Hintern Dorf 2021	93	€ 9,00		233
6	**Weingut Franz Wieselthaler, Wien** Wiener Gemischter Satz 2022	93	€ 9,20		234
7	**Weingut Faber-Köchl - Die Winzerinnen, Eibesthal** Köchl Verzeichnis 508 Cuvée Weiß 2020	93	€ 14,50	✔	234
8	**Weingut Christ, Wien** Wiener Gemischter Satz Ried Wiesthalen 1ÖTW 2021	92	€ 23,00	✔	234
9	**Weingut Christ, Wien** Wiener Gemischter Satz Bisamberg 2022	92	€ 16,50	✔	234
10	**Weingut Leo Hillinger, Jois** Hill 2 2018	92	€ 31,30		235

	Die besten 10 Preis-Genuss-Hits nach PGV-Faktor	PUNKTE	PREIS	BAUERNLADEN	SEITE
1	**Weingut Josef Fischer, Hagenbrunn** Gemischter Satz 2022	92	€ 6,50		235
2	**Weinbau Gerhard Pamperl, Ziersdorf** Ziersdorfer Gemischter Satz 2022	90	€ 5,10		239
3	**Fink & Kotzian Weinbau, Eggenburg** Gemischter Satz Ried Hintern Dorf 2021	93	€ 9,00		233
4	**Weingut Patricia Hinteregger, Sitzendorf an der Schmida** Gemischter Satz Ried Mühlberg Classic 2022	91	€ 5,90		238
5	**Weingut Franz Wieselthaler, Wien** Wiener Gemischter Satz 2022	93	€ 9,20		234
6	**Weingut Oberschil-Rieger, Hagenbrunn** Gemischter Satz 2022	92	€ 7,50		235
7	**Weingut Drexler-Leeb, Perchtoldsdorf** Gemischter Satz 2022	92	€ 7,70	✔	235
8	**Winzerhof Schachinger, Gedersdorf** Luftikuss 2022	90	€ 6,50		239
9	**Weingut Johannes Münzenrieder, Apetlon** Sauerstoff 2022	90	€ 7,00		240
10	**Weinbau Hermann Haller, Enzersfeld im Weinviertel** Gemischter Satz Ried Neustift 2022	90	€ 6,50		241

GEREIFTER WEIN

	Die besten 10 Weine nach PUNKTEN	PUNKTE	PREIS	BAUERNLADEN	SEITE
1	**Maria und Hannes Söll - Sanfter Weinbau, Gamlitz** Gelber Muskateller Söll la Vie Papageno - Sanfter Weinbau 2011	95	€ 98,00		246
2	**Maria und Hannes Söll - Sanfter Weinbau, Gamlitz** Sämling 88 Sernau-Felsen - Sanfter Weinbau 2017	94	€ 15,50		247
3	**Weingut Hermann Moser, Rohrendorf bei Krems** Riesling Kellerterrassen Ried Gebling 1ÖTW 2012	94	€ 23,10	✔	247
4	**Maria und Hannes Söll - Sanfter Weinbau, Gamlitz** Gelber Muskateller Papageno 2011	94	€ 68,00		247
5	**Maria und Hannes Söll - Sanfter Weinbau, Gamlitz** Sauvignon Blanc Selektion - Sanfter Weinbau 2017	93	€ 27,00		247
6	**Maria und Hannes Söll - Sanfter Weinbau, Gamlitz** Riesling Selektion Ried Steinbach 2016	92	€ 29,00		248
7	**Weingut Leo Aumann, Tribuswinkel** Rotgipfler Ried Wiege 2016	92	€ 16,00		248
8	**Maria und Hannes Söll - Sanfter Weinbau, Gamlitz** Sauvignon Blanc Sernauberg - Sanfter Weinbau 2017	92	€ 14,50		248
9	**Laurenz V., Wien** Grüner Veltliner Silver Bullet 2013	92	€ 18,00		248
10	**Maria und Hannes Söll - Sanfter Weinbau, Gamlitz** Sauvignon Blanc Ried Sernauberg 2015	91	€ 15,50		249

	Die besten 10 Preis-Genuss-Hits nach PGV-Faktor	PUNKTE	PREIS	BAUERNLADEN	SEITE
1	**Maria und Hannes Söll - Sanfter Weinbau, Gamlitz** Sämling 88 Sernau-Felsen - Sanfter Weinbau 2017	94	€ 15,50		247
2	**Maria und Hannes Söll - Sanfter Weinbau, Gamlitz** Sauvignon Blanc Sernauberg - Sanfter Weinbau 2017	92	€ 14,50		248
3	**Weingut Leo Aumann, Tribuswinkel** Rotgipfler Ried Wiege 2016	92	€ 16,00		248
4	**Weingut Hermann Moser, Rohrendorf bei Krems** Riesling Kellerterrassen Ried Gebling 1ÖTW 2012	94	€ 23,10	✔	247
5	**Maria und Hannes Söll - Sanfter Weinbau, Gamlitz** Sauvignon Blanc Ried Sernauberg 2015	91	€ 15,50		249
6	**Weingut Blauensteiner, Gösing am Wagram** Grüner Veltliner Ried Fumberg 2017	91	€ 16,00		249
7	**Maria und Hannes Söll - Sanfter Weinbau, Gamlitz** Sauvignon Blanc Selektion - Sanfter Weinbau 2017	93	€ 27,00		247
8	**Maria und Hannes Söll - Sanfter Weinbau, Gamlitz** Weißburgunder NexGen - Sanfter Weinbau 2017	90	€ 15,50		249
9	**Maria und Hannes Söll - Sanfter Weinbau, Gamlitz** Riesling Selektion Ried Steinbach 2016	92	€ 29,00		248
10	**Laurenz V., Wien** Grüner Veltliner Silver Bullet 2013	92	€ 18,00		248

ORANGEWEIN | NATRUAL WINE

	Die besten 10 Weine nach PUNKTEN	PUNKTE	PREIS	BAUERNLADEN	SEITE
1	**Weingut Feiler-Artinger, Rust** Welschriesling O.S.Olé Bio 2020	94	€ 17,90	✔	252
2	**Maria und Hannes Söll - Sanfter Weinbau, Gamlitz** Gelber Muskateller Söll la Vie Orange - Sanfter Weinbau 2013	94	€ 68,00		253
3	**Maria und Hannes Söll - Sanfter Weinbau, Gamlitz** Welschriesling Selektion - Sanfter Weinbau 2017	94	€ 23,00		253
4	**Weingut Christ, Wien** Gemischter Satz Kraut & Rüben 2021	94	€ 19,00	✔	253
5	**Weingut Sternat Lenz, Leutschach an der Weinstraße** Weißburgunder vom Opok 2021	92	€ 17,00		253
6	**Weingut Sternat Lenz, Leutschach an der Weinstraße** Chardonnay vom Opok 2020	92	€ 29,00		254
7	**Familie Bauer - Bioweingut, Großriedenthal** Bärig Alte Reben 2022	92	€ 11,00	✔	254
8	**Schmelzer's Weingut - biodynamisch, Gols** Schlicht und ergreifend Cuvée Orangewine 2018	92	€ 26,00		254
9	**Winzerhof Leopold, Wien** Minimal 2020	91	€ 19,00		254
10	**Weingut Faber-Köchl - Die Winzerinnen, Eibesthal** Grüner Veltliner Natur 2021	91	€ 19,90	✔	255

	Die besten 10 Preis-Genuss-Hits nach PGV-Faktor	PUNKTE	PREIS	BAUERNLADEN	SEITE
1	**Weinbau Gerhard Pamperl, Ziersdorf** Orangewine	91	€ 5,10		255
2	**Weingut Feiler-Artinger, Rust** Welschriesling O.S.Olé Bio 2020	94	€ 17,90	✔	252
3	**Familie Bauer - Bioweingut, Großriedenthal** Bärig Alte Reben 2022	92	€ 11,00	✔	254
4	**Weingut Christ, Wien** Gemischter Satz Kraut & Rüben 2021	94	€ 19,00	✔	253
5	**Maria und Hannes Söll - Sanfter Weinbau, Gamlitz** Welschriesling Selektion - Sanfter Weinbau 2017	94	€ 23,00		253
6	**Schmelzer's Weingut - biodynamisch, Gols** Welschriesling 2022	91	€ 13,00		255
7	**Weingut Sternat Lenz, Leutschach an der Weinstraße** Weißburgunder vom Opok 2021	92	€ 17,00		253
8	**Schmelzer's Weingut - biodynamisch, Gols** Big Nature White	90	€ 18,00		255
9	**Winzerhof Leopold, Wien** Minimal 2020	91	€ 19,00		254
10	**Weingut Faber-Köchl - Die Winzerinnen, Eibesthal** Grüner Veltliner Natur 2021	91	€ 19,90	✔	255

PERLWEIN

	Die besten 10 Weine nach PUNKTEN	PUNKTE	PREIS	BAUERNLADEN	SEITE
1	**Weingut Christian Reiterer, Wies** Schilcher Frizzante	93	€ 9,30		258
2	**Weingut Mayersistas, Franzen** Pet Nat Grüner Veltliner 2022	92	€ 23,00		259
3	**Bioweinbau Berger, Großengersdorf** Rosé Frizzante 2021	92	€ 7,00		259
4	**Weingut & Buschenschank Weber, St. Stefan ob Stainz** Schilcher Frizzante	92	€ 10,90		259
5	**Maria und Hannes Söll - Sanfter Weinbau, Gamlitz** Söll la Belle Frizzante - Sanfter Weinbau	92	€ 11,90		259
6	**Bioweinbau Berger, Großengersdorf** Muskateller Frizzante 2021	90	€ 7,00		260
7	**Schmelzer's Weingut - biodynamisch, Gols** Pet Nat Rosé 2021	90	€ 16,00		260
8	**Winzerhof Schachinger, Gedersdorf** Frizzante Rosé	90	€ 7,50		260
9	**Bioweinbau Berger, Großengersdorf** Riesling Frizzante 2022	90	€ 7,00		260
10	**Schmelzer's Weingut - biodynamisch, Gols** Pet Nat Dion white 2022	90	€ 16,00		261

	Die besten 10 Preis-Genuss-Hits nach PGV-Faktor	PUNKTE	PREIS	BAUERNLADEN	SEITE
1	**Bioweinbau Berger, Großengersdorf** Rosé Frizzante 2021	92	€ 7,00		259
2	**Weingut Christian Reiterer, Wies** Schilcher Frizzante	93	€ 9,30		258
3	**Weingut Dollinger, Spannberg** Perlwein Muskat Ottonel 2021	89	€ 5,00		261
4	**Bioweinbau Berger, Großengersdorf** Muskateller Frizzante 2021	90	€ 7,00		260
5	**Bioweinbau Berger, Großengersdorf** Riesling Frizzante 2022	90	€ 7,00		260
6	**Winzerhof Schachinger, Gedersdorf** Frizzante Rosé	90	€ 7,50		260
7	**Weingut Beyer, Zellerndorf** Rosecco Frizzante Rosé 2022	89	€ 6,50		261
8	**Weinbau J. Wittmann, Poysbrunn** RosaMunde Frizzante 2022	89	€ 6,50		262
9	**Weingut & Buschenschank Weber, St. Stefan ob Stainz** Schilcher Frizzante	92	€ 10,90		259
10	**Weingut Merum, Tadten** Muskat Frizzante 2022	89	€ 6,50		262

SCHAUMWEIN | SEKT WEISS

	Die besten 10 Weine nach PUNKTEN	PUNKTE	PREIS	BAUERNLADEN	SEITE
1	**Weingut Bründlmayer, Langenlois** Blanc de Noirs Extra Brut Reserve 2016	96	€ 42,00		266
2	**Weingut Bründlmayer, Langenlois** Blanc de Blancs Extra Brut Reserve	95	€ 39,00		267
3	**Weingut Schloss Gobelsburg, Gobelsburg** Blanc de Blancs Brut Reserve	94	€ 31,00		267
4	**Schlumberger Wein- und Sektkellerei, Wien** Chardonnay Brut Reserve 2017	94	€ 24,99		267
5	**Maria und Hannes Söll - Sanfter Weinbau, Gamlitz** Papageno Cuvée Brut - Sanfter Weinbau 2010	93	€ 38,00		267
6	**Weingut Silvia Rosenberger, Straß im Straßertal** Pet Nat Sämling 2022	93	€ 13,00		268
7	**Weinbaubetrieb Sternberg, Wernberg** Perlen des Südens Extra Brut Reserve 2019	93	€ 25,00		268
8	**NÖ Landesweingut Mistelbach, Mistelbach a.d. Zaya** Jubiläumssekt 125 Jahre LFS Mistelbach	92	€ 12,00		268
9	**Graf Hardegg, Seefeld-Kadolz** V Brut Nature 2019	92	€ 30,00	✔	268
10	**Weingut Steininger, Langenlois** Riesling Sekt Reserve 2020	92	€ 22,50	✔	269

	Die besten 10 Preis-Genuss-Hits nach PGV-Faktor	PUNKTE	PREIS	BAUERNLADEN	SEITE
1	**NÖ Landesweingut Hollabrunn, Hollabrunn** Frizzante Gelber Muskateller Bio 2022	90	€ 6,80		270
2	**Weinbau Andreas Bauer, Wagram am Wagram** Gewürztraminer Frizzante Rook 2022	90	€ 6,80		270
3	**Familienweingut Höfinger, Gobelsburg** HöFizz 2022	90	€ 7,50		270
4	**Weingut Josef Tesch, Neckenmarkt** Frizzante No1 Gelber Muskateller 2022	91	€ 9,50	✔	269
5	**Weingut Silvia Rosenberger, Straß im Straßertal** Pet Nat Sämling 2022	93	€ 13,00		268
6	**NÖ Landesweingut Mistelbach, Mistelbach a.d. Zaya** Jubiläumssekt 125 Jahre LFS Mistelbach	92	€ 12,00		268
7	**Weingut Wiedeschitz, Deutschkreutz** Frizzante Chardonnay & Blütenmuskateller 2022	90	€ 8,00		271
8	**Weingut Breyer, Baden bei Wien** Secco vom Muskateller 2022	90	€ 9,00		271
9	**Heurigen Habacht, Guntramsdorf** Schaumwein vom Grünen Veltliner 2021	89	€ 8,50		271
10	**Weingut Bründlmayer, Langenlois** Blanc de Noirs Extra Brut Reserve 2016	96	€ 42,00		266

SCHAUMWEIN | SEKT ROSÉ

	Die besten 10 Weine nach PUNKTEN	PUNKTE	PREIS	BAUERNLADEN	SEITE
1	**Schlumberger Wein- und Sektkellerei, Wien** Pinot Noir Brut Reserve 2017	93	€ 24,99		274
2	**Weingut Christian Reiterer, Wies** Schilcher Sekt	92	€ 13,20		275
3	**Maria und Hannes Söll - Sanfter Weinbau, Gamlitz** Papagena Machrima Rosé Brut - Sanfter Weinbau 2013	92	€ 32,00		275
4	**Weinbau Gratzl, Strem** Uhudler Frizzante 2022	91	€ 11,90	✔	275
5	**Uhudlerei Mirth, Eltendorf** Uhudler Frizze 2022	91	€ 12,00		275
6	**Weingut Kleber, Rudersdorf** Pinot Noir Rosé Brut 2018	91	€ 14,00		276
7	**Weingut Juliana Wieder, Neckenmarkt** Rosé brut 2019	91	€ 14,00	✔	276
8	**Hans Bauer - Wein & Prosciutto, Pöttelsdorf** Brut Blanc de Noir 2020	90	€ 30,00		276
9	**Weingut Oberschil-Rieger, Hagenbrunn** Zweigelt Rosé Frizzante 2022	90	€ 8,00		276
10	**Weingut Josef Tesch, Neckenmarkt** Frizzante No2 Rosé 2022	90	€ 9,50	✔	277

	Die besten 10 Preis-Genuss-Hits nach PGV-Faktor	PUNKTE	PREIS	BAUERNLADEN	SEITE
1	**Weingut Oberschil-Rieger, Hagenbrunn** Zweigelt Rosé Frizzante 2022	90	€ 8,00		276
2	**Weingut Mayr Minichhofen, Ravelsbach** Rosé Secco 2022	90	€ 7,90		277
3	**Weinbau Hermann Haller, Enzersfeld im Weinviertel** Frizzante Rosé Zweigelt 2022	89	€ 6,50		278
4	**Domaine Pöttelsdorf Familymade, Pöttelsdorf** Love Bird Frizzante 2022	90	€ 8,90		277
5	**Weingut Christian Reiterer, Wies** Schilcher Sekt	92	€ 13,20		275
6	**Weingut Josef Tesch, Neckenmarkt** Frizzante No2 Rosé 2022	90	€ 9,50	✔	277
7	**Weinbau Gratzl, Strem** Uhudler Frizzante 2022	91	€ 11,90	✔	275
8	**Uhudlerei Mirth, Eltendorf** Uhudler Frizze 2022	91	€ 12,00		275
9	**Weingut Migsich, Antau** Secco Rosé 2022	90	€ 11,00	✔	278
10	**Weingut Juliana Wieder, Neckenmarkt** Rosé brut 2019	91	€ 14,00	✔	276

ROSÉ & SCHILCHER

	Die besten 10 Weine nach PUNKTEN	PUNKTE	PREIS	BAUERNLADEN	SEITE
1	**Weingut & Buschenschank Weber, St. Stefan ob Stainz** Schilcher Klassik 2022	94	€ 7,80		282
2	**Weingut Migsich, Antau** The Origin of Rosé Blaufränkisch 2022	93	€ 12,90	✔	283
3	**Domaine Pöttelsdorf Familymade, Pöttelsdorf** The Origin of Rosé Blaufränkisch 2022	93	€ 13,00		283
4	**Weingut Trapl, St. Stefan ob Stainz** Schilcher Ried Lestein 2022	93	€ 9,00		283
5	**Uhudlerei Mirth, Eltendorf** Uhudler Eros 2022	93	€ 9,00		283
6	**Weingut Trapl, St. Stefan ob Stainz** Schilcher Stainzer Blut Ried Schlossweingarten 2022	93	€ 9,00		284
7	**Weinhof Florian, Dobl** Schilcher Klassik 2022	93	€ 7,50		284
8	**Weingut & Buschenschank Weber, St. Stefan ob Stainz** Schilcher Ried Langegg 2022	92	€ 9,50		284
9	**Weingut Christian Reiterer, Wies** Schilcher Klassik 2022	92	€ 8,40		284
10	**Domaine Pöttelsdorf Familymade, Pöttelsdorf** Rosé fassgereift 2021	92	€ 16,00		285

	Die besten 10 Preis-Genuss-Hits nach PGV-Faktor	PUNKTE	PREIS	BAUERNLADEN	SEITE
1	**Weingut & Buschenschank Weber, St. Stefan ob Stainz** Schilcher Klassik 2022	94	€ 7,80		282
2	**Weinhof Florian, Dobl** Schilcher Klassik 2022	93	€ 7,50		284
3	**Weinbauernhof Johannes Hess, Hohenruppersdorf** Light Pink Zweigelt Rosé 2022	90	€ 5,50		287
4	**Weingut Trapl, St. Stefan ob Stainz** Schilcher Ried Lestein 2022	93	€ 9,00		283
5	**Uhudlerei Mirth, Eltendorf** Uhudler Eros 2022	93	€ 9,00		283
6	**Weingut Trapl, St. Stefan ob Stainz** Schilcher Stainzer Blut Ried Schlossweingarten 2022	93	€ 9,00		284
7	**Weingut Juliana Wieder, Neckenmarkt** Rosé Blaufränkisch 2022	91	€ 6,90	✔	285
8	**Weingut Silvia Rosenberger, Straß im Straßertal** Zweigelt Rosé 2022	90	€ 5,70		287
9	**Familienweingut Ackermann, Donnerskirchen** Blaufränkisch Rosé 2022	90	€ 5,50		287
10	**Weingut Gerhold, Gösing am Wagram** Fly Rosé 2022	90	€ 6,50	✔	286

AUSGEZEICHNETE GASTRONOMIE
GEHEIMTIPPS AUS GANZ ÖSTERREICH

Österreich hat Geschmack gewinnt den Award des WORLDMEDIAFESTIVALS 2021 Hamburg und holt diesen international begehrten Filmpreis nach Österreich!
Das Sendungskonzept punktete bei der international besetzten Jury und setzt sich gegen 196 Einreichungen aus 18 Nationen durch.

Die auserwählten Spitzengastronomen und Hotelbetriebe haben schon für Sie gedeckt und neben den unglaublichen Kulissen der Regionen, wissen die exzellenten Top-Hotels und Restaurants vor allem kulinarisch zu beeindrucken.
Die Küchen- und Wohlfühlgeheimnisse der Betriebe sollen „Geschmack" machen zu kommen, um zu bleiben.

Die Verarbeitung regionaler, bodenständiger Lebensmittel gepaart mit ausgewählten Getränken und pfiffigen Biervariationen stehen im Mittelpunkt jeder Sendung.

Gerne besuchen wir auch Ihren Betrieb – kontaktieren Sie uns
info@oesterreichhatgeschmack.at

www.ÖsterreichhatGeschmack.at

Ihr Ansprechpartner für diese Produktion:
www.product-placement.at | Tel.: +43 1 813 68 00-0

PRODUCT PLACEMENT
INTERNATIONAL

GRÜNER VELTLINER KLASSISCH

- ✔ Grüner Veltliner bis 12,9 %
- ✔ Anbaufläche: 14.548 ha
- ✔ Herkunft: Niederösterreich, Burgenland.
- ✔ Pikanter Mix aus Frucht und pfeffriger Würze sowie harmonischer Säure.
- ✔ Breites Spektrum von frisch und trocken bis kraftvoll und lagerfähig.
- ✔ Universeller Speisenbegleiter.
- ✔ Die wichtigste Weißweinsorte in Österreich.

SIEGERWEIN

Wachau DAC

GRÜNER VELTLINER FEDERSPIEL RIED SETZBERG 2022

12,50% / trocken / Schrauber / Ausbau: Stahltank / 0,75 l
Gelb mit grünen Reflexen, ölige Kirchenfenster, kandierte
Früchte, Honig; komplett trocken, lebendige Säure,
getrocknete Apfelscheiben mit Zitrone, ein Hauch Pfeffer
und Kardamom, griffige Textur, straff und lang, gewinnt
mit Luft.

Weingut Roman Gritsch
3620 Spitz an der Donau
02713/2208, www.romangritsch.at

€ 9,50   **93+** Punkte

Wachau DAC
GRÜNER VELTLINER FEDERSPIEL RIED GASSLREITH 2022

12,50% / trocken / Schrauber / Ausbau: Stahltank / 0,75 l

Grüngold, kräftige Schlieren, Äpfel, Wiesenblumen, Kardamom; herrliches Pfefferl, Ananasgelee, Zitronensorbet, dichter Schmelz, feinsalzig, balancierte Säure, delikate Extraktsüße, druckvoll und sortentypisch, ein Bilderbuch-Veltliner.

Weingut Roman Gritsch, 3620 Spitz an der Donau
02713/2208
www.romangritsch.at

€ 9,00   **93** Punkte

Kamptal DAC
GRÜNER VELTLINER DOMÄNE GOBELSBURG 2022

12,50% / trocken / Schrauber / Ausbau: Stahltank / 0,75 l

Goldgelb mit grünen Reflexen, zarte Blütennoten, tiefe Frucht, Ananas, gelbe Äpfel, Birnen; straffe Struktur, delikater Fruchtschmelz, Ananas, Quarzsand, vitale Säurespannung, salzige Anklänge, kreidige Textur, mineralisch und lang.

Weingut Schloss Gobelsburg, 3550 Gobelsburg
02734/2422
www.gobelsburg.at

€ 11,80   **93** Punkte

Weinviertel DAC
GRÜNER VELTLINER KLASSIK 2022

12,50% / trocken / Schrauber / Ausbau: Stahltank / 0,75 l

Gelb, dicke Schlieren, intensive Fruchtnase, Obstsalat, Rhabarberkuchen; druckvolle Exotik, Maracuja, Litschi, Limetten, exzellente Mundfülle, grazile Extraktsüße, agile Säure, gute Substanz, blitzsauber, trinkfreudig, wunderbarer Sommerwein.

Weingut Reisinger, 2061 Obritz
0664/73553500
www.reisingerwein.at

€ 7,10   **92** Punkte

Wachau DAC
GRÜNER VELTLINER FEDERSPIEL RIED KOLLMITZ 2022

12,50% / trocken / Schrauber / Ausbau: Stahltank / 0,75 l

Strohgelb, ölige Schlieren, zartes Bukett, Orangen PEZ, Pfirsichhaut; schlank und rank, kühle Noten, pikante Säure, Kiwi, Birnen, frische Äpfel, eine Idee gemahlener Pfeffer, sortentypisch, süffig mit langem fruchtigem Nachhall.

Domäne Wachau, 3601 Dürnstein
02711/371-0
www.domaene-wachau.at

€ 14,00   **92⁺** Punkte

Weinviertel DAC
GRÜNER VELTLINER CLASSIC RIED IM HEILIGEN GEIST 2022
12,00% / trocken / Schrauber / Ausbau: Stahltank / 0,75 l
Grüngelb, ölige Schlieren, gelbfruchtig, Melonen, Pfirsich, frisch gemähte Wiese, Grafit;
kreidiger Grip, substanzreich, knackige Säure, extraktsüß, salzig, Sternfrucht, Pomelo,
exzellente Spannung, mineralisch, langer Zitrusnachhall.

Weingut Ing. Johannes Mold, 3710 Ziersdorf
0699/12616403
www.moldwein.at

€ 7,00   **92** Punkte

Kremstal DAC
GRÜNER VELTLINER RIED TIEFENTHAL 2022
12,50% / trocken / Schrauber / Ausbau: Stahltank / 0,75 l
Gold, mächtige Schlieren, verschlossen im Duft, Zitrus, Peterwurz; straffe Struktur,
mineralisch, dezente Fruchtaromatik, Trockenfrüchte, kreidige Textur, angenehm trocken,
feiner Schmelz, agile Säure, elegantes Pfefferl im Abgang.

Winzerhof Schachinger, 3494 Gedersdorf
0664/5436797
www.schachingerwein.at

€ 7,70   **92** Punkte

Kremstal DAC
GRÜNER VELTLINER RIED GERNLISSEN 2022
12,50% / trocken / Schrauber / Ausbau: Stahltank / 0,75 l
Goldgelb, elegantes Bukett, Orangenblüten, Nektarinen, Blätterteig, Maracuja; delikate
Exotik, Litschi, Orangen, Limettengelee, feinsalzig, wunderbar trocken, lebendige Säure,
saftige Spannung mit erfrischendem Fruchtnachhall.

Weingut Eder, 3494 Gedersdorf
0676/3467325
www.weinguteder.at

   € 8,30   **92** Punkte

Kremstal DAC
GRÜNER VELTLINER RIED WEITGASSE 2022
12,50% / trocken / Schrauber / Ausbau: Stahltank / 0,75 l
Goldgelb mit grünen Reflexen, fruchtbetontes Bukett, frische Äpfel, Limetten, Blüten;
feine Extraktsüße, knackige Säure, salzige Adern, gute Substanz, glockenklare Frucht,
Birnen, Zitronen, zartes Pfefferl, herrlicher Sommerwein.

Winzerhof Schachinger, 3494 Gedersdorf
0664/5436797
www.schachingerwein.at

€ 8,50   **92** Punkte

Kremstal DAC
GRÜNER VELTLINER KREMSER LÖSS 2022
12,50% / trocken / Schrauber / Ausbau: Stahltank / 0,75 l
Grüngold, ölige Schlieren, frische Äpfel, Birnen; wunderbar vollmundig, saftiger Schmelz, schmalzige Textur, blitzsaubere gelbe Frucht, angenehm trocken, balancierte Säure, mineralisch strukturiert, gediegen und trinkfreudig.

Weingut Josef Schmid, 3552 Stratzing
02719/8288
www.j-schmid.at

€ 10,50 **92** Punkte

Burgenland
GRÜNER VELTLINER EDEL WEISS 2022
12,00% / trocken / Schrauber / Ausbau: Stahltank / 0,75 l
Hellgelb, ölige Schlieren, intensives Fruchtbukett, frische Äpfel, Stachelbeeren, Sternfrucht, Kamillenblüten; straffe Struktur, mineralischer Kern, geradlinige Frucht, substanzreich, angenehme Säure, Kreidestaub bleibt lange haften.

Domaine Pöttelsdorf Familymade, 7025 Pöttelsdorf
02626/5200
www.domaine-poettelsdorf.at

€ 7,90 **91** Punkte

Wachau DAC
GRÜNER VELTLINER FEDERSPIEL RIED KREUZBERG 2022
12,50% / trocken / Schrauber / Ausbau: Stahltank / 0,75 l
Zitronengelb, ölige Schlieren, frische Äpfel, Orangen, Lindenblüten; sortentypisch, feines Pfefferl, Ananas, Zitronengelee, delikate Fruchtsüße, pikante Säure, salzige Adern, mineralischer Kern, vollmundig, druckvoll und frisch.

Weingut Polz, 3602 Rossatz
0664/4320426, 02714/6326
www.polzwachau.at

€ 9,80 **91** Punkte

Traisental DAC
GRÜNER VELTLINER OBERE STEIGEN BIO 2022
12,50% / trocken / Schrauber / Ausbau: Stahltank / 0,75 l
Sattes Grüngold, mächtige Schlieren, Trockenfrüchte, Haferkekse, Kletzen, Rosinen; substanzreiche Mundfülle, zarte Extraktsüße, lebendige Säure, salzige Spannung, Zitronengelee, Birnenstrudel, steter Zug, feinherbes Finish.

Weingut Markus Huber, 3134 Reichersdorf
02783/82999
www.weingut-huber.at

€ 12,50 **91**⁺ Punkte

Wien
GRÜNER VELTLINER CLASSIC 2022
11,50 % / trocken / Schrauber / Ausbau: Stahltank / 0,75 l

Sattes Gold, kräftige Schlieren, gelbe Äpfel, kandierte Früchte, Bienenwachs, nasser Stein; angenehm trocken, frische Säure, schlank und rank, mineralische Struktur, vibrierendes Mundgefühl, zitrusbetont, erfrischender Abgang.

Weingut Oberschil-Rieger, 2102 Hagenbrunn
02262/672782
www.oberschil-rieger.at

€ 7,00 **91** Punkte

Wachau DAC
GRÜNER VELTLINER FEDERSPIEL WEISSENKIRCHEN 2022
12,00 % / trocken / Schrauber / Ausbau: Stahltank / 0,75 l

Gelb, ölige Schlieren, Gänseblümchen, Ananas, gelbe Äpfel; knackige Säure, komplett trocken, druckvolle Zitrusspannung, schlank und rank, mineralischer Kern, salzige Adern, langer erfrischender Nachhall, herrlicher Terrassenwein.

Weingut Braun, 3610 Wösendorf in der Wachau
0676/6966311
www.braun.wine

€ 12,00 **91⁺** Punkte

Wagram DAC
GRÜNER VELTLINER RIED ZEISLEITEN 2022
12,50 % / trocken / Schrauber / Ausbau: Stahltank / 0,75 l

Gelb mit kräftigen Schlieren, frischer Orangenzestenabrieb, getrocknete Kräuter, Pfeffer; Trockenfrüchte, feine Extraktsüße, harmonische Säure, mineralisch, schmalzige Textur, sortentypische Pfeffernoten, ausgezeichnete Spannung.

Weingut Gerhold, 3482 Gösing am Wagram
02738/2241
www.gerhold.cc

€ 8,00 **91⁺** Punkte

Wachau DAC
GRÜNER VELTLINER FEDERSPIEL 2022
12,50 % / trocken / Schrauber / Ausbau: Stahltank / 0,75 l

Grüngelb, Wiesenblumen, frische Äpfel, Kiwi; straffer Grip, sehr mineralisch, geradlinige Zitrusfrucht, blitzsauber, knochentrocken, knackige Säure, ausgezeichnete Spannung, lebendiger Zitrusnachhall, Mineralität bleibt lange haften.

Weingut Braun, 3610 Wösendorf in der Wachau
0676/6966311
www.braun.wine

€ 10,00 **91⁺** Punkte

Niederösterreich
GRÜNER VELTLINER RIED SAAZEN 2020
12,50 % / trocken / Schrauber / Ausbau: Stahltank / 0,75 l
Gold, ölige Schlieren, Trockenfrüchte, heißer Stein, gebratener Paprika; saftiger
Apfel, nussige Anklänge, gemahlener Pfeffer, wunderbar trocken, harmonische Säure,
mineralische Struktur, ruhig und lang, ausgezeichneter Speisenwein.

Weingut Faber-Köchl - Die Winzerinnen
2130 Eibesthal, 0664/1858173
www.faber-koechl.at

 € 14,50 **91**⁺ Punkte

Weinviertel DAC
GRÜNER VELTLINER RIED ZWIEFÄNGER 2022
12,50 % / trocken / Schrauber / Ausbau: Stahltank / 0,75 l
Grüngelb, ölige Schlieren, grüne Äpfel, Bazooka; pikante Säure, salzig und cremig, deli-
kater Fruchtschmelz, glockenklar, Ananas, Topaz-Äpfel, feines Pfefferl, ausgezeichnete
Spannung, mineralischer Kern, sortentypisch, frisch und lang.

Weinbauernhof Johannes Hess, 2223 Hohenruppersdorf
0699/12127966
www.hess-wein.at

€ 6,50 **91** Punkte

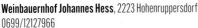

Weinviertel DAC
GRÜNER VELTLINER BENJAMIN 2022
12,50 % / trocken / Schrauber / Ausbau: Stahltank / 0,75 l
Grüngelb, frischer Duft, Äpfel und Birnen, Johannisbeeren; cremige Mundfülle, extrakt-
süßer Fruchtschmelz, harmonische Säure, Grapefruit, Zitronengelee, zart prickelnde
Textur, terroirtypisch, langer süßfruchtiger Nachhall.

Weingut Weingartshofer, 2143 Großkrut
0699/11873107
www.weingartshofer.at

€ 6,50 **91** Punkte

Wachau DAC
GRÜNER VELTLINER STEINFEDER 2022
11,50 % / trocken / Schrauber / Ausbau: Stahltank / 0,75 l
Gelb mit grünen Reflexen, ölige Schlieren, verhalten im Duft; saftig, druckvolle Zitrusaromatik, komplett trocken, rassige Säure, salzig, straffe Mineralität, leichter Alkohol,
viel Spannung, exzellente Basis für den Sommerspritzer.

Weingut Hutter Silberbichlerhof, 3512 Mautern
0664/73625932
www.hutter-wachau.at

€ 8,60 **91** Punkte

Weinviertel DAC
GRÜNER VELTLINER RIED BRENNLEITEN 2022
12,00 % / trocken / Schrauber / Ausbau: Stahltank / 0,75 l
Grüngold, dicke Schlieren, Trockenfrüchte, Äpfel, Kletzen; wunderbar trocken, lebendige Säure, salzige Adern, straffer mineralischer Grip, leichtfüßiger Alkohol, aber druckvoll am Gaumen, dynamische Spannung, süffiger Terrassenwein.

Weingut Oberschil-Rieger, 2102 Hagenbrunn
02262/672782
www.oberschil-rieger.at

€ 7,50   **91** Punkte

Kremstal DAC
GRÜNER VELTLINER LÖSSTERRASSEN 2022
12,00 % / trocken / Schrauber / Ausbau: Stahltank / 0,75 l
Grüngold, dicke Schlieren, Ananas, Lindenblüten, Rosinen, Maronireis; straff und salzig, knochentrocken, rassige Säure, Ananas, Zitronen, mineralischer Kern, kreidige Textur, hat Zug und Spannung, feines mineralisches Bitterl zum Schluss.

Weingut Eder, 3494 Gedersdorf
0676/3467325
www.weinguteder.at

€ 7,70   **91** Punkte

Kremstal DAC
GRÜNER VELTLINER PFARRWEINGARTEN 2022
12,50 % / trocken / Schrauber / Ausbau: Stahltank / 0,75 l
Gold mit grünen Reflexen, dicke Schlieren, frische Nase, Williams-Birne, grüner Apfel, Gletschereis; wunderbar saftig, Bananen, frische Äpfel, druckvolle Extraktsüße, agile Säurespannung, salzig, belebender Zug bis ins lange Finale.

Weingut Josef Schmid, 3552 Stratzing
02719/8288
www.j-schmid.at

€ 9,80   **91** Punkte

Niederösterreich
GRÜNER VELTLINER 2022
12,00 % / trocken / Schrauber / Ausbau: Stahltank / 0,75 l
Leuchtendes Gold, ölige Schlieren, reifes Stein- und Kernobst, Ananas; delikate Fruchtsüße, dichter Extrakt, Apfelgelee, Maronicreme, Pfirsichmark, zartes Pfefferl, balancierte Säure, cremige Mundfülle, langer süßfruchtiger Nachhall.

Weingut Dollinger, 2244 Spannberg
0664/3523130
www.weingut-dollinger.at

€ 5,00   **90** Punkte

Weinviertel DAC
GRÜNER VELTLINER RIED HOFGARTEN 2022
12,50 % / trocken / Schrauber / Ausbau: Stahltank / 0,75 l
Strahlendes Gelb, deutliche Schlieren, frische Äpfel, Weingartenpfirsich, Wiesenblumen; präzises Pfefferl, Ananas, gelbe Äpfel, charmante Extraktsüße, balancierte Säure, sortentypisch, exzellenter Trinkfluss, sanft und harmonisch.

Weingut Patricia Hinteregger, 3714 Sitzendorf an der Schmida
0664/1107010
www.weingut-hinteregger.at

€ 5,90 **90** Punkte

Niederösterreich
GRÜNER VELTLINER MEHRKLANG 2022
12,50 % / trocken / Schrauber / Ausbau: Stahltank / 0,75 l
Gold mit öligen Schlieren, gelbe Früchte, Nektarinen, Speckbirnen; Trockenfrüchte, Kletzen, Melonen, straffe Struktur, feine Fruchtsüße, balancierte Säure, gute Substanz für den leichten Alkohol, rustikaler Charakter.

Weingut Silvia Rosenberger, 3491 Straß im Straßertal
02735/2532
www.weingut-rosenberger.at

€ 7,20 **90** Punkte

Weinviertel DAC
GRÜNER VELTLINER CLASSIC 2022
12,50 % / trocken / Schrauber / Ausbau: Stahltank / 0,75 l
Goldgelb, Trockenfrüchte, gelbe Äpfel, anfangs vegetabile Anklänge, wird mit Luft fruchtiger; saftig, delikate Extraktsüße, erfrischende Säure, Nektarinen, ein Hauch Maracuja, spiegelt den Lössboden wider, langer Fruchtnachhall.

Weingut Paul, 2100 Leobendorf
0664/9482137
www.heurigerpaul.at

€ 7,30 **90** Punkte

Wachau DAC
GRÜNER VELTLINER FEDERSPIEL RIED ZANZL 2022
12,50 % / trocken / Schrauber / Ausbau: Stahltank / 0,75 l
Gold mit grünen Reflexen, Apfel, Zitronenverbene, vegetabile Anklänge; Apfelkompott, Grapefruit, knackige Säure, angenehm trocken, mineralischer Kern, straff strukturiert, enorme Spannung, salzige Adern, guter Speisenbegleiter.

Weingut Polz, 3602 Rossatz
0664/4320426, 02714/6326
www.polzwachau.at

€ 9,80 **90** Punkte

Weinviertel DAC
GRÜNER VELTLINER RIED GUGL 2022
12,50 % / trocken / Schrauber / Ausbau: Stahltank / 0,75 l
Grüngelb, duftig, Wiesenblumen, frische Äpfel; Kernobst und Zitrusfrüchte, zarte
Exotik, charmante Fruchtsüße, harmonische Säure, sehr mineralisch, salzige Spannung,
mehrheitsfähig, sehr vital mit erfrischendem Zitrus-Abgang.

Weinbau Hermann Haller, 2202 Enzersfeld im Weinviertel
0676/5299535
www.weinbau-haller.at

€ 6,50 — **90** Punkte

Weinviertel DAC
GRÜNER VELTLINER RIED HINTERN DORF 2021
12,50 % / trocken / Schrauber / Ausbau: Stahltank / 0,75 l
Gold, dicke Schlieren, Melonen, Birnen, Vanillepudding, Granny Smith; delikater Frucht-
schmelz, Zitronengelee, Grapefruit, reife Nektarinen, extraktsüß, frische Säure, salzige
Einschlüsse, viel Druck, mineralisches Bitterl im Abgang.

Fink & Kotzian Weinbau, 3730 Eggenburg
0664/3902602
www.weinfink.at

€ 9,00 — **90** Punkte

Niederösterreich
GRÜNER VELTLINER RIED SIMETLER 2020
12,50 % / trocken / Naturkorken / Ausbau: Barrique / 0,75 l
Gold, massive Schlieren, Johannisbeersaft, Vanille, Litschi, Faschingskrapfen; mollige
Mundfülle, prägnante Holzwürze, Pfirsichmark, Orangengelee, feine Fruchtsüße, stimmige
Säure, substanzreicher Schmelz, gediegener Fruchtnachhall.

Weingut Reisinger, 2061 Obritz
0664/73553500
www.reisingerwein.at

€ 9,80 — **90** Punkte

Kamptal DAC
GRÜNER VELTLINER SINGING 2022
12,00 % / trocken / Schrauber / Ausbau: Stahltank / 0,75 l
Strohgelb, kräftige Schlieren, feine Exotik, Maracuja, Litschi, gelbe Äpfel; saftiger
Schmelz, cremige Mundfülle, feine Extraktsüße, balancierte Säure, zart prickelnde Textur,
glockenklare Frucht, Limettengelee, ruhig und gediegen.

Laurenz V., 1070 Wien
01/5224791
www.laurenzfive.com

€ 10,00 — **90** Punkte

Wagram DAC
GRÜNER VELTLINER NO. 1 2022
12,50 % / trocken / Schrauber / Ausbau: Stahltank / 0,75 l
Gelb mit grünen Reflexen, ölige Schlieren, feine Zitrusnoten, Kiwi, Sternfrucht; knochentrocken, feine Extraktsüße, knackige Säure, kreidiger Grip, grazile Fruchtaromatik, Pomelo, präsente Mineralität, ruhig und gediegen.

Heurigen Habacht, 2353 Guntramsdorf
0676/5222990
heurigen-habacht.at

€ 7,00 **90** Punkte

Weinviertel DAC
GRÜNER VELTLINER 2022
12,00 % / trocken / Schrauber / Ausbau: Stahltank / 0,75 l
Gold, ölige Schlieren, diskrete saubere Frucht, Apfelkuchen, Orangengelee, Ringlotten; deutliche Fruchtsüße, stimmige Säure, Rosinen, Pfirsichmark, Apfelgelee, strukturiert mit kreidigem Grip, femininer Charakter, süßer Abgang.

Weingut Dollinger, 2244 Spannberg
0664/3523130
www.weingut-dollinger.at

€ 7,00 **90** Punkte

Wachau DAC
GRÜNER VELTLINER FEDERSPIEL RIED FRAUENWEINGÄRTEN 2022
12,50 % / trocken / Schrauber / Ausbau: Stahltank / 0,75 l
Leuchtendes Gold, getrocknete Früchte, Zesten, Rosinen, kandierter Ingwer, Dille, Birnensenf; saftiger Schmelz, Äpfel und Orangen, zartes Pfefferl, guter Druck, dichter Stoff, delikate Extraktsüße, stützende Säure, langer Fruchtnachhall.

Weingut Sigl, 3602 Rossatz
02714/6302
weingut-sigl.at

€ 9,10 **90** Punkte

Weinviertel DAC
GRÜNER VELTLINER BIO 2022
12,50 % / trocken / Schrauber / Ausbau: Stahltank / 0,75 l
Goldgelb, kräftige Schlieren, diskreter Duft, ein Hauch Trockenfrüchte; am Gaumen druckvolle exotische Frucht, Maracuja, Mango und Litschi, feine Extraktsüße, agile Säure, delikates Süße-Säure-Spiel, ruhig und edel, Ananas im Finish.

Bio Weingut Ullmann, 2124 Oberkreuzstetten
0676/6009540
www.weinbau-ullmann.at

€ 6,10 **90⁺** Punkte

Kamptal DAC
GRÜNER VELTLINER LÖSS 2022

12,00% / trocken / Schrauber / Ausbau: Stahltank / 0,75 l

Gelb, kräftige Schlieren, zarte Exotik, Bananen, Maracuja, Pfefferspeck; sortentypisches Pfefferl, angenehm trocken, balancierte Säure, kompakter Körper, ruhig, feine Mineralität, diskrete Gelbfrucht, trinkfreudiger Speisenwein.

Weinbau DI Ernest und Maria Ettenauer
3552 Lengenfeld, 0676/670642
www.ettenauer-weinlounge.at

 € 6,50 **90** Punkte

Weinviertel DAC
GRÜNER VELTLINER 2022

12,50% / trocken / Schrauber / Ausbau: Stahltank / 0,75 l

Gelb mit grünen Reflexen, dicke Schlieren, Gletschereis, grüne Äpfel, Bazooka-Kaugummi; bitzelt leicht am Gaumen, typisch für Löss, Zitroneneis, Ananas, knackige Säure, angenehm trocken, delikater Fruchtschmelz, trinkanimierend und lang.

NÖ Landesweingut Retz Gut Altenberg, 2070 Retz
02742/900513045
www.noe-landesweingueter.at

€ 6,80 **90** Punkte

Weinviertel DAC
GRÜNER VELTLINER RIED FRANZBERGEN 2022

12,50% / trocken / Schrauber / Ausbau: Stahltank / 0,75 l

Strohgelb, ölige Schlieren, diskreter Duft, feine Veltlinerwürze, blitzsauber; zartes Pfefferl, frische Äpfel, Ananasstrunk, durchaus sortentypisch, knochentrocken, balancierte Säure, strukturiert und trinkfreudig.

Weinbau J. Wittmann, 2161 Poysbrunn
0664/1953129
www.weinbau-wittmann.at

€ 7,00 **90** Punkte

Kamptal DAC
GRÜNER VELTLINER K&K 2022

12,50% / trocken / Schrauber / Ausbau: Stahltank / 0,75 l

Grüngelb, kräftige Schlieren, Birnen, reife Ananas, zarter Blütenduft, Maroni; komplett trocken, schöne Säurebalance, Ananas, Zitronensorbet, zartes Pfefferl, strukturiert und mineralisch, kreidiges Mundgefühl, lang und gediegen.

Weinbau DI Ernest und Maria Ettenauer
3552 Lengenfeld, 0676/670642
www.ettenauer-weinlounge.at

 € 7,50 **90** Punkte

Kamptal DAC
GRÜNER VELTLINER 2022
12,50 % / trocken / Schrauber / Ausbau: Stahltank / 0,75 l
Goldgelb, diskreter Duft, frische Weintrauben, Marillen, Zesten; ausgezeichneter Schmelz, Orangen, Limettengelee, charmante Extraktsüße kombiniert mit zarter Restsüße, cremige Mundfülle, wohlgeformter Körper, trinkfreudig und saftig.

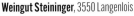 

Weingut Steininger, 3550 Langenlois
02734/2372
www.weingut-steininger.at

€ 9,00 **90** Punkte

Weinviertel DAC
GRÜNER VELTLINER BIO RIED STOLLEITEN 2022
12,50 % / trocken / Schrauber / Ausbau: Stahltank / 0,75 l
Hellgelb, kräftige Schlieren, diskreter Duft, Heublumen, gelbe Äpfel, Kräuter der Provence; cremige Mundfülle, straffer Grip, komplett trocken, lebendige Säure, gelbfruchtig, zarte Zitrusanklänge, sanft, aber mit langem Zitrusnachhall.

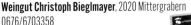 

Weingut Christoph Bieglmayer, 2020 Mittergrabern
0676/6703358
www.weingut-bieglmayer.at

€ 6,50 **90+** Punkte

Kamptal DAC
GRÜNER VELTLINER SYMPHONIE 2022
12,50 % / trocken / Schrauber / Ausbau: Stahltank / 0,75 l
Goldgelb, kräftige Schlieren, gelbe Äpfel, Birnen; Orangengelee, frisches Steinobst, straffe Struktur, viel Grip und Spannung, kreidige Textur, wunderbar trocken, harmonische Säure, kompakter Körper, langer fruchtiger Nachhall.

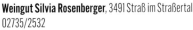   

Weingut Silvia Rosenberger, 3491 Straß im Straßertal
02735/2532
www.weingut-rosenberger.at

€ 6,80 **90** Punkte

Traisental DAC
GRÜNER VELTLINER RIED PFARRWEINGARTEN 2022
12,50 % / trocken / Schrauber / Ausbau: Stahltank / 0,75 l
Zitronengelb, dicke Schlieren, diskrete Zitrusnase, Sternfrucht, eine Idee Maracuja, Orangenblüten; sehr schlank, fragile Restsüße, sanfte Säure, sehr zurückhaltend, frische Banane, femininer Charakter, beruhigender Abgang.

Stiftsweingut Herzogenburg, 3130 Herzogenburg
0664/1731422
www.stiftsweingut-herzogenburg.com

€ 9,00 **90** Punkte

Weinviertel DAC
GRÜNER VELTLINER RIED MÜHLBERG II 2022
12,00 % / trocken / Schrauber / Ausbau: Stahltank / 0,75 l
Grüngelb, zarter Blütenduft, frische Äpfel, Quitten; schlank, filigrane Restsüße, balancierte Säure, Ananas, gelbe Äpfel, ein Hauch gemahlener Pfeffer, saftiger Trinkfluss, sanft und sortentypisch, legt mit Luft zu.

Weingut Patricia Hinteregger, 3714 Sitzendorf an der Schmida
0664/1107010
www.weingut-hinteregger.at

€ 5,90 **90**⁺ Punkte

Weinviertel DAC
GRÜNER VELTLINER 2022
12,50 % / trocken / Schrauber / Ausbau: Stahltank / 0,75 l
Hellgelb, ölige Schlieren, grüne Äpfel, Williams-Birne, ein Hauch Bazooka-Kaugummi; saftig und spritzig, elegante Fruchtsüße, lebendige Säurespannung, salzige Anklänge, frische Äpfel, Zitronensorbet, schöner Durstlöscher für den Sommer.

Weingut Martin Schwinner
3472 Hohenwarth am Manhartsberg
0664/3728414, www.weingut-schwinner.at

 € 7,70 **90**⁺ Punkte

Weinviertel DAC
GRÜNER VELTLINER CLASSIC 2022
12,50 % / trocken / Schrauber / Ausbau: Stahltank / 0,75 l
Gold mit grünen Reflexen, ölige Kirchenfenster, zarte Exotik im Bukett, Maracuja, Papaya; überraschend trocken, frische Säure, geradlinige Frucht, Orangen und wieder Maracuja, ausgesprochen saftig, langer fruchtig-salziger Abgang.

Weingut Andreas Humer, 3473 Mühlbach am Manhartsberg
0664/9144203
www.weingut-humer.at

€ 7,50 **90** Punkte

Kamptal DAC
GRÜNER VELTLINER 2022
12,50 % / trocken / Schrauber / Ausbau: Stahltank / 0,75 l
Grüngelb, deutliche Schlieren, frische Äpfel, Pfirsiche, Sternfrucht; kompakt und saftig, Apfel, Zitrone, knackige Säure, angenehm trocken, ausgesprochen salzig, geradlinig mit enormer Spannung, langer Zitrusnachhall.

Weingut Etz, 3492 Walkersdorf
02735/2473
www.etzwine.at

€ 7,90 **90** Punkte

Kamptal DAC
GRÜNER VELTLINER FRIENDLY 2022
12,50 % / trocken / Schrauber / Ausbau: Stahltank / 0,75 l
Hellgelb, deutliche Schlieren, anfangs intensiver Duft, Jackfruit, Bananencreme, Honig;
am Gaumen dezente Aromatik, saubere Gelbfrucht, sehr schlank, zarte Kreidigkeit, süffig,
gute Säurebalance, unkomplizierter Speisenbegleiter.

Laurenz V., 1070 Wien
01/5224791
www.laurenzfive.com

€ 15,00 **90** Punkte

Kremstal DAC
GRÜNER VELTLINER RIED FRAUENGRUND 2022
12,00 % / trocken / Schrauber / Ausbau: Stahltank / 0,75 l
Gelb, ölige Schlieren, Wiesenblumen, Blütenhonig, Eierschwammerln mit Pfeffer;
elegantes Pfefferl auch am Gaumen, zarte gelbe Frucht, straff und mineralisch, kreidiger
Grip, komplett trocken, balancierte Säure, universeller Speisenwein.

Wein & Obst Agnes Kremser, 3506 Krems-Thallern
0664/7936583
www.kremseragnes.at

€ 7,20 **90** Punkte

Niederösterreich
GRÜNER VELTLINER FRISCHLING 2022
12,00 % / trocken / Schrauber / Ausbau: Stahltank / 0,75 l
Gelb, zarte Kohlensäure, diskreter Duft, Trockenfrüchte, Wiesenkräuter, gelbe Äpfel;
saftig, angenehm trocken, pikante Säure, salzige Adern, leichtfüßig, Birnen, Orangen,
exzellente Spannung mit langem zitrusfrischem Nachhall.

Weingut Paul, 2100 Leobendorf
0664/9482137
www.heurigerpaul.at

€ 7,80 **90** Punkte

Wagram DAC
GRÜNER VELTLINER 2022
12,50 % / trocken / Schrauber / Ausbau: Stahltank / 0,75 l
Goldgelb, ölige Schlieren, exotisches Bukett nach Maracuja und Litschi, ein Hauch Vanille;
Ananasgelee, feine Pfeffernoten, cremige Fruchtsüße, sanfte Säure, wohlgeformter
Körper, saftiger Schmelz, Zitronenöl im Abgang.

Weinhof Hubert Blauensteiner, 3470 Kirchberg am Wagram
02279/2048
www.hofblauensteiner.at

€ 6,00 **89⁺** Punkte

Niederösterreich
GRÜNER VELTLINER 2022

12,50 % / trocken / Schrauber / Ausbau: Stahltank / 0,75 l
Strohgelb, deutliche Schlieren, Steinobst, ein Hauch Exotik, Maracuja, Babybananen; ausgesprochen saftig, Orangen, Zitronengelee, delikate Extraktsüße, lebendige Säure, guter Druck mit erfrischendem Zug ins lange Zitrusfinale.

Weingut Martin Schwinner
3472 Hohenwarth am Manhartsberg
0664/3728414, www.weingut-schwinner.at

 € 6,40 **89** Punkte

Niederösterreich
GRÜNER VELTLINER RIED HIRSCHBERG 2022

12,00 % / trocken / Schrauber / Ausbau: Stahltank / 0,75 l
Goldgelb, kräftige Schlieren, Trockenfrüchte, Birnenkompott, Lindenblüten, geriebene Nüsse; mineralischer Kern, diskrete Fruchtaromatik, Zitronensorbet und Sternfrucht, kreidige Textur, wunderbar trocken, knackige Säure, salziger Abgang.

Weingut Hirschbüchler, 2120 Obersdorf
0699/11701579
www.hirschbuechler.at

 € 6,90 **89** Punkte

Wachau DAC
GRÜNER VELTLINER FEDERSPIEL RIED SÜSSENBERG 2022
12,50 % / trocken / Schrauber / Ausbau: Stahltank / 0,75 l
Gelb mit kräftigen Schlieren, Honigmelonen, Bananen; gediegene Struktur, rote Äpfel, Zitronengelee, cremiger Schmelz, extraktsüß mit balancierter Säure, kreidige Textur, mineralischer Kern, Grapefruit, ruhig mit langem Fruchtnachhall.

Weingut Hutter Silberbichlerhof, 3512 Mautern
0664/73625932
www.hutter-wachau.at

€ 10,30 **89** Punkte

Burgenland
GRÜNER VELTLINER 2022

12,50 % / trocken / Schrauber / Ausbau: Stahltank / 0,75 l
Strohgelb, kräftige Schlieren, intensives Bukett, Maracuja, grüne Äpfel, Gletschereis; präsente Frucht, Williams-Birne, Orangen, exotische Noten, knackige Säure, feine Extraktsüße, schlanker Körper, saftiger Terrassenwein.

Weingut Johannes Münzenrieder, 7143 Apetlon
02175/2259
www.muenzenrieder.at

€ 6,50 **89⁺** Punkte

Kamptal DAC
GRÜNER VELTLINER ZECHKUMPAN 2022
12,00 % / trocken / Schrauber / Ausbau: Stahltank / 0,75 l
Gelb, deutliche Schlieren, Duftexplosion in der Nase, Maracuja, grüne Äpfel, Weingartenpfirsich; intensive blitzsaubere Frucht auch am Gaumen, Orangen, Bazooka-Kaugummi,
angenehm trocken, knackige Säure, langer erfrischender Zitrusnachhall.

Weingut Karin und Stefan Leopold, 3562 Schönberg am Kamp
02733/8228
www.leopold.at

€ 6,50   **89** Punkte

Kamptal DAC
GRÜNER VELTLINER RIED KIRCHGRABEN 2022
12,50 % / trocken / Schrauber / Ausbau: Stahltank / 0,75 l
Leuchtendes Gelb, kräftige Schlieren, präzise Birnennoten; lebendige Süße-Säure-
Spannung, Orangen- und Ananasgelee, strukturiert, delikate Extraktsüße, saftiger
Schmelz, gute Substanz, langer erfrischender Nachhall.

Weingut Haimerl, 3550 Gobelsburg
02734/2124
www.haimerl.at

€ 8,90   **89** Punkte

Burgenland
GRÜNER VELTLINER 2022
12,00 % / trocken / Schrauber / Ausbau: Stahltank / 0,75 l
Goldgelb, ölige Schlieren, Apfelputzen, Quitten, ein Hauch Heu; mineralischer Grip,
angenehm trocken, balancierte Säure, diskrete gelbfruchtige Aromatik, Apfelmus, ein
Spritzer Zitrone, schlank und rank, ausgezeichneter Speisenbegleiter.

Weingut Pluschkovits, 2443 Leithaprodersdorf
02255/6576
www.pluschkovits.at

    € 6,20   **89** Punkte

Wagram DAC
GRÜNER VELTLINER LEICHT 4U BIO 2022
12,50 % / trocken / Schrauber / Ausbau: Stahltank / 0,75 l
Goldgelb, ölige Schlieren, Mangos, gelbe Äpfel, getrocknete Kiwischeiben; straffe Struktur,
kreidige Adern, druckvolle Extraktsüße, milde Säure, kräftiger Körper, Trockenfrüchte,
ein Hauch Pfeffer, ruhig und ausgewogen.

Bio Weingut Urbanihof - Paschinger,
3481 Fels am Wagram, 0664/3915577
www.urbanihof.at

    € 9,00   **89** Punkte

Burgenland
GRÜNER VELTLINER 2022

12,00% / trocken / Schrauber / Ausbau: Stahltank / 0,75 l

Goldgelb, dezenter Duft, nasser Stein, getrocknete Apfelscheiben, Biskuit, Brandteig; cremige Mundfülle, dichter Schmelz, blitzsaubere Frucht, geradlinige Zitrusaromatik, feine Fruchtsüße, balancierte Säure, ruhig und sanft, sehr feminin.

Weingut Herbert Weber, 7093 Jois
02160/8352
www.weber-weine.at

€ 8,00 **89** Punkte

Weinviertel DAC
GRÜNER VELTLINER RIED WARTBERG 2022

12,50% / trocken / Schrauber / Ausbau: Stahltank / 0,75 l

Goldgelb, ölige Schlieren, Apfelstrudel mit geriebenen Nüssen, Trockenfrüchte; angenehm trocken, grazile Extraktsüße, balancierte Säure, dezente Frucht, Äpfel und Rosinen, ruhig und sanft, unkomplizierter Speisenwein.

Weingut Hirschbüchler, 2120 Obersdorf
0699/11701579
www.hirschbuechler.at

 € 7,10 **89**⁺ Punkte

Wachau DAC
GRÜNER VELTLINER FEDERSPIEL RIED SCHÖN 2022

12,50% / trocken / Schrauber / Ausbau: Stahltank / 0,75 l

Strohgelb, mächtige Schlieren, zarter Blütenduft, gelbfruchtig, Obstsalat; cremiger Schmelz, Zitronengelee, minimale Pfeffernoten, feine Extraktsüße, pikante Säure mit salzigen Adern, trinkfreudig, vollmundig und lang.

Weingut Werner Großinger, 3620 Spitz an der Donau
0664/1009861

€ 9,00 **89** Punkte

Wien
GRÜNER VELTLINER RIED REISENBERG 2022

12,00% / trocken / Schrauber / Ausbau: Stahltank / 0,75 l

Strohgelb, kräftige Schlieren, Osterstriezel, Mandarinenschnitten, etwas Blüten; cremige Mundfülle, Mirabellen, Topfengolatschen, Räucherspeck, sanfte Säure, feine Fruchtsüße, Zitronengelee mit Salz klingt lange nach.

Johannes Müller Stadtweingut, 1190 Wien
0680/5509008
www.jmueller.at

€ 11,00 **89** Punkte

Weinviertel DAC
GRÜNER VELTLINER 2022
12,00% / trocken / Schrauber / Ausbau: Stahltank / 0,75 l
Helles Strohgelb, fruchtbetonte Nase, gelbe Äpfel, Birnen, eine Idee Wiesenblumen; leichtfüßig und saftig, elegante Fruchtsüße, stimmige Säure, Apfel- und Zitronengelee, trinkfreudig und unkompliziert, femininer Charakter.

Labyrinthkeller Umschaid, 2171 Herrnbaumgarten
0664/9956014
www.umschaid.at

€ 14,00   **89**[+] **Punkte**

Burgenland
GRÜNER VELTLINER RIED JUDENACKER 2022
12,00% / trocken / Schrauber / Ausbau: Stahltank / 0,75 l
Gelb, ölige Schlieren, Birnenstrudel, gelbe Äpfel, Kletzen; süße Äpfel, kreidiger Grip, balancierte Säure, sanfte Restsüße, Apfelschalen und Cidre, leichtfüßig, alternative Stilistik, ruhig, süßfruchtiges Finish.

Familienweingut Ackermann, 7082 Donnerskirchen
02683/8344
www.familienweingut-ackermann.at

€ 5,00   **88** **Punkte**

Wien
GRÜNER VELTLINER KLASSIK RIED ROTHEN 2022
12,50% / trocken / Schrauber / Ausbau: Stahltank / 0,75 l
Goldgelb, ölige Schlieren, verkapselte Nase, erdige Anklänge; dezente Frucht, Apfelkompott, Erdnussschalen, nasser Stein, kreidige Textur, angenehm trocken, sanfte Säure, schlank und rank, rustikaler Speisenbegleiter.

Weingut Werner Sirbu, 1190 Wien
0650/4406743
www.sirbu.at

€ 14,00   **88** **Punkte**

GRÜNER VELTLINER KRÄFTIG

- ✔ Grüner Veltliner ab 13%, Anbaufläche: 14.548 ha
- ✔ Die wichtigste Weißweinsorte in Österreich.
- ✔ Herkunft: Niederösterreich und Burgenland, stammt vom Traminer und einer zweiten Elternsorte ab, auf die ein jahrhundertealter Rebstock aus St. Georgen bei Eisenstadt hinweist.
- ✔ Reife gelbe Früchte, kraftvoll mit extraktsüßem Schmelz.
- ✔ Seine lagerfähigen, kraftvollen Varianten aus erstklassigen Rieden zählen zu den großen Weißweinen der Welt.
- ✔ Universeller Speisenbegleiter.

SIEGERWEIN

Wachau DAC

GRÜNER VELTLINER SMARAGD ROTES TOR 2022

13,00% / trocken / Naturkorken /
Ausbau: Stahltank / 0,75 l

Rotgold, Honigmelonen, Birnen-Chutney, Ananas, Linsen,
edle Pfefferwürze; weißer Pfeffer, Rosinen, dichter
Schmelz, extraktsüß, harmonische Säure, cremige
Mundfülle, straffe Struktur, ruhig und aristokratisch,
herkunfts- und sortentypisch.

Weingut Franz Hirtzberger
3620 Spitz an der Donau
02713/2209, www.hirtzberger.com

€ 42,00   **96**[+] **Punkte**

Wachau DAC
GRÜNER VELTLINER SMARAGD RIED SCHÖN 2022
13,00% / trocken / Naturkorken / Ausbau: Großes Holzfass / 0,75 l
Grüngelb, ölig, Orangenzesten, gelbe Äpfel, Ananas, heißer Stein; dichter Schmelz, druckvoller gelber Fruchtmix, präzises Pfefferl, substanzreich und druckvoll, wunderbar trocken, exzellente Säurespannung, großartige Struktur und Länge.

Domäne Wachau, 3601 Dürnstein
02711/371-0
www.domaene-wachau.at

€ 36,00   96+ Punkte

Niederösterreich
GRÜNER VELTLINER RIED SÄTZEN 2021
14,00% / trocken / Schrauber / Ausbau: Barrique / 0,75 l
Rotgold, ölige Schlieren, gelbe Früchte, Vanillepudding, Brioche, Butterkekse; delikate Mundfülle, ruhig und edel, mineralische Struktur, wunderbar trocken, angenehm milde Säure, blitzsaubere Trockenfrüchte, Marillen, Brandteigkrapferl.

Weingut Ecker, 3730 Grafenberg
0699/12614066
www.weingut-ecker.com

€ 12,00   95 Punkte

Wien
GRÜNER VELTLINER RIED SCHENKENBERG 1ÖTW 2021
14,00% / trocken / Schrauber / Ausbau: Stahltank / 0,75 l
Grüngelb, dicke Schlieren, verhalten in der Nase, Trockenfrüchte, Kardamom; überraschend saftig am Gaumen, Quitten und Orangen, knackige Säure, delikate Extraktsüße, analytisch komplett trocken, salzige Spannung und tolle Länge.

Weingut Mayer am Pfarrplatz, 1190 Wien
01/3360197
www.pfarrplatz.at

€ 25,00   94 Punkte

Niederösterreich
GRÜNER VELTLINER L5 2020
13,00% / trocken / Schrauber / Ausbau: Barrique / 0,75 l
Kräftiges Gold, mächtige Schlieren, Trockenfrüchte, Apfelscheiben, grazile Röstnoten, zarte Exotik kommt mit Luft; mineralisch straff, blitzsauber, gelbe Äpfel, wunderbar trocken, lebendige Säure, dichte Substanz, feiner Schmelz, sehr solide.

Laurenz V., 1070 Wien
01/5224791
www.laurenzfive.com

€ 30,00   94 Punkte

Kamptal DAC
GRÜNER VELTLINER RIED GRUB 1ÖTW 2021
13,50% / trocken / Naturkorken / Ausbau: Großes Holzfass / 0,75 l
Goldgelb, mächtige Schlieren, diskreter Duft, zarte gelbe Frucht, geriebene Nüsse, wirkt
aristokratisch; sehr strukturiert, Ananasgelee, Birne, ein feiner Pfefferhauch, straff und
sortentypisch, fantastische Spannung, großes Kino.

Weingut Schloss Gobelsburg, 3550 Gobelsburg
02734/2422
www.gobelsburg.at

 € 34,00 **94+** Punkte

Niederösterreich
GRÜNER VELTLINER RIED KÄFERBERG 1ÖTW 2021
13,00% / trocken / Schrauber / Ausbau: Barrique / 0,75 l
Goldgelb, Sternfrucht, Rosinen, zarte Blütennoten, Orangenschalen; straffer Grip, reifer
Obstkorb, Zitronensorbet, mineralische Struktur, wunderbar trocken mit klirrender Säure,
fantastische Spannung, langer Zitrusnachhall, gewinnt mit Luft.

Weingut Bründlmayer, 3550 Langenlois
02734/21720
www.bruendlmayer.at

€ 48,00 **94** Punkte

Niederösterreich
GRÜNER VELTLINER RESERVE RIED HERRNBERGE 2021
14,50% / trocken / Schrauber / Ausbau: Großes Holzfass / 0,75 l
Goldgelb, massive Schlieren, terroirtypische Maracuja, Ananas, Nougat; schmalzige
Textur, saftige Extraktsüße, lebendige Säure, Nase spiegelt sich wider, dichte Substanz,
glockenklare sortentypische Frucht, mächtig und kühl zugleich.

BIO Weinbau Killmeyer, 2215 Raggendorf
0650/2107074
www.kleinhaus.at

€ 12,00 **94** Punkte

Weinviertel DAC
GRÜNER VELTLINER RIED SCHRICKERBERG 2022
13,00% / trocken / Schrauber / Ausbau: Stahltank / 0,75 l
Grüngold, mächtige Schlieren, feiner Pfefferhauch, Ananas; straffe Struktur, substanzreich, sehr mineralisch, Ananasstrunk, blitzsaubere Frucht, delikate Extraktsüße, pikante
Säure, langer Zitrusnachhall, wunderbar sortentypisch.

Bioweingut Richard Schober, 2191 Gaweinstal
0664/2778412
www.weingut-schober.at

 € 7,50 **94** Punkte

Wachau DAC
GRÜNER VELTLINER SMARAGD RIED VOGELLEITHEN 2022

13,50 % / trocken / Schrauber / Ausbau: Großes Holzfass / 0,75 l

Gold mit grünen Reflexen, ölige Schlieren, getrocknete Apfelscheiben, Ananasgelee;
dichter Schmelz, gute Säurebalance, salzige Adern, mineralische Struktur, edles Pfefferl,
ruhig und edel, enormer Grip, tolle Sortentypizität.

Weingut Stalzer, 3620 Spitz an der Donau
0664/2400010
www.weingut-stalzer.at

€ 15,50 **94**+ Punkte

Wachau DAC
GRÜNER VELTLINER SMARAGD RIED KREUZBERG 2022

13,50 % / trocken / Schrauber / Ausbau: Kleines Holzfass / 0,75 l

Seidenmattes Grüngelb, diskreter Duft, frisch gemähte Wiese, Gänseblümchen, Kiwi;
straffe Struktur, sehr mineralisch, graziler Restzucker von Säure und Struktur komplett
abgepuffert, herrliche Pfefferwürze, Kardamom, Zitronenmelisse.

Weingut Polz, 3602 Rossatz
0664/4320426, 02714/6326
www.polzwachau.at

€ 25,00 **94**+ Punkte

Weinviertel DAC
GRÜNER VELTLINER RIED FASCHING 2022

13,00 % / trocken / Schrauber / Ausbau: Stahltank / 0,75 l

Goldgelb, massive Schlieren, reifes Obst, Rosinen, Sternfrucht, Apfelblüten; feine
Extraktsüße, erfrischende Säure, salzige Adern, lebendiger Apfel-Zitrone-Mix, kreidiger
Grip, strukturiert mit lebendigem Zug, Kreidestaub bleibt lange haften.

Weingut Josef Fischer, 2102 Hagenbrunn
0676/5381612
www.weingutfischer.com

€ 6,30 **93** Punkte

Weinviertel DAC
GRÜNER VELTLINER RIED WARTBERG 2022

13,00 % / trocken / Schrauber / Ausbau: Stahltank / 0,75 l

Gelb, ölige Schlieren, dezente Nase, Trockenfrüchte, Zitronengras; Ananas, Limettengelee, Zitronenverbene, zarter Pfefferhauch, druckvolle Fruchtsüße, knackige Säure hält
dagegen, spannendes Süße-Säure-Spiel, mineralisch und fruchtig zugleich.

Weingut Beyer, 2051 Zellerndorf
0664/73635181
www.beyer-wein.at

€ 6,50 **93** Punkte

Wachau DAC
GRÜNER VELTLINER SMARAGD TERRASSEN 2021

13,50 % / trocken / Schrauber / Ausbau: Stahltank / 0,75 l

Gelb, massive Schlieren, dezenter Duft, Trockenfrüchte, Schafgarbe, gebratener Paprika, Dille; deutliche Süße, knackige Säure, salzige Einschlüsse, Limettengelee, Orangensaft, dichte Substanz, exzellente Spannung und Länge.

Weingut Roman Gritsch, 3620 Spitz an der Donau
02713/2208
www.romangritsch.at

€ 13,00   **93** Punkte

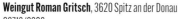

Kremstal DAC Reserve
GRÜNER VELTLINER DER LÖSS RIED GEBLING 1ÖTW 2022

13,50 % / trocken / Schrauber / Ausbau: Stahltank / 0,75 l

Grüngold, enorme Schlieren, Mix aus frischen und getrockneten Früchten, Kleeblüten, Pfeffer, minimale Röstnoten, Lardo; füllig, vibrierende Textur, dichte Substanz, zarte Holzwürze, Orangenjam, extraktsüß, balancierte Säure, hohe Mineralität.

Weingut Hermann Moser, 3495 Rohrendorf bei Krems
0676/4232024
www.moser-hermann.at

€ 23,10   **93** Punkte

Wien
GRÜNER VELTLINER RIED ROTHEN 2022

14,50 % / trocken / Schrauber / Ausbau: Stahltank / 0,75 l

Gelb, ölige Schlieren, Zitronenzesten, gelbe Äpfel, Zitronenverbene; substanzreicher Schmelz, kreidige Textur, druckvolle Extraktsüße und zarte Restsüße, exzellente Säurespannung, Nektarinen, Zitronengelee, glockenklar und lang.

Weingut Peter Bernreiter, 1210 Wien
0699/11714760
www.bernreiter.at

€ 13,00   **93** Punkte

Niederösterreich
GRÜNER VELTLINER RESERVE 2021

14,50 % / halbtrocken / Schrauber / Ausbau: Kleines Holzfass / 0,75 l

Gold, mächtige Schlieren, geschälte Mandeln, glockenklare gelbe Frucht; Nektarinen, Karamell, Marzipan, präsente Süße, ausgewogene Säure, mollige Substanz, druckvoll, tolle Spannung, langer süßfruchtiger Abgang.

Weinbau und Buschenschank Familie Ernst Schauhuber
3463 Stetteldorf am Wagram, 0664/7859626
www.weinbau-schauhuber.at

€ 7,50   **93** Punkte

Kremstal DAC Reserve
GRÜNER VELTLINER KREMSER FRECHAU 1ÖTW 2021
14,50% / trocken / Naturkorken / Ausbau: Großes Holzfass / 0,75 l
Gold, mächtige Schlieren, getrocknete gelbe Früchte, Obstsalat; straffe Struktur, kreidiger Grip, angenehm trocken, zarte Extraktsüße, harmonische Säure, hohe Mineralität, körperreich, diskrete Frucht, geradlinig, stoffig und ruhig.

Weingut Josef Schmid, 3552 Stratzing
02719/8288
www.j-schmid.at

€ 29,00   **93** Punkte

Thermenregion
GRÜNER VELTLINER CLASSIC BIO RIED NEUDECK 2022
13,00% / trocken / Schrauber / Ausbau: Stahltank / 0,75 l
Grüngelb, massive Schlieren, tiefe Fruchtnase, Honigmelonen, Ananasgelee, Aranzini; enormer Schmelz, delikate Extraktsüße, knackige Säure, salzige Adern, Zitronengelee, mollige Mundfülle, fantastische Spannung und salzige Länge.

Bio-Weingut Frühwirth, 2524 Teesdorf
02253/81216
www.fruehwirth.bio

€ 8,00   **92** Punkte

Weinviertel DAC
GRÜNER VELTLINER RIED ALTENBERG 2022
13,00% / trocken / Schrauber / Ausbau: Stahltank / 0,75 l
Sattes Goldgelb, enorme Schlieren, tiefe Nase, Ananasgelee, Linsen mit Pfeffer, Kardamom, getrocknete Himbeeren; dicht und trinkfreudig zugleich, extraktsüßer Schmelz, Ananasstücke, Limetten, mineralischer Grip, sorten- und herkunftstypisch.

Weingut Prechtl, 2051 Zellerndorf
02945/2297
www.prechtl.at

€ 9,90   **92** Punkte

Traisental DAC
GRÜNER VELTLINER BIO RIED BERG 1ÖTW 2022
13,50% / trocken / Naturkorken / Ausbau: Großes Holzfass / 0,75 l
Gold, massive Schlieren, Popcorn, Pfirsichmark, Kriecherlmarmelade; straffe Struktur, delikate Extraktsüße, vitale Säurespannung, Rosinen, Honigmelonen, Bananen, glockenklare reife Früchte, druckvoll mit langem süßfruchtigem Nachhall.

Weingut Markus Huber, 3134 Reichersdorf
02783/82999
www.weingut-huber.at

€ 36,50   **92⁺** Punkte

Kremstal DAC Reserve
GRÜNER VELTLINER KREMSER GEBLING 1ÖTW 2021

14,00 % / trocken / Schrauber / Ausbau: Großes Holzfass / 0,75 l

Gold mit grünen Reflexen, ölige Schlieren, Trockenfrüchte, Bratenkruste, Grammeln mit Majoran; mächtige Substanz, straffe Struktur, kreidig, Ananasgelee pur, druckvolle Extraktsüße, ausgezeichnete Säurespannung, langer Fruchtnachhall.

Weingut Josef Schmid, 3552 Stratzing
02719/8288
www.j-schmid.at

€ 20,50 **92** Punkte

Wachau DAC
GRÜNER VELTLINER EICHENFASS 2021

13,50 % / trocken / Schrauber / Ausbau: Kleines Holzfass / 0,75 l

Gold, mächtige Schlieren, kandierte Früchte, Vanillepudding, Kriecherlmarmelade; mollige Mundfülle, extraktsüß, balancierte Säure, deutliche Holzwürze, Erdnussbutter, Dosenpfirsich, Rosinen, kräftiger Körper macht Druck, barocker Stil.

Winzerhof - Gästehaus Stöger, 3601 Dürnstein
02711/396
www.winzerhof-stoeger.at

 € 11,50 **92** Punkte

Wachau DAC
GRÜNER VELTLINER SMARAGD SPITZER GRABEN 2022

13,50 % / trocken / Schrauber / Ausbau: Stahltank / 0,75 l

Gold, mächtige Schlieren, kandierte Früchte, Pfirsichmark, Himbeeren, blitzsauber; mundfüllender Schmelz, schöne Pfeffernote, Ananasgelee, Salbeitee, enorme Extraktsüße, feine Säure, mächtiger Körper, sortentypisch, süßherbes Finish.

Weingut Werner Großinger, 3620 Spitz an der Donau
0664/1009861

€ 11,00 **92** Punkte

Weinviertel DAC Reserve
GRÜNER VELTLINER LEITSTALL 2021

14,50 % / trocken / Schrauber / Ausbau: Großes Holzfass / 0,75 l

Grüngold, Trockenfrüchte, Paprikamousse, ein Hauch Vanille, gewinnt mit Luft; cremige Mundfülle, schmalziger Schmelz, druckvolle Fruchtsüße, lebendige Säure, Nektarinen, Fruchtpudding, kräftiger Alkohol, vollmundig und terroirtypisch.

Weingut Prechtl, 2051 Zellerndorf
02945/2297
www.prechtl.at

€ 16,90 **92⁺** Punkte

Niederösterreich
GRÜNER VELTLINER RIED HÜTTENTHAL 2022
13,00% / trocken / Schrauber / Ausbau: Stahltank / 0,75 l

Goldgelb, dicke Schlieren, blitzsaubere Fruchtnase, Ananasgelee, ein Hauch Pfeffer; straffe Struktur, knochentrocken, rassige Säure, Weingartenpfirsiche, Grapefruit, Williams Birne, druckvoll mit vitalem Zug, langer Zitrusnachhall.

Weingut Mayr Minichhofen, 3720 Ravelsbach
0676/6205487
www.weingut-mayr.at

€ 7,90 **92** Punkte

Niederösterreich
GRÜNER VELTLINER RIED WARTBERG 2022
13,00% / trocken / Schrauber / Ausbau: Stahltank / 0,75 l

Kräftiges Strohgelb, Pfirsichspalten, getrocknete Kräuter, frische Äpfel, zarter Pfefferhauch; extraktsüß, knackige Säure hält dagegen, Zitronengelee, saftiger Schmelz, salzig, langer erfrischender Abgang, vollmundiger Sommerwein.

Weingut Reisinger, 2061 Obritz
0664/73553500
www.reisingerwein.at

€ 7,60 **92** Punkte

Wagram DAC
GRÜNER VELTLINER WAGRAMER SELEKTION BIO RIED BRUNNTHAL 2021
13,00% / trocken / Schrauber / Ausbau: Stahltank / 0,75 l

Gelb, massive Schlieren, Apfelkuchen, Maracuja, Kiwi, Nektarinen; schmalziges Mundgefühl, zart kreidige Noten, wunderbar trocken, harmonische Säure, geradlinige gelbe Frucht, ruhig und ausgewogen, substanzreich, feines Fruchtfinish.

Bio Weingut Urbanihof - Paschinger
3481 Fels am Wagram
0664/391557, www.urbanihof.at

€ 10,00 **92** Punkte

Weinviertel DAC
GRÜNER VELTLINER ALTE REBEN 2022
13,00% / trocken / Schrauber / Ausbau: Stahltank / 0,75 l

Strohgelb, massive Schlieren, fruchtbetontes Bukett, Maracuja, Pfirsiche, Birnen; ausgesprochen saftig, delikate Extraktsüße, agile Säure, Weingartenpfirsiche, Cassis, kreidige Textur, wohldosierter Körper, herrlicher Sommerwein.

Weingut Ecker, 3730 Grafenberg
0699/12614066
www.weingut-ecker.com

€ 8,50 **92⁺** Punkte

Kamptal DAC Reserve
GRÜNER VELTLINER CHARMING 2021
13,50 % / trocken / Schrauber / Ausbau: Stahltank / 0,75 l
Gelb, dicke Schlieren, fruchtige Nase, grüne Äpfel, Steinobst, Roibuschtee, Zitronengras; schlank und rank, mineralischer Kern, wunderbar trocken, balancierte Säure, diskrete Frucht, Äpfel, Orangen, feinsalzig, hochwertiger Speisenbegleiter.

Laurenz V., 1070 Wien
01/5224791
www.laurenzfive.com

€ 20,00 **92** Punkte

Weinviertel DAC
GRÜNER VELTLINER RIED KREUZENSTEIN 2022
13,00 % / trocken / Schrauber / Ausbau: Stahltank / 0,75 l
Leuchtendes Gold, massive Schlieren, Rosinen, Ananasgelee, weißer Pfeffer; mineralische Struktur, vibrierende Textur zeigt den Lössboden, saftige Ananas, Gewürznelke, feine Extraktsüße, balancierte Säure, archetypischer Weinviertler.

Weingut Paul, 2100 Leobendorf
0664/9482137
www.heurigerpaul.at

 € 7,30 **92⁺** Punkte

Kamptal DAC Reserve
GRÜNER VELTLINER RIED SPIEGEL 1ÖTW 2021
13,50 % / trocken / Naturkorken / Ausbau: Großes Holzfass / 0,75 l
Strohgelb, mächtige Schlieren, frische Fruchtnase, Äpfel, Birnen, Bananen, Orangen; saftig, feine Restsüße kombiniert mit Extraktsüße, balancierte Säure, straffe Struktur, noble gelbe Frucht, eine Idee Pfeffer und Kardamom, mineralisch.

Weingut Haimerl, 3550 Gobelsburg
02734/2124
www.haimerl.at

€ 18,90 **92⁺** Punkte

Wachau DAC
GRÜNER VELTLINER SMARAGD RIED SÜSSENBERG 2021
14,50 % / trocken / Schrauber / Ausbau: Stahltank / 0,75 l
Grüngold, kräftige Schlieren, diskreter Duft, Zitronenverbene, Honig; sehr strukturiert und substanzreich, mineralischer Grip, cremige Extraktsüße, milde Säure, Zitronengelee, getrocknete Kräuter, Grapefruit, süßherbes Finish.

Weingut Hutter Silberbichlerhof, 3512 Mautern
0664/73625932
www.hutter-wachau.at

€ 20,30 **92** Punkte

Weinviertel DAC Reserve
GRÜNER VELTLINER 2021
14,00% / trocken / Schrauber / Ausbau: Stahltank / 0,75 l
Strohgelb, mächtige Schlieren, intensives Bukett, Rosinen, Kletzen, Früchtebrot, Aranzini, vegetabile Anklänge; enorme Extraktsüße, analytisch komplett trocken, knackige Säure, Zitronengelee, substanzreicher Schmelz, straff und lang.

Weingut Josef Fischer, 2102 Hagenbrunn
0676/5381612
www.weingutfischer.com

€ 10,00 **92** Punkte

Wagram DAC
GRÜNER VELTLINER RIED ESSENTHAL 2022
13,00% / trocken / Schrauber / Ausbau: Stahltank / 0,75 l
Leuchtendes Gold, kräftige Schlieren, Ananasgelee, Kiwi, Apfelspalten; präsente Extraktsüße, aber komplett trocken, balancierte Säure, glockenklare gelbe Frucht, Limettengelee, salzige Einschlüsse, saftig und herkunftstypisch.

Weingut Blauensteiner, 3482 Gösing am Wagram
02738/2116
www.blauensteiner.com

€ 9,50 **92** Punkte

Weinviertel DAC
GRÜNER VELTLINER RIED LÄNGEN 2022
13,00% / trocken / Schrauber / Ausbau: Stahltank / 0,75 l
Gold, ölige Schlieren, sortentypische Nase, Ananas, Äpfel, gemahlener Pfeffer; Nase spiegelt sich am Gaumen wider, zum Pfeffer kommt Salz dazu, pikante Säure, wirkt kühl, begeistert aber mit enormem Druck, ein Bilderbuch-Veltliner.

Weingut Prechtl, 2051 Zellerndorf
02945/2297
www.prechtl.at

€ 8,90 **91** Punkte

Weinviertel DAC Reserve
GRÜNER VELTLINER RIED ÄUSSERE BERGEN 2021
14,00% / trocken / Schrauber / Ausbau: Stahltank / 0,75 l
Goldgelb, dicke Schlieren, Fruchtpudding, Pfefferoni, gewinnt mit Luft, Ringlotten; druckvolle Extraktsüße, lebendige Säure, dichte Substanz, Apfelgelee, schmalzige Textur, terroirtypisch, kräftiger Alkohol sehr gut eingebunden.

Weingut Prechtl, 2051 Zellerndorf
02945/2297
www.prechtl.at

€ 15,90 **91⁺** Punkte

Kamptal DAC Reserve
GRÜNER VELTLINER RIED KITTMANNSBERG 1ÖTW 2021
13,50% / trocken / Schrauber / Ausbau: Stahltank / 0,75 l
Grüngelb, ölige Schlieren, charmanter Apfelmix, eine Idee Kiwi; dosierter Körper, feine
Fruchtsüße, gute Säurespannung, mineralisch, kreidige Anklänge, grazile gelbe Frucht,
Apfel- und Zitronengelee, ruhig und trinkfreudig.

Weingut Steininger, 3550 Langenlois
02734/2372
www.weingut-steininger.at

 € 19,00 **91⁺** Punkte

Wagram DAC
GRÜNER VELTLINER GROSSE RESERVE RIED SCHLOSSBERG 2021
14,00% / trocken / Schrauber / Ausbau: Stahltank / 0,75 l
Strohgelb, kräftige Schlieren, Maiskolben mit Butter, Karamell, Quarzsand, Apfelkuchen;
cremige Mundfülle, kräftige Extraktsüße, vitale Säure, Orangengelee, Rosinen, Kakaopulver, voller Körper, langer süßfruchtiger Abgang.

Weingut Norbert Greil, 3465 Unterstockstall
0650/3903972
www.weingut-greil.at

€ 11,00 **91⁺** Punkte

Wagram DAC
GRÜNER VELTLINER RIED HALTERBERG 2022
13,00% / trocken / Schrauber / Ausbau: Stahltank / 0,75 l
Goldgelb, mächtige Schlieren, intensive Fruchtnase, Steinobst, Orangenjam, Bazooka-
Kaugummi; mollige Mundfülle, feine Süße, balancierte Säure, blitzsaubere Frucht, sehr
präsent am Gaumen, Zitronengelee, Nektarinen, endloser Fruchtnachhall.

Weinhof Hubert Blauensteiner, 3470 Kirchberg am Wagram
02279/2048
www.hofblauensteiner.at

€ 7,00 **91** Punkte

Niederösterreich
GRÜNER VELTLINER RESERVE RIED HUNDSCHUPFEN 2021
13,50% / trocken / Schrauber / Ausbau: Stahltank / 0,75 l
Goldgelb, mächtige Schlieren, gediegene Nase, Trockenfrüchte, Spargel; straffer Grip,
feine Extraktsüße, vitale Säurespannung, sehr mineralisch, fragile Röstnoten,
Apfelkuchen, kreidige Textur, langer feinsalziger Nachhall.

Weingut Zens, 2024 Mailberg
0660/5322843
www.weingutzens.at

 € 9,00 **91** Punkte

Wagram DAC
GRÜNER VELTLINER RIED FUMBERG PRIVAT 2021
14,50% / trocken / Schrauber / Ausbau: Stahltank / 0,75 l
Gold, ölige Schlieren, Trockenfrüchte, gelbe Äpfel, Mirabellen, Quitten; enorme Extraktsüße, rassige Säure, dynamische Zitrusspannung, dichte Substanz, mächtiger Alkohol gut
eingebunden, mineralische Struktur, Apfelgelee, salziger Nachhall.

Weingut Blauensteiner, 3482 Gösing am Wagram
02738/2116
www.blauensteiner.com

€ 16,00 — 91 Punkte

Kamptal DAC Reserve
GRÜNER VELTLINER RIED KARL 2021

13,00% / trocken / Schrauber / Ausbau: Stahltank / 0,75 l
Leuchtendes Grüngelb, gelbe Äpfel, Kiwis, Obstsalat; Ananasgelee, enorme Substanz,
Restsüße und Extraktsüße verleihen Cremigkeit, balancierte Säure, Ananas- und
Limettengelee, Apfelkompott, wuchtiger Wein mit charmanter Frucht.

Weingut Etz, 3492 Walkersdorf
02735/2473
www.etzwine.at

€ 10,90 — 91$^+$ Punkte

Wachau DAC
GRÜNER VELTLINER SMARAGD RIED ZANZL 2022
14,00% / trocken / Schrauber / Ausbau: Stahltank / 0,75 l
Kräftiges Gold, massive Schlieren, reifes Obst, Ginseng, Peterwurz; cremige Mundfülle,
druckvolle Fruchtsüße, knackige Säure, Rosinen, Gewürzgurke, Linsensuppe, gemahlener
Pfeffer, substanzreich, langer süß-saurer Abgang, barocke Stilistik.

Weingut Sigl, 3602 Rossatz
02714/6302
weingut-sigl.at

€ 18,00 — 91 Punkte

Wachau DAC
GRÜNER VELTLINER SMARAGD RIED HIMMELREICH 2022
13,50% / trocken / Schrauber / Ausbau: Stahltank / 0,75 l
Kräftiges Gold, mächtige Schlieren, Rosinen, Zuckermais, Butterkekse, hochreife Früchte,
Sticksi; prickelnde Textur, druckvolle Fruchtsüße, lebendige Säure, Rosinen, Obstsalat,
Ananasgelee, kräftiger Körper, langer süßfruchtiger Nachhall.

Weingut Sigl, 3602 Rossatz
02714/6302
weingut-sigl.at

€ 15,00 — 91 Punkte

Weinviertel DAC
GRÜNER VELTLINER 2022

13,00% / trocken / Schrauber / Ausbau: Stahltank / 0,75 l

Kräftiges Gold, intensives Fruchtbukett, Rosinen, Honigmelonen, Bazooka-Kaugummi, Himbeeren; enorme Extraktsüße, analytisch komplett trocken, knackige Säure, mollige Mundfülle, mineralischer Grip, sehr salzig, Zitronensorbet im Abgang.

Bioweinbau Berger, 2212 Großengersdorf
0676/6391445
www.bio-berger.at

€ 6,50   **91** Punkte

Niederösterreich
GRÜNER VELTLINER RIED SAAZEN 2021

13,50% / trocken / Schrauber / Ausbau: Stahltank / 0,75 l

Gold mit grünen Reflexen, ölige Schlieren, Trockenfrüchte, Zitronenzesten; delikate Extraktsüße, pikante Säure, salzige Anklänge, dichter Schmelz, blitzsaubere Frucht, Ananasgelee mit Zitronensaft, zarter Pfeffer, süffig und lang.

Weingut Faber-Köchl - Die Winzerinnen, 2130 Eibesthal
0664/1858173
www.faber-koechl.at

€ 14,50   **91** Punkte

Kremstal DAC Reserve
GRÜNER VELTLINER RIED KREMSER WACHTBERG 2021

14,00% / trocken / Schrauber / Ausbau: Stahltank / 0,75 l

Grüngold, mächtige Schlieren, Ananas, Zuckermais, Orangenzesten; cremige Mundfülle, substanzreich, druckvolle Extraktsüße, knackige Säure, Ananasgelee, feines Pfefferl, wunderbar sortentypisch, langer süßfruchtiger Nachhall.

Winzer Krems, 3500 Krems an der Donau
02732/85511
www.winzerkrems.at

€ 15,00   **91** Punkte

Leithaberg DAC
GRÜNER VELTLINER 2018

13,50% / trocken / Naturkorken / Ausbau: Großes Holzfass / 0,75 l

Rotgold, ölige Schlieren, intensiver Duft, Malagaeis, Vanille, Mokka, Datteln, Türkischer Honig, Popcorn; enorme Extraktsüße, milde Säure, feine Röstnoten, Butter Scotch, ein Hauch Jod, mineralischer Grip, Schokobananen im Abgang.

Weingut Leo Hillinger, 7093 Jois
02160/83170
www.leo-hillinger.com

€ 18,60   **91** Punkte

Weinviertel DAC Reserve
GRÜNER VELTLINER ALTE REBE RIED HIRTERBERG 2022
13,50% / trocken / Schrauber / Ausbau: Stahltank / 0,75 l
Gelb, deutliche Schlieren, dezenter Duft, Äpfel, Quitten; saftiger Schmelz, zarte Exotik, Maracuja, Litschi, Limetten, vollmundige Extraktsüße, lebendige Säure hält dagegen, cremig und balanciert, schmalzige Textur, langer Fruchtnachhall.

Weingut Ing. Johannes Mold, 3710 Ziersdorf
0699/12616403
www.moldwein.at

€ 12,00 **91** Punkte

Kremstal DAC Reserve
GRÜNER VELTLINER ALTE REBEN 2021
13,50% / trocken / Schrauber / Ausbau: Großes Holzfass / 0,75 l
Strohgelb, kräftige Schlieren, dezenter Duft, Bratäpfel, gebackene Champignons, Karamellkuchen; Trockenfrüchte, Staubzucker, Eierschwammerl, feine Fruchtsüße, balancierte Säure, gute Substanz, geradlinig, süßfruchtiger Nachhall.

Weingut Josef Schmid, 3552 Stratzing
02719/8288
www.j-schmid.at

€ 13,90 **91** Punkte

Österreich
GRÜNER VELTLINER „DER SCHÖNE JOSEF" 2022
13,50% / trocken / Schrauber / Ausbau: Stahltank / 0,75 l
Grüngold, dicke Schlieren, kandierte Früchte, Mandelblüten, Schlehdorn, Aranzini; Birnensaft, Apfelschalen, extraktsüß, knackige Säure, sehr salzig, vollmundig, mineralischer Kern, straffe Struktur, puristisch mit guter Entwicklung im Glas.

Weingut Wiesböck, 2403 Wildungsmauer
0699/10165976
www.wiesboeck-wildungsmauer.at

€ 5,00 **90⁺** Punkte

Weinviertel DAC Reserve
GRÜNER VELTLINER 2021
13,50% / trocken / Schrauber / Ausbau: Großes Holzfass / 0,75 l
Goldgelb, ölige Schlieren, Zuckermais, Pfirsichmark, Ringlotten, Bienenwachs; überraschend trocken, balancierte Säure, spartanische Aromatik, Apfelkompott, Orangenkerne, straffe Struktur, salzige Einschlüsse, solider Speisewein.

Bioweingut Richard Schober, 2191 Gaweinstal
0664/2778412
www.weingut-schober.at

€ 8,50 **90⁺** Punkte

Weinviertel DAC
GRÜNER VELTLINER RIED FELLINGEN 2022
13,00% / trocken / Schrauber / Ausbau: Stahltank / 0,75 l
Gelb, kräftige Schlieren, diskreter Duft, Traubengelee, mit Luft kommt zarte Exotik; angenehm trocken, frische Säure, Orangen, grüne Äpfel, kompakter Körper, geradlinig und saftig, feinsalzig, langer Zitrusnachhall.

Winzerhof Gnadenberger, 3710 Ziersdorf
0699/18019206
www.heurigen-gnadenberger.at

€ 6,50   **90** Punkte

Wagram DAC
GRÜNER VELTLINER RIED GOLDBERG 2022
13,00% / trocken / Schrauber / Ausbau: Stahltank / 0,75 l
Goldgelb, massive Schlieren, Bratäpfel, zartes Pfefferl, Birnenkompott; extraktsüßer Schmelz, balancierte Säure, getrocknete gelbe Früchte, präzise Pfeffernoten, Speckbirne, vollmundig, Tiefgang mit Potenzial, gewinnt mit Luft.

Familie Bauer - Bioweingut, 3471 Großriedenthal
02279/7204
www.familiebauer.at

€ 9,50   **90⁺** Punkte

Weinviertel DAC Reserve
GRÜNER VELTLINER RIED KELLERBERG 2021
13,00% / trocken / Schrauber / Ausbau: Großes Holzfass / 0,75 l
Strohgelb, kräftige Schlieren, Trockenfrüchte, Kardamom, Roibuschtee, Anis, Orangenzesten; Apfelgelee, Zitronensaft, zarte Holzwürze, druckvolle Extraktsüße, lebendige Säure, feinsalzig, griffige Textur, langer Zitrusnachhall.

Weingut Sutter, 3472 Hohenwarth am Manhartsberg
0664/7882409
www.weingut-sutter.at

€ 19,00   **90** Punkte

Wagram DAC
GRÜNER VELTLINER RIED MITTERSTEIG 2022
13,50% / trocken / Schrauber / Ausbau: Großes Holzfass / 0,75 l
Grüngelb, kräftige Schlieren, grüne Äpfel, Ananasgelee, Mandarinen; zarte Pfefferwürze, Ananasgelee, enorme Extraktsüße, stimmiger Säureunterbau, cremige Mundfülle, druckvoll, Salz verleiht Spannung, langer süßfruchtiger Nachhall.

Weingut Gerhold, 3482 Gösing am Wagram
02738/2241
www.gerhold.cc

€ 9,50   **90⁺** Punkte

Niederösterreich
GRÜNER VELTLINER RIED IM STEINBRUCH 2022
13,00 % / trocken / Schrauber / Ausbau: Stahltank / 0,75 l
Gelb, kräftige Schlieren, fruchtbetonte Nase, grüne Äpfel, Birnen, Kletzenbrot; feine Restsüße, erfrischende Säure, glockenklare kühle Frucht, Limettengelee, schlank und saftig, glatte Textur, trinkfreudiger Terrassenwein.

Weingut Sutter, 3472 Hohenwarth am Manhartsberg
0664/7882409
www.weingut-sutter.at

 € 9,50 **90**⁺ Punkte

Kremstal DAC Reserve
GRÜNER VELTLINER RIED MOOSBURGERIN 2021
15,00 % / trocken / Schrauber / Ausbau: Kleines Holzfass / 0,75 l
Gold, mächtige Schlieren, nussig, gebackene Champignons, Kresse, getrocknete Apfelscheiben; druckvolle Extraktsüße, balancierte Säure, salzige Spannung, straffe Struktur, kräftiger Körper, Rosinen, Paranüsse, Obstkuchen, süßherbes Finish.

Weingut Eder, 3494 Gedersdorf
0676/3467325
www.weinguteder.at

€ 22,90 **90** Punkte

Wachau DAC
GRÜNER VELTLINER SMARAGD RIED SETZBERG 2019
14,00 % / trocken / Naturkorken / Ausbau: Stahltank / 0,75 l
Gold mit grünen Reflexen, dezente Nase, Trockenfrüchte, Datteln, Obstkuchen, Honigmelone; cremige Mundfülle, druckvolle Süße, milde Säure, Fruchtjoghurt, Karamell, Kriecherlsaft, kräftiger Körper, barocker Stil, süßherbes Finish.

Weingut Roman Gritsch, 3620 Spitz an der Donau
02713/2208
www.romangritsch.at

 € 17,00 **90**⁺ Punkte

Wagram
GRÜNER VELTLINER „1598" BIO RIED DORNER 2020
13,00 % / trocken / Schrauber / Ausbau: Kleines Holzfass / 0,75 l
Leuchtendes Gold, ölige Schlieren, Butterbrösel, Toastbrot, getrocknete Früchte, Datteln, Rosinen; Butterkekse, Vanille, wunderbar trocken, sanfte Säure, ruhig und gediegen, wohldosierter Körper, Karamell klingt lange nach.

Bio Weingut Urbanihof - Paschinger
3481 Fels am Wagram, 0664/3915577
www.urbanihof.at

 € 16,00 **90** Punkte

Burgenland
GRÜNER VELTLINER UZLOP 2022
13,00 % / trocken / Schrauber / Ausbau: Stahltank / 0,75 l
Leuchtendes Gold, ölige Schlieren, nasser Stein, geriebene Nüsse, Marzipan, Trockenfrüchte; Apfelkuchen mit Vanillezucker, ruhig und balanciert, sanfte Säure, kompakter
Körper, kreidige Textur, feines mineralische Bitterl im Abgang.

Robitza Wein, 7064 Oslip
0699/12338540
www.robitza-wein.at

€ 12,00   **90**⁺ Punkte

Kamptal DAC Reserve
GRÜNER VELTLINER RIED KITTMANNSBERG 2021
13,50 % / trocken / Schrauber / Ausbau: Stahltank / 0,75 l
Gelb mit grünen Reflexen, mächtige Schlieren, Maracuja, Ananasgelee, Blütenhonig;
dichter Schmelz, feine Fruchtsüße, pikante Säure, salzige Einschlüsse, gelbe Äpfel,
Ananas, Zitronengelee, Bittermandeln, extraktreich und lang.

Weinbau DI Ernest und Maria Ettenauer
3552 Lengenfeld, 0676/670642
www.ettenauer-weinlounge.at

€ 10,50   **90** Punkte

Weinviertel DAC
GRÜNER VELTLINER 2022
13,00 % / trocken / Schrauber / Ausbau: Stahltank / 0,75 l
Gelb mit grünen Reflexen, dicke Schlieren, Granny Smith, Olivenöl; knackige Zitrusspannung, komplett trocken, wunderbar salzig, frische Äpfel, Sternfrucht, Zitronensorbet,
straffe Struktur, puristisch, langer erfrischender Nachhall.

Weinbau Gerhard Pamperl, 3710 Ziersdorf
0699/11112242
www.pamperl-wein.at

€ 6,10   **90** Punkte

Niederösterreich
GRÜNER VELTLINER RIED KÖNIGSBERG 2021
13,50 % / trocken / Schrauber / Ausbau: Stahltank / 0,75 l
Grüngelb, mächtige Schlieren, Zitronenverbene, Schnittlauchbrot, diskrete Frucht;
strukturiert, druckvoller Schmelz, lebendige Säure, salzige Spannung, Zitronengelee,
frische Äpfel, vitaler Zug ins lange Fruchtfinale.

Fink & Kotzian Weinbau, 3730 Eggenburg
0664/3902602
www.weinfink.at

€ 12,00   **90**⁺ Punkte

Wagram DAC
GRÜNER VELTLINER RIED MARIENBERG 2022
13,50 % / trocken / Schrauber / Ausbau: Stahltank / 0,75 l
Gold mit grünen Reflexen, zarter Blütenduft, Orangenzesten, Apfelgelee; Trockenfrüchte, reife Kriecherln, süße Anmutung, sanfte Säure, salzige Einschlüsse, mollige Mundfülle, fruchtsüßes Finish bleibt lange haften.

Weinhof Hubert Blauensteiner, 3470 Kirchberg am Wagram
02279/2048
www.hofblauensteiner.at

€ 7,00 **90** Punkte

Kamptal DAC
GRÜNER VELTLINER RIED SPIEGEL SELECTION 2021
13,50 % / trocken / Schrauber / Ausbau: Stahltank / 0,75 l
Gelb, ölige Schlieren, gelbfruchtig, kandierter Ingwer, Staubzucker; dichte Extraktsüße kombiniert mit Fruchtsüße, Marillenkonfit und Zitronengelee, pikante Säure, salzige Anklänge, wohlgeformter Körper, geradlinig und glockenklar.

Weinbau DI Ernest und Maria Ettenauer
3552 Lengenfeld, 0676/670642
www.ettenauer-weinlounge.at

€ 9,50 **90** Punkte

Kremstal DAC Reserve
GRÜNER VELTLINER HANNAH RIED GEBLING 1ÖTW 2021
14,50 % / trocken / Schrauber / Ausbau: Großes Holzfass / 0,75 l
Leuchtendes Grüngold, ölige Schlieren, Trockenfrüchte, Kletzenbrot; druckvolle Süße, frische Säure, salzige Spannung, opulenter Körper, Dosenpfirsich, Orangengelee, deutliche Holzwürze, Vanille, Kakao, mächtiger barocker Stil.

Weingut Hermann Moser
3495 Rohrendorf bei Krems
0676/4232024, www.moser-hermann.at

€ 29,20 **90** Punkte

Kamptal DAC Reserve
GRÜNER VELTLINER RIED REDLING 2021
14,50 % / trocken / Schrauber / Ausbau: Großes Holzfass / 0,75 l
Goldgelb, mächtige Schlieren, Kekse, getrocknete Apfelscheiben; deutliche Restsüße, balancierte Säure, cremiger Schmelz, kräftiger Körper, Apfelgelee, Karamell, reife Kriecherln, langer süßfruchtiger Nachhall, barocke Stilistik.

Weingut Haimerl, 3550 Gobelsburg
02734/2124
www.haimerl.at

€ 13,90 **90** Punkte

Weinviertel DAC Reserve
GRÜNER VELTLINER PLATZHIRSCH RIED HERRNBERG 2021
14,00 % / trocken / Schrauber / Ausbau: Kleines Holzfass / 0,75 l
Gelb, ölige Schlieren, Rosinen, Trockenfrüchte, Bananencreme, Malakofftorte; substanzreiche Extraktsüße, stimmige Säure, sehr salzig, mineralische Struktur, Kriecherln, Kokoskuppeln, Mandeln, langes süßherbes Finish.

Weingut Hirschbüchler, 2120 Obersdorf
0699/11701579
www.hirschbuechler.at

 € 15,10 **90** Punkte

Weinviertel DAC Reserve
GRÜNER VELTLINER PLATZHIRSCH 2020
13,50 % / trocken / Schrauber / Ausbau: Kleines Holzfass / 0,75 l
Sattes Gold, ölige Schlieren, Bratäpfel, Karamellkekse, reifes Obst, wachsige Noten mit Luft; Crème Brûlée, Butterkekse, sanfte Säure, vollmundig, elegante Röstnoten, strukturiert, wohldosierter Körper, süßherbes Finish.

Weingut Hirschbüchler, 2120 Obersdorf
0699/11701579
www.hirschbuechler.at

 € 14,90 **89** Punkte

Wagram DAC
GRÜNER VELTLINER NO. 2 RESERVE 2021
14,00 % / trocken / Schrauber / Ausbau: Stahltank / 0,75 l
Kräftiges Strohgelb, ölige Schlieren, Karamellpudding, Stollwerk, Apfelstrudel; Erdbeerjoghurt, Apfelsaft mit Zitrone, ein Hauch Pfeffer, feine Fruchtsüße, agile Säure, balanciert, sanfter Druck, gute Substanz, Buttermilch im Abgang.

Heurigen Habacht, 2353 Guntramsdorf
0676/5222990
www.heurigen-habacht.at

€ 9,00 **89** Punkte

Weinviertel DAC
GRÜNER VELTLINER ALTE REBEN 2021
13,00 % / trocken / Schrauber / Ausbau: Großes Holzfass / 0,75 l
Gold, mächtige Schlieren, diskrete Fruchtnase, nussig, Datteln, Heu; druckvolle Extraktsüße gepaart mit zarter Restsüße, lebendige Säure, Zitronen- und Apfelgelee, substanzreich und spannend, langer süß-saurer Abgang.

Weingut Sutter, 3472 Hohenwarth am Manhartsberg
0664/7882409
www.weingut-sutter.at

 € 9,50 **89** Punkte

Wagram
GRÜNER VELTLINER GRANDE RESERVE BIO RIED DORNER 2020
13,00% / trocken / Naturkorken / Ausbau: Barrique / 0,75 l
Dunkles Goldgelb, reife Frucht, getrocknete Mangos, Datteln, Rosinen, Erdnussbutter; komplett trocken, sehr milde Säure, Butterkekse, Joghurt, Tiramisu, ein Hauch gemahlener Pfeffer, kreidige Textur, ruhig und geradlinig, sanfter Druck.

Bio Weingut Urbanihof - Paschinger
3481 Fels am Wagram
0664/3915577, www.urbanihof.at

€ 22,00   **88** Punkte

Weinland
GRÜNER VELTLINER ALTE REBEN 2022
13,00% / trocken / Schrauber / Ausbau: Stahltank / 0,75 l
Goldgelb, intensive Duftexplosion, Holunderblüten, grüne Äpfel, Gletschereis-Bonbon, Bazooka-Kaugummi; zarte Fruchtsüße, sanfte Säure, druckvolle Frucht, Nase spiegelt sich am Gaumen wider, wohlgeformter Körper, femininer Charakter.

Weinbau und Buschenschank Familie Ernst Schauhuber,
3463 Stetteldorf am Wagram, 0664/7859626
www.weinbau-schauhuber.at

€ 5,00   **88** Punkte

WELSCHRIESLING

✔ Synonyme: Riesling italico, Graševina, Olász Rizling
✔ Anbaufläche: 2.882 ha
✔ Herkunft: Norditalien
✔ Fruchtig-würziger Dialog mit grünem Apfel und Zitrus, Heublumennoten, lebendige Säure.
✔ Große Bandbreite vom säurebetonten Sektgrundwein bis zu edelsüßen Prädikatsweinen wie TBA.

Steiermark
**WELSCHRIESLING TERROIR DE NATURE -
SANFTER WEINBAU 2020**
11,00% / trocken / Schrauber / Ausbau: Stahltank / 0,75 l
Gold, mächtige Schlieren, gelbe Äpfel, Tiroler Speck, zarte
Exotik; wunderbar trocken, ziselierte Säure, ausgezeich-
nete Balance, vollmundiger Schmelz, mineralische Textur,
Kletzen, Litschi, Limettengelee, blitzsauber, charaktervoll.

Maria und Hannes Söll - Sanfter Weinbau
8462 Gamlitz
03454/66670, www.weingut-soell.at

 € 7,50   **93**⁺ Punkte

Vulkanland Steiermark DAC
WELSCHRIESLING RIED STRADENER ROSENBERG 2019
12,00% / trocken / Diam / Ausbau: Großes Holzfass / 0,75 l
Gelb, ölige Schlieren, Trockenfrüchte, Rosinen, Majoran, Nougat, gewinnt mit Luft; sanfter Druck, seidige Struktur, präzise gelbe Äpfel, wunderbare Balance, angenehm trocken, ziselierte Säure, dosierter Körper, ruhig und gediegen.

Weingut Krispel, 8345 Hof bei Straden
03473/7862
www.krispel.at

€ 18,00　**93** Punkte

Burgenland
WELSCHRIESLING 2022
12,50% / trocken / Schrauber / Ausbau: Stahltank / 0,75 l
Grüngelb, massive Schlieren, intensives Fruchtbukett, Maracuja, frische Äpfel; staubtrocken, rassige Säure, mineralischer Kern, kreidige Textur, zitronig, salzig, exzellente Spannung, erfrischender Abgang, trinkfreudiger Terrassenwein.

Weingut Pluschkovits, 2443 Leithaprodersdorf
02255/6576
www.pluschkovits.at

€ 7,00　**92** Punkte

Österreich
WELSCHRIESLING 2022
13,60% / trocken / Schrauber / Ausbau: Stahltank / 0,75 l
Kräftiges Grüngelb, ölige Schlieren, tiefe Nase, Früchtebrot, Aranzini, gewinnt mit Luft; straffe Struktur, Apfelschalen, Zitronengelee, alternative Stilistik, wunderbar trocken, lebendige Säurespannung, salziger Nachhall.

Weingut Wiesböck, 2403 Wildungsmauer
0699/10165976
www.wiesboeck-wildungsmauer.at

€ 4,80　**91** Punkte

Südsteiermark DAC
WELSCHRIESLING 2022
11,50% / trocken / Schrauber / Ausbau: Stahltank / 0,75 l
Helles Grüngelb, mineralischer Duft nach Quarzsand, frische Äpfel, Wiesenblumen; blitzsaubere Frucht, zitronig, straffer Zug, vitale Säure, wunderbar trocken, fragile Exotik, Maracuja und Litschi, sortentypisch, ausgezeichneter Terrassenwein.

Weingut Assigal, 8430 Leibnitz
03452/86811
www.assigal.at

€ 7,50　**91+** Punkte

Südsteiermark DAC
WELSCHRIESLING 2022

11,50 % / trocken / Schrauber / Ausbau: Stahltank / 0,75 l
Helles Gelb, diskreter Duft, Sternfrucht, ein Hauch Feuerstein; knochentrocken, knackige Säure, frische Zitrone, leichtgewichtig, aber druckvoll, salzig, strukturiert und straff, belebender Abgang, langer Zitrusnachhall.

Domaines Kilger Wein, 8462 Gamlitz
03453/236311
www.domaines-kilger.com

€ 8,90   **91**⁺ Punkte

Burgenland
WELSCHRIESLING RIED HALBJOCH 2022

12,50 % / trocken / Schrauber / Ausbau: Stahltank / 0,75 l
Hellgelb, ölige Schlieren, grüne Äpfel, Gänseblümchen; kreidiger Grip, knackige Säure, staubtrocken, frische Äpfel, Zitronensaft, mineralisch, salzig, ausgezeichnete Spannung und Frische, sortentypisch, exzellenter Terrassenwein.

Familienweingut Ackermann, 7082 Donnerskirchen
02683/8344
www.familienweingut-ackermann.at

€ 5,00   **91** Punkte

Niederösterreich
WELSCHRIESLING 2022

12,50 % / trocken / Schrauber / Ausbau: Stahltank / 0,75 l
Strohgelb, deutliche Schlieren, frische Nase, grüne Äpfel, Gletschereis; zarte Exotik, delikate Extraktsüße, knackige Säure, sehr salzig, dynamische Spannung, schlank und rank, mineralischer Kern, blitzsauber, Zitrusfrucht klingt lange nach.

Bioweinbau Berger, 2212 Großengersdorf
0676/6391445
www.bio-berger.at

€ 6,50   **91** Punkte

Vulkanland Steiermark DAC
WELSCHRIESLING 2022

12,50 % / trocken / Schrauber / Ausbau: Stahltank / 0,75 l
Strohgelb, kräftige Schlieren, ein Hauch Feuerstein, Wiesenblumen, gelbe Äpfel; ruhig und gediegen, sanfte Säure, zarte Fruchtsüße, mineralischer Kern, Gesteinsmehl, Quarzsand, strukturiert, Zitronengelee klingt lange nach.

Weinhof Gwaltl, 8350 Fehring
0664/3837124
www.weinhof-gwaltl.at

€ 6,50   **90**⁺ Punkte

Südsteiermark DAC
WELSCHRIESLING 2022

11,50 % / trocken / Schrauber / Ausbau: Stahltank / 0,75 l

Strohgelb, kräftige Schlieren, Kiwis, frische Äpfel; rassige Säure, staubtrocken, Zitrus pur, druckvoll mit dynamischer Spannung, geradlinig und blitzsauber, mineralischer Kern, kreidige Textur, langer feinsalziger Nachhall.

Weinbau Gerhard Liener, 8462 Gamlitz
0664/4130194
www.weinbau-liener.at

€ 6,50 **90**+ Punkte

Burgenland
WELSCHRIESLING 2022

11,50 % / trocken / Schrauber / Ausbau: Stahltank / 0,75 l

Gelb, zarte Exotik, ein Hauch Maracuja, Quitten, Apfelputzen, Wiesenblumen; wunderbar saftig, gelbe Äpfel, Zitronen, vitale Säure, filigrane Restsüße puffert ab, exzellente Säurebalance, sortentypisch, erfrischender Sommerwein.

Weingut Leberl, 7051 Großhöflein
02682/67800
www.leberl.at

€ 7,00 **90** Punkte

Burgenland
WELSCHRIESLING 2022

11,50 % / trocken / Schrauber / Ausbau: Stahltank / 0,75 l

Gelb, kräftige Schlieren, sortentypisches Bukett, frische Äpfel, eine Idee Wiesenblumen, Quitten; deutliche Fruchtsüße, frische Säure, salzige Adern, kompakter Körper, Äpfel und Orangen, süffiger Sommerwein, Apfelbrei und Zitronen im Nachhall.

Weingut Herbert Weber, 7093 Jois
02160/8352
www.weber-weine.at

€ 8,50 **90** Punkte

Niederösterreich
WELSCHRIESLING 2022

12,50 % / trocken / Schrauber / Ausbau: Stahltank / 0,75 l

Gelb, kräftige Schlieren, diskreter Duft, Apfelkuchen, getrocknete Kräuter; schlank und rank, schöne Säurebalance, komplett trocken, griffige Textur, gelbe Äpfel, Grapefruit und Zitrone, feinherbes Finish, universeller Speisenwein.

Weinbau J. Wittmann, 2161 Poysbrunn
0664/1953129
www.weinbau-wittmann.at

€ 6,00 **89** Punkte

Niederösterreich
WELSCHRIESLING RIED HIRTENTAL 2022
12,00 % / trocken / Schrauber / Ausbau: Stahltank / 0,75 l
Gelb, kräftige Schlieren, zartes exotisches Bukett, Mango, Papaya, Birnenkompott; cremige Mundfülle, feine Fruchtsüße, balancierte Säure, Apfelsaft, Limettengelee, mineralische Anklänge, Quarzsand, süffiger Sommerwein.

Weingut Mayr Minichhofen, 3720 Ravelsbach
0676/6205487
www.weingut-mayr.at

€ 6,90   **89⁺** Punkte

Burgenland
WELSCHRIESLING 2022
12,00 % / trocken / Schrauber / Ausbau: Stahltank / 0,75 l
Gelb, kräftige Schlieren, exotische Anklänge, Maracuja, Williams-Birne, Quarzsand; pikante Säure, komplett trocken, cremiger Schmelz, Zitronengelee, getrocknete Kräuter, Orangensaft, ausgesprochen salzig, druckvoller Sommerwein.

Weingut Stiegelmar, 7122 Gols
02173/2317
www.stiegelmar.com

€ 6,90   **89** Punkte

Vulkanland Steiermark DAC
WELSCHRIESLING 2022
12,00 % / trocken / Schrauber / Ausbau: Stahltank / 0,75 l
Gelb, deutliche Schlieren, Birnen, gelbe Äpfel, zarte Exotik nach Maracuja; straffe Säurespannung, staubtrocken, salzig, druckvoll, Zitronensorbet, Heublumen, dynamischer Zug ins lange Zitrusfinale, ausgezeichneter Terrassenwein.

Wein.Gölles Weinbau & Buschenschank
8361 Fehring, 03155/3823
www.weinbau-goelles.at

 € 6,90   **89** Punkte

Niederösterreich
WELSCHRIESLING 2022
12,50 % / trocken / Schrauber / Ausbau: Stahltank / 0,75 l
Hellgelb, Bazooka-Kaugummi, frische Wiese, grüne Äpfel, Quitten; knackige Säure, wunderbar trocken, salzige Anklänge, Zitronengelee, ein Hauch Exotik, prickelnde Textur, erfrischender Zitrusnachhall, ausgezeichneter Terrassenwein.

Weingut Weingartshofer, 2143 Großkrut
0699/11873107
www.weingartshofer.at

€ 7,00   **89** Punkte

Niederösterreich
WELSCHRIESLING 2022
12,50 % / trocken / Schrauber / Ausbau: Stahltank / 0,75 l
Strohgelb, ölige Schlieren, reifer Obstkorb, Birnen, Quitten, Rosinen, Datteln; druckvolle
Fruchtsüße, knackige Säure, Nase spiegelt sich am Gaumen wider, ergänzt durch Apfel-
kuchen, cremige Mundfülle, langer süß-saurer Nachhall.

Weingut Dollinger, 2244 Spannberg
0664/3523130
www.weingut-dollinger.at

€ 5,00 **89** Punkte

Niederösterreich
WELSCHRIESLING 2022
11,50 % / trocken / Schrauber / Ausbau: Stahltank / 0,75 l
Hellgelb, dezente Aromatik, zarte Zitrusfrucht, Staubzucker, gewinnt mit Luft; leichtfüßig,
knackige Säure, grazile Fruchtsüße, Zitronensorbet, Bananen, schmalzige Textur, druckvolle Säurespannung, erfrischender Zischwein.

Weinbau Christian Wiedermann, 2225 Zistersdorf
0699/10556463
www.weinbau-wiedermann.at

€ 5,00 **89⁺** Punkte

Thermenregion
WELSCHRIESLING CLASSIC 2022
11,50 % / trocken / Schrauber / Ausbau: Stahltank / 0,75 l
Hellgelb, zarte Exotik, Maracuja, grüne Äpfel; rassige Säure, komplett trocken, feiner
Schmelz, salzige Adern, schlank mit Druck und Spannung, blitzsauber, Granny Smith,
Zitronensaft, erfrischender Terrassenwein.

Weingut Breyer, 2500 Baden bei Wien
0650/8645306
www.weingut-breyer.at

€ 8,00 **89** Punkte

Niederösterreich
WELSCHRIESLING 2022
12,00 % / trocken / Schrauber / Ausbau: Stahltank / 0,75 l
Gelb, kräftige Schlieren, gelbe Äpfel, Quitten, Birnen, Wiesenblumen; geradlinige Zitrusfrucht, gute Mundfülle, cremige Textur, wunderbar trocken, frische Säure, trinkfreudig und
sortentypisch, salziger Nachhall.

Weingut Hirschbüchler, 2120 Obersdorf
0699/11701579
www.hirschbuechler.at

€ 6,90 **89⁺** Punkte

Südsteiermark DAC
WELSCHRIESLING 2022
11,50 % / trocken / Schrauber / Ausbau: Stahltank / 0,75 l
Hellgelb mit grünen Reflexen, sortentypischer Duft, gelbe Äpfel, Wiesenblumen, Löwenzahn und Gänseblümchen; frische Äpfel und Birnen, feine Extraktsüße mit lebendiger Säure, schlank und trinkfreudig, langer Zitrusnachhall.

Weinhof Riegelnegg Stammhaus, 8462 Gamlitz
0664/4055108
www.riegelnegg-stammhaus.at

€ 6,80 **89** Punkte

RIESLING KLASSISCH

- ✔ Riesling bis 12,9 %, Anbaufläche: 2.040 ha
- ✔ Herkunft: Deutschland, Oberrhein - ursprünglich Weißer Riesling, auch Rheinriesling genannt.
- ✔ Eleganter, vielschichtiger Duft nach Steinobst wie Pfirsich und Marille, Zitrus und etwas Exotik, mineralische Würze.
- ✔ Pikante, rassige Säure. Kann auch gereift Vergnügen bereiten, manchmal mit einem gewissen Petrolton.

Weinland
RIESLING BERG UND MEER ++ 2021
11,50 % / lieblich / Schrauber / Ausbau: Stahltankk / 0,75 l
Sattes Gold, mächtige Schlieren, sortentypische Nase, Marillen, Rosinen; druckvolle Süße mit exzellentem Säurerückgrat, vollmundiger Schmelz, salzige Spannung, glockenklare Frucht, Marillen, Zitronengelee, süßfruchtiger Abgang.

Fink & Kotzian Weinbau
3730 Eggenburg
0664/3902602, www.weinfink.at

€ 15,00   **92⁺** Punkte

Niederösterreich
RIESLING LIMITED EDITION 2022

12,00 % / halbtrocken / Schrauber / Ausbau: Stahltank / 0,75 l
Grüngold, ölige Schlieren, zarte Exotik, Maracuja, Papaya, Steinobst; delikates Süße-
Säure-Spiel, pikante Säure, salzige Anklänge, süße Marillen, Zitronengelee, vibrierende
Textur, saftige Spannung, ansprechender Mosel-Stil.

Weingut Eder, 3494 Gedersdorf
0676/3467325
www.weinguteder.at

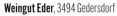 € 12,50 **92** Punkte

Wachau DAC
RIESLING FEDERSPIEL 2021

12,50 % / trocken / Schrauber / Ausbau: Stahltank / 0,75 l
Goldgelb, ölige Schlieren, elegante Petrolnote, charmanter Steinobstmix, sortentypisch;
straffe Struktur, sehr salzig, delikate Extraktsüße, vitale Säurespannung, glockenklare
Rieslingfrucht, gute Substanz, trinkfreudig und hochwertig.

Weingut Hutter Silberbichlerhof, 3512 Mautern
0664/73625932
www.hutter-wachau.at

€ 11,90 **92**⁺ Punkte

Kamptal DAC
RIESLING KAMPTAL TERRASSEN 2022

12,50 % / trocken / Schrauber / Ausbau: Stahltank / 0,75 l
Goldgelb, mächtige Schlieren, diskrete Fruchtnase, Apfelgelee, Feuerstein, gewinnt mit
Luft; enorme Struktur, kreidige Textur, Äpfel, Orangen, ungemein straff und knackig, vitale
Spannung, erfrischender Zitrusnachhall, tolles Potenzial.

Weingut Bründlmayer, 3550 Langenlois
02734/21720
www.bruendlmayer.at

€ 14,50 **92**⁺ Punkte

Niederösterreich
RIESLING RIED KOGELN 2022

12,50 % / trocken / Schrauber / Ausbau: Stahltank / 0,75 l
Goldgelb, ölige Schlieren, getrocknete Marillen, Apfelscheiben, Papaya; knackige Säure,
delikate Fruchtsüße, Marillen pur, Zitronensorbet, cremige Mundfülle, fruchtbetont,
glockenklar, sehr salzig, sorten- und terroirtypisch.

Weingut Ecker, 3730 Grafenberg
0699/12614066
www.weingut-ecker.com

€ 8,50 **92**⁺ Punkte

Wachau DAC
RIESLING FEDERSPIEL RIED TRENNING 2022
12,50% / trocken / Schrauber / Ausbau: Stahltank / 0,75 l
Gelbgrün, ölige Schlieren, Marillen, Wiesenblumen; herrliche Marillenfrucht, wunderbar saftig, agiles Süße-Säure-Spiel, schlank mit exzellenter Spannung, hoher Säurebogen, glatte Textur, delikater Zitrusnachhall, exzellenter Mosel-Stil.

Domäne Wachau, 3601 Dürnstein
02711/371-0
www.domaene-wachau.at

€ 14,00 **92** Punkte

Thermenregion
RIESLING RIED HOFBREITE 2021
12,50% / trocken / Schrauber / Ausbau: Stahltank / 0,75 l
Goldgelb, ölige Schlieren, gelbfruchtig, Marille, Kerzenwachs, Trockenfrüchte; straffe Struktur, wohlgeformter Körper, Marillenjoghurt, deutliche Restsüße, balancierte Säure, cremige Textur, mineralischer Kern, saftiger Zug.

Weingut Leo Aumann, 2512 Tribuswinkel
02252/80502
www.aumann.at

€ 12,50 **92** Punkte

Niederösterreich
RIESLING BIO RIED DIERMANNSEE 2022
12,50% / trocken / Schrauber / Ausbau: Stahltank / 0,75 l
Gelb, kräftige Schlieren, fruchtbetontes Bukett, frische Marillen, Orangen-PEZ; substanzreich, glockenklare Steinobstnoten, sanfter Druck, feingliedrig, fragile Süße, balancierte Säure, Zitronengelee, zart salzige Anklänge.

Weingut Christoph Bieglmayer, 2020 Mittergrabern
0676/6703358
www.weingut-bieglmayer.at

€ 8,00 **92** Punkte

Niederösterreich
RIESLING PFEIFFENBERG 2022
12,50% / trocken / Diam / Ausbau: Stahltank / 0,75 l
Hellgelb mit grünen Reflexen, diskreter Duft, Kiwi, Kletzen, Quarzsand, legt mit Luft zu; druckvolle Fruchtsüße, klirrende Säure, enorme Spannung, salzige Adern, Birnensaft, Zitronengelee, Ringlotten, geradlinig, erfrischender Partyhit.

Weingut Josef Schmid, 3552 Stratzing
02719/8288
www.j-schmid.at

€ 15,00 **91⁺** Punkte

Kärnten
RIESLING 2021

12,50% / trocken / Schrauber / Ausbau: Amphore / 0,75 l

Gelb, dicke Schlieren, diskrete sortentypische Nase, Trockenfrüchte; wohlige Mundfülle, hohe Mineralität, gute Substanz, delikate Extraktsüße, lebendige Säure, frische Marillen, feinsalzig, tänzelt am Gaumen, langer sanfter Abgang.

Weinbaubetrieb Sternberg, 9241 Wernberg
0664/1601630
www.sternberg-wein.at

€ 18,00   **91** Punkte

Kamptal DAC
RIESLING GOBELSBURG 2022

12,50% / trocken / Schrauber / Ausbau: Stahltank / 0,75 l

Grüngelb, dicke Schlieren, Kiwi, grüne Melonen, Blüten; Marillen, Zitronengelee, knackige Säure, saftige Extraktsüße, Zitronen-PEZ, feine Mineralität, salzig, kreidige Textur, schlank und rank, langer Zitrusnachhall.

Weingut Haimerl, 3550 Gobelsburg
02734/2124
www.haimerl.at

€ 8,90   **91** Punkte

Wachau DAC
RIESLING FEDERSPIEL 2022

12,50% / trocken / Schrauber / Ausbau: Stahltank / 0,75 l

Leuchtendes Gold, ölig, Steinobst, Nektarinen, Relish, getrocknete Kräuter, Majoran, Oregano, Physalis; druckvolle Extraktsüße, klirrende Säure, Zitronengelee, Birnen, substanzreich, saftig mit enormer Spannung, langer erfrischender Abgang.

Weingut Sigl, 3602 Rossatz
02714/6302
weingut-sigl.at

€ 10,50   **91⁺** Punkte

Niederösterreich
RIESLING RIED GUGL 2022

12,50% / trocken / Schrauber / Ausbau: Stahltank / 0,75 l

Gelb mit grünen Reflexen, fruchtbetontes Bukett, feiner Steinobstmix, gelbe Äpfel, Quarzsand; knackige Säure, delikater Fruchtschmelz, salzige Adern, blitzsauber, Nase spiegelt sich am Gaumen wider, saftiger Zug mit toller Spannung.

Weinbau Hermann Haller, 2202 Enzersfeld im Weinviertel
0676/5299535
www.weinbau-haller.at

€ 8,00   **91** Punkte

Wagram DAC
RIESLING RIED FUMBERG 2022

12,50 % / trocken / Schrauber / Ausbau: Stahltank / 0,75 l
Leuchtendes Gelb, deutliche Schlieren, getrocknete Kräuter, Pfirsichspalten, Minze;
feine Fruchtsüße, lebendige Säure, salzige Anklänge, Gewürznelken, Limettengelee,
getrocknetes Steinobst, substanzreicher Schmelz, erfrischender Abgang.

Weingut Gerhold, 3482 Gösing am Wagram
02738/2241
www.gerhold.cc

 € 8,50 **91** Punkte

Kamptal DAC
RIESLING RIED GALGENBERG 2022

12,50 % / trocken / Schrauber / Ausbau: Stahltank / 0,75 l
Gelb mit grünen Reflexen, ölige Schlieren, Fruchtpudding; cremige Mundfülle, delikate
Extraktsüße, lebendige Säure, delikates Süße-Säure-Spiel, glockenklar, Marillen, Zitronen-
sorbet, straff mit kühler Eleganz, wunderbarer Sommerwein.

Weingut Etz, 3492 Walkersdorf
02735/2473
www.etzwine.at

€ 12,00 **91** Punkte

Niederösterreich
RIESLING K 2022

10,00 % / lieblich / Diam / Ausbau: Stahltank / 0,75 l
Gelb, diskreter Duft, Wiesenblumen, Lindenblüten, Kokosraspel; intensive Süße, klirrende
Säure, druckvoll mit salziger Spannung, Limettenjam, Ananas, Eibischteig, wohlgeformter
Körper, süß-saurer Abgang hallt ewig nach, barocker Stil.

Weingut Josef Schmid, 3552 Stratzing
02719/8288
www.j-schmid.at

€ 15,00 **90⁺** Punkte

Niederösterreich
RIESLING VOM GESTEINSBODEN 2022

12,00 % / halbtrocken / Schrauber / Ausbau: Stahltank / 0,75 l
Strohgelb, kräftige Schlieren, reife Marillen, Obstsalat, Honig, Heu; deutliche Süße,
knackige Säure hält dagegen, salzige Spannung, grüne Äpfel, Kiwis, Zitronen, Marillen,
kompakter Körper, saftig mit langem Zitrusnachhall.

Weingut Ing. Johannes Mold, 3710 Ziersdorf
0699/12616403
www.moldwein.at

 € 8,50 **90** Punkte

Thermenregion
RIESLING CLASSIC BIO RIED NEUDECK 2022

12,50% / trocken / Schrauber / Ausbau: Stahltank / 0,75 l
Goldgelb, kräftige Schlieren, geradlinige Fruchtnase, Birnen, gelbe Äpfel, Haferkekse; deutliche Restsüße, stützende Säure, reife Nektarinen, Zitronengelee, wohlgeformter Körper, cremige Mundfülle, kreidiger Grip, barocker Stil.

Bio-Weingut Frühwirth, 2524 Teesdorf
02253/81216
www.fruehwirth.bio

€ 9,00 **90** Punkte

Wien
RIESLING SÜSSE WIENERIN RIED GABRISSEN 2022

12,50% / lieblich / Schrauber / Ausbau: Stahltank / 0,75 l
Zitronengelb, dezente Steinobstnase, Pfirsiche, Nektarinen, Honig; reife Marillen, Zuckermelonen, delikate Fruchtsüße, stützende Säure, ruhig und gediegen, cremige Mundfülle, blitzsaubere Frucht, die lange und sanft nachklingt.

Winzerhof Leopold, 1210 Wien
01/2921356
www.winzerhof-leopold.at

€ 9,50 **90** Punkte

Niederösterreich
RHEINRIESLING 2022

12,50% / trocken / Schrauber / Ausbau: Stahltank / 0,75 l
Strohgelb, kräftige Schlieren, reifes Obst, Pfirsiche, Birnen; elegante Extraktsüße, rassige Säure, salzig, lebendige Spannung, gelber Fruchtmix, Orangen, kompakter Körper, aber mit Druck, erfrischender Abgang, süffiger Sommerwein.

Bioweinbau Berger, 2212 Großengersdorf
0676/6391445
www.bio-berger.at

€ 7,00 **90** Punkte

Traisental DAC
RIESLING 2022

12,50% / trocken / Schrauber / Ausbau: Stahltank / 0,75 l
Grüngelb, Marillen, Limetten, Kiwi; deutliche Restsüße, knackige Säure verleiht Spannung, sehr salzig, kreidiges Mundgefühl, Steinobst und Zitronengelee, Minze, gute Substanz, mineralische Struktur, langer süßsaurer Nachhall.

Stiftsweingut Herzogenburg, 3130 Herzogenburg
0664/1731422
www.stiftsweingut-herzogenburg.com

€ 10,00 **89** Punkte

Niederösterreich
RIESLING RIED IM HIMMEL 2022
12,50 % / trocken / Schrauber / Ausbau: Stahltank / 0,75 l
Strohgelb, kräftige Schlieren, Äpfel und Birnen im Bukett; elegante Fruchtsüße, knackige Säure, vitaler Spannungsbogen, schlank und rank, gelbfruchtig, saftiger Zug ins lange erfrischende Finale, exzellenter Sommerwein.

Weingut Paul, 2100 Leobendorf
0664/9482137
www.heurigerpaul.at

 € 7,30 **89** Punkte

Vulkanland Steiermark DAC
RIESLING 2022
12,00 % / trocken / Schrauber / Ausbau: Stahltank / 0,75 l
Gelb, schöne Schlieren, dezentes gelbfruchtiges Bukett, eine Idee Sternfrucht; schlank und rank, Zitronensorbet, Apfelputzen, etwas Steinobst, knackige Säure, elegante Fruchtsüße, saftig und unkompliziert, trinkfreudiger Partywein.

Wein.Gölles Weinbau & Buschenschank
8361 Fehring, 03155/3823
www.weinbau-goelles.at

 € 8,00 **89⁺** Punkte

Kremstal DAC
RIESLING VOM URGESTEIN 2022
12,50 % / trocken / Schrauber / Ausbau: Stahltank / 0,75 l
Goldgelb, kräftige Schlieren, reduktive Nase, Trockenfrüchte, Kiwi, Birnen, Blüten; zarte Fruchtsüße, balancierte Säure, gelbfruchtig, Mirabellen, Zuckermelonen, schlanker Körper, ruhig und mineralisch, geradliniger Fruchtnachhall.

Weingut Josef Schmid, 3552 Stratzing
02719/8288
www.j-schmid.at

€ 11,20 **89** Punkte

Niederösterreich
WEISSER RIESLING 2022
12,50 % / trocken / Schrauber / Ausbau: Stahltank / 0,75 l
Gelb mit grünen Reflexen, erdige Nase, getrocknete Kräuter; rassige Säure, komplett trocken, kreidige Textur, Kiwi, Sternfrucht, Zitronensorbet, druckvolle Salzigkeit, klirrende Spannung, perfekter Terrassenwein.

Weinbau Gerhard Pamperl, 3710 Ziersdorf
0699/11112242
www.pamperl-wein.at

€ 5,10 **88** Punkte

RIESLING KRÄFTIG

- ✔ Riesling ab 13 %, Anbaufläche: 2.040 ha
- ✔ Herkunft: Deutschland, Oberrhein - ursprünglich Weißer Riesling, auch Rheinriesling genannt.
- ✔ Eleganter, vielschichtiger Duft nach Steinobst wie Pfirsich und Marille sowie Zitrus und etwas Exotik, mineralische Würze.
- ✔ Pikante, rassige Säure. Weine mit hoher Reife können großes Vergnügen bereiten. Manchmal Petrolton, speziell bei Wachauer Smaragd-Weinen oder im Spät- und Auslesebereich.

SIEGERWEIN

Wachau DAC
RIESLING SMARAGD RIED ACHLEITEN 2022
13,50% / trocken / Naturkorken /
Ausbau: Stahltank / 0,75 l
Strohgelb, ölige Schlieren, Williams-Birne, Steinobst,
Orangenzesten; straffe Struktur, sehr mineralisch,
enormer Grip, Granny Smith, frische Marillen, wunderbar
trocken, lebendige Säure, harmonisiert sich mit Luft,
enormes Potenzial.

Domäne Wachau
3601 Dürnstein
02711/371-0, www.domaene-wachau.at

 € 36,00 **95⁺** Punkte

Niederösterreich
RIESLING BERG UND MEER 2021

13,00% / trocken / Schrauber / Ausbau: Stahltank / 0,75 l
Leuchtendes Gold, kräftige Schlieren, Trockenfrüchte, Mandarinen, Marillen, geriebene Nüsse; delikate Fruchtsüße, Marillen und Zitronengelee, blitzsauber, dichter Schmelz, enormer Druck, salzige Spannung hält lange an, großartig.

Fink & Kotzian Weinbau, 3730 Eggenburg
0664/3902602
www.weinfink.at

€ 9,00 **95** Punkte

Wachau DAC
RIESLING SMARAGD RIED BRANDSTATT 2022

13,00% / trocken / Naturkorken / Ausbau: Stahltank / 0,75 l
Gelb mit grünen Reflexen, ölige Schlieren, diskrete Aromatik, Orangenzesten, enorme Mineralität, Quarzsand; kreidiges Mundgefühl, spartanische Frucht, knackige Säure, salzig, hat eine große Zukunft vor sich, puristisch und hochwertig.

Domäne Wachau, 3601 Dürnstein
02711/371-0
www.domaene-wachau.at

€ 36,00 **94**⁺ Punkte

Wien
RIESLING RIED PREUSSEN - NUSSBERG 1ÖTW 2021

13,00% / trocken / Diam / Ausbau: Großes Holzfass / 0,75 l
Rotgold, massive Schlieren, charmantes Bukett, getrocknete Marillen, ein Hauch Vanille; Nase findet sich am Gaumen wieder, Rosinen kommen dazu, exzellente Säurebalance, reife Frucht mit kühler Salzigkeit, ruhig und gediegen.

Weingut Wien Cobenzl, 1190 Wien
01/3205805
www.weingutcobenzl.at

€ 21,00 **94**⁺ Punkte

Kamptal DAC
RIESLING RIED GAISBERG 1ÖTW 2021

13,50% / trocken / Naturkorken / Ausbau: Großes Holzfass / 0,75 l
Goldgelb, mächtige Schlieren, Trockenfrüchte, Bratenkruste, Feuerstein, reifer Obstkorb; glatte Textur, sehr mineralisch, strukturiert, feine Extraktsüße, balancierte Säure, diskrete Aromatik, legt mit Luft stetig zu, reifes Steinobst.

Weingut Schloss Gobelsburg, 3550 Gobelsburg
02734/2422
www.gobelsburg.at

€ 26,00 **94** Punkte

Niederösterreich
RIESLING RIED AICHLEITEN 2021
14,00% / trocken / Schrauber / Ausbau: Stahltank / 0,75 l
Goldgelb, dicke Schlieren, sortentypischer Duft, Marillen, Früchtebrot, geriebene Nüsse; cremige Mundfülle, enorme Extraktsüße, agile Säure, dichter Stoff, zart vibrierende Textur, Orangengelee, Marillenkonfit, delikater Zitrusnachhall.

Weingut Josef Fischer, 2102 Hagenbrunn
0676/5381612
www.weingutfischer.com

€ 7,50   **94** Punkte

Kremstal DAC
RIESLING RIED STEINGRABEN 2021
13,00% / trocken / Schrauber / Ausbau: Stahltank / 0,75 l
Grüngold, mächtige Schlieren, blitzsaubere Fruchtnase, getrocknete Marillen, Pfirsiche, Kiwi; charmante Extraktsüße, klirrende Säure, Marillenkonfit mit Zitronensaft, exzellente Spannung, substanzreicher Schmelz, süßsalziger Abgang.

Winzerhof Schachinger, 3494 Gedersdorf
0664/5436797
www.schachingerwein.at

€ 9,00   **94** Punkte

Kamptal DAC Reserve
RIESLING RIED GAISBERG - ZÖBING 2021
13,50% / trocken / Schrauber / Ausbau: Stahltank / 0,75 l
Gold mit grünen Reflexen, mächtige Schlieren, präzise Marillennase, etwas Mirabellen-kuchen; fruchtbetont, reife Marillen pur, delikate Fruchtsüße, klirrende Säure, in sich stimmig, wohlgeformter Körper, saftig und erfrischend.

Weingut Etz, 3492 Walkersdorf
02735/2473
www.etzwine.at

€ 14,00   **94** Punkte

Wachau DAC
RIESLING SMARAGD RIED 1000-EIMERBERG 2021
13,50% / trocken / Naturkorken / Ausbau: Stahltank / 0,75 l
Rotgold, dicke Schlieren, getrocknete Apfelscheiben, Kletzen, ein Hauch Vanille; anfangs elegante Holzwürze, Fruchtgewinn mit Luft, Orangensaft, Nektarinen, Rosinen, feine Süße, lebendige Säure, ruhig und charmant, süßfruchtiger Nachhall.

Weingut Roman Gritsch, 3620 Spitz an der Donau
02713/2208
www.romangritsch.at

€ 18,00   **94** Punkte

Kremstal DAC Reserve
RIESLING RIED STRATZINGER SUNOGELN 1ÖTW 2021

13,50 % / trocken / Schrauber / Ausbau: Stahltank / 0,75 l

Gold, ölige Schlieren, gelbe Äpfel, mineralischer Duft, heißer Stein, Blüten; saftiges Steinobst, Nektarinen, Zitronengelee, dichter Schmelz, delikate Extraktsüße, rassige Säure, sehr salzig, enorme Spannung mit langer Frische.

Weingut Josef Schmid, 3552 Stratzing
02719/8288
www.j-schmid.at

€ 21,50   **93** Punkte

Niederösterreich
RIESLING RIED STEINBÜGEL 2021

14,50 % / trocken / Schrauber / Ausbau: Großes Holzfass / 0,75 l

Goldgelb, mächtige Schlieren, charmante Aromatik, getrocknete Marillen; präzise Marillenfrucht, saftig, delikate Extraktsüße, agile Säure, ausgezeichnetes Süße-Säure-Spiel, cremige Mundfülle, substanzreicher Schmelz, langer Marillennachhall.

Graf Hardegg, 2062 Seefeld-Kadolz
02943/2203
www.grafhardegg.at

   € 22,50   **93+** Punkte

Burgenland
RHEIN-RIESLING RIED HUSSIBRAND 2022

13,50 % / trocken / Naturkorken / Ausbau: Stahltank / 0,75 l

Gold, enorme Schlieren, diskrete Steinobstnase, Orange Blossom, eine Idee Biskotten; vielschichtige Fruchtdominanz, reife Marillen, Himbeermark, Zitronen, geleeartige Textur, feine Süße, vitale Säurespannung, trinkfreudig und erfrischend.

Weingut Kleber, 7571 Rudersdorf
0664/5310020
www.weingut-kleber.at

€ 8,00   **92** Punkte

Niederösterreich
RIESLING 2022

13,00 % / trocken / Schrauber / Ausbau: Stahltank / 0,75 l

Gold mit grünen Reflexen, mächtige Schlieren, Nektarinen, Birnen, Pfirsiche; charmante Fruchtsüße, balancierte Säure, cremige Mundfülle, blitzsauber, Birnengelee, dichte Substanz, kreidiger Schmelz, geradlinige Frucht, süßer Abgang.

Weingut Faber-Köchl - Die Winzerinnen
2130 Eibesthal, 0664/1858173
www.faber-koechl.at

 € 11,50   **92** Punkte

Wachau DAC
RIESLING SMARAGD RIED SCHREIBERBERG 2021
13,50% / trocken / Schrauber / Ausbau: Stahltank / 0,75 l
Gold, mächtige Schlieren, gediegenes Bukett, getrocknete Marillen; cremige Mundfülle, substanzreicher Schmelz, delikate Extraktsüße, vitale Säurespannung, Pfirsichmark, Limettengelee, glockenklar, mineralisch und druckvoll.

Winzerhof - Gästehaus Stöger, 3601 Dürnstein
02711/396
www.winzerhof-stoeger.at

€ 11,50   **92** Punkte

Kremstal DAC
RIESLING 2022
13,50% / trocken / Schrauber / Ausbau: Stahltank / 0,75 l
Grüngelb, dicke Schlieren, glockenklare Frucht, Marillen, gelbe Pfirsiche, Zitronenverbene; deutliche Fruchtsüße, balancierte Säure, kreidige Textur, cremige Substanz, Birnengelee, Maracuja, glockenklar, langer süßfruchtiger Nachhall.

NÖ Landesweingut Krems, 3500 Krems
02742/900513045
www.noe-landesweingueter.at

€ 7,20   **92** Punkte

Wagram DAC
RIESLING 2022
13,00% / trocken / Schrauber / Ausbau: Stahltank / 0,75 l
Hellgelb, ölige Schlieren, dezente Steinobstnoten, Sternfrucht, frische Marillen; süßfruchtiger Schmelz, lebendige Säure, viel Druck, Nektarinen, Orangengelee, Grapefruit, mollige Mundfülle, trinkfreudig, süffiger Partywein.

Weinhof Hubert Blauensteiner, 3470 Kirchberg am Wagram
02279/2048
www.hofblauensteiner.at

€ 6,00   **92** Punkte

Kremstal DAC
RIESLING RIED KELLERBERG 2022
13,00% / trocken / Schrauber / Ausbau: Stahltank / 0,75 l
Gelb, massive Schlieren, feiner Duft, reife gelbe Früchte, Marillen, zarte Blütennoten; vielschichtige Fruchtaromatik, Melonen, Zitronengelee, frische Marillen, charmantes Süße-Säure-Spiel, exzellente Spannung, saftig, druckvoll und lang.

Winzerhof Holzheu - Familie Heigl, 3508 Krustetten
0650/6680333
www.winzerhofholzheu.at

€ 6,50   **92** Punkte

Niederösterreich
RIESLING 2022

13,00% / trocken / Schrauber / Ausbau: Stahltank / 0,75 l

Gelb, ölige Schlieren, gelbfruchtig, Orangen, Melonen, Heublumen; charmante Fruchtsüße, knackige Säure, salzige Spannung, Zitronensorbet, Orangen, frische Marillen,
mineralischer Grip, sehr strukturiert, hat Druck und Länge.

Weingut Martin Schwinner
3472 Hohenwarth am Manhartsberg
0664/3728414, www.weingut-schwinner.at

€ 6,90   **91** Punkte

Wachau DAC
RIESLING SMARAGD RIED KIRNBERG 2022

13,00% / trocken / Schrauber / Ausbau: Stahltank / 0,75 l

Gold, ölige Schlieren, Rosinen, Birnengelee, Grafit; cremige Mundfülle, reifer Obstkorb,
salzig, enormer Extrakt, druckvolle Extraktsüße kombiniert mit feiner Restsüße, straffe
Säure hält dagegen, saftiger Zug mit langem süß-saurem Abgang.

Weingut Sigl, 3602 Rossatz
02714/6302
weingut-sigl.at

€ 18,00   **91** Punkte

Wien
RIESLING RIED ZWERCHBREITELN 2022

13,00% / trocken / Schrauber / Ausbau: Stahltank / 0,75 l

Goldgelb, ölige Schlieren, nasser Stein, Trockenfrüchte, Äpfel, Birnen; klirrende Säure, vom
Restzucker gut abgefedert, dichter Schmelz, sehr salzig, Nektarinen, Zitronengelee, lebt
von der Mineralität, druckvoll und lang.

Weingut Christ, 1210 Wien
01/2925152
www.weingut-christ.at

€ 29,00   **91** Punkte

Wachau DAC
RIESLING SMARAGD RIED LOIBENBERG 2021

14,00% / trocken / Schrauber / Ausbau: Stahltank / 0,75 l

Gelb, dichte Schlieren, Trockenfrüchte, gebratener Paprika, heißer Stein, braucht Luft;
druckvolle Extraktsüße, balancierte Säure, Bittermandeln, grüne Oliven, kräftiger Körper,
straffe Struktur, süßherbes Finish, sehr polarisierend.

Weingut Hutter Silberbichlerhof, 3512 Mautern
0664/73625932
www.hutter-wachau.at

€ 29,30   **90⁺** Punkte

Niederösterreich
RHEINRIESLING RIED HOCHSTRASSE 2022
13,00% / trocken / Schrauber / Ausbau: Stahltank / 0,75 l
Hellgelb, massive Schlieren, reifes Obst im Bukett, getrocknete Marillen, gewinnt mit Luft; Zitronengelee, Apfelsaft, Rosinen, Dille, feine Restsüße, knackige Säure, salzig, dichter Schmelz, druckvolle Spannung, langer süß-saurer Nachhall.

Winzerhof Gnadenberger, 3710 Ziersdorf
0699/18019206
www.heurigen-gnadenberger.at

€ 5,50 **89**⁺ Punkte

Niederösterreich
RIESLING RESERVE RIED HUNDSCHUPFEN 2021
13,00% / trocken / Schrauber / Ausbau: Stahltank / 0,75 l
Strohgelb, ölige Schlieren, Trockenfrüchte, Kardamom, Heu, geriebene Nüsse, Feuerstein; strukturiert mit straffem Grip, getrocknete Apfelspalten, Lindenblüten, Bittermandeln, feine Fruchtsüße, agile Säure, von der Mineralität geprägt.

Weingut Zens, 2024 Mailberg
0660/5322843
www.weingutzens.at

€ 8,50 **89** Punkte

Wagram DAC
RIESLING PHILIPE RESERVE 2021
13,00% / trocken / Schrauber / Ausbau: Großes Holzfass / 0,75 l
Gelb, ölige Schlieren, Kriecherl, Fruchtjoghurt, Humus; kompakter Körper, zarte Fruchtsüße von stimmiger Säure gut abgefedert, gelbe Früchte, Karamellpudding, ruhig und sanft, schmalzige Textur, Apfelmus im Abgang.

Heurigen Habacht, 2353 Guntramsdorf
0676/5222990
www.heurigen-habacht.at

€ 9,00 **89** Punkte

Niederösterreich
RIESLING 2022
13,00% / trocken / Schrauber / Ausbau: Stahltank / 0,75 l
Helles Grüngelb, zarter Blütenduft, grüne Äpfel, Babybananen, Honig, Marillen; schlanker Körper, tänzelt am Gaumen, Melisse, Nektarinen, Bienenwachs, angenehm trocken, sanfte Säure, feinherbes Finish, unkomplizierter Speisenbegleiter.

Weinbau J. Wittmann, 2161 Poysbrunn
0664/1953129
www.weinbau-wittmann.at

€ 7,00 **88**⁺ Punkte

CHARDONNAY

- ✔ Anbaufläche: 1.934 ha
- ✔ Herkunft: Frankreich, Burgund
- ✔ In der Steiermark als Morillon bekannt.
- ✔ Fruchtnote nach Apfel, Quitte, gute Mineralität, bei Holzausbau buttrig-röstige Noten.
- ✔ Von frischen und stahligen Weinen mit feiner Säure im Stahltank bis gereiften Weinen mit hoher Qualität in Barriques ausgebaut.

SIEGERWEIN

NIEDERÖSTERREICH
CHARDONNAY RESERVE RIED STEINBERG 2021
13,00% / trocken / Naturkorken /
Ausbau: Barrique / 0,75 l
Grüngelb, massive Schlieren, enorme Mineralität schon in
der Nase, Jod, nasser Stein, Krachmandeln; mineralische
Struktur, kreidig, getrocknete Apfelscheiben, geriebene
Nüsse, komplett trocken, lebendige Säure, aristokratisch,
viel Potenzial.

Weingut Bründlmayer
3550 Langenlois
02734/21720, www.bruendlmayer.at

€ 39,00   **96**⁺ Punkte

Südsteiermark DAC
CHARDONNAY RIED HIRRITSCH HUBE 2021
13,50 % / trocken / Diam / Ausbau: Kleines Holzfass / 0,75 l
Gold, mächtige Schlieren, Butterkekse, Bratäpfel, elegante Röstnoten, Jod; edle Mundfülle,
delikate Extraktsüße, aber komplett trocken, vitale Säure, feinsalzig, straffe Struktur,
enorme Substanz, gelbfruchtig, sortentypisch und gediegen.

Weingut Bernd Stelzl, 8463 Leutschach an der Weinstraße
03454/340
www.berndstelzl.at

€ 38,00   **95** Punkte

Burgenland
CHARDONNAY GLORIA 2021
14,00 % / trocken / Naturkorken / Ausbau: Barrique / 0,75 l
Gold, massive Schlieren, edle Röstnoten, geröstete Haselnüsse, getrocknete gelbe
Früchte, frische Bananen; immense Struktur, delikate Extraktsüße, balancierte Säure,
mächtige Substanz in Harmonie, nobler Fruchtmix, großes Kino.

Weingut Kollwentz, 7051 Großhöflein
02682/65158
www.kollwentz.at

€ 59,00   **95** Punkte

Südsteiermark DAC
MORILLON RIED GÖTTERBERG 2021
13,50 % / trocken / Naturkorken / Ausbau: Kleines Holzfass / 0,75 l
Gold, ölige Schlieren, edle Röstnoten, Nougat, Roastbeef, Pfirsichmark; enorme Mundfülle, extraktsüß, pikante Säure, feinsalzig, Mandarinen, Orangengelee, weiße Schokolade,
trinkfreudig und nobel zugleich, perfekter Holzeinsatz.

Weingut Assigal, 8430 Leibnitz
03452/86811
www.assigal.at

     € 22,80   **95** Punkte

Südsteiermark DAC
MORILLON RESERVE RIED KRANACHBERG 2018
13,50 % / trocken / Schrauber / Ausbau: Kleines Holzfass / 0,75 l
Goldgelb, mächtige Schlieren, charmantes Bukett, Haselnussgebäck, Trockenfrüchte,
Jod; mineralische Struktur, komplett trocken, perfekte Säurebalance, diskrete Frucht,
Butterkekse, elegant mit Persistenz, kreidiger Grip tapeziert den Gaumen.

Weingut Peter Skoff - Domäne Kranachberg, 8462 Gamlitz
03454/6104
www.peter-skoff.at

€ 28,00   **95** Punkte

Burgenland
CHARDONNAY RIED REISBÜHEL 2021

14,50% / trocken / Schrauber / Ausbau: Barrique / 0,75 l

Grüngelb, mächtige Schlieren, charmante Holzwürze, Bleistift, Toastbrot, geriebene Nüsse, getrocknete Mangoscheiben; ausgesprochen mineralisch, komplett trocken, ziselierte Säure, Nougat, ruhig und gediegen, gelbfruchtig, kreidiger Abgang.

Weingut Leberl, 7051 Großhöflein
02682/67800
www.leberl.at

€ 16,00

95⁺ Punkte

Burgenland
CHARDONNAY EDEL WEISS FASSGEREIFT 2021

14,00% / trocken / Naturkorken / Ausbau: Barrique / 0,75 l

Gold, mächtige Schlieren, zarte Röstnoten, nasser Stein, Butterkekse, getrocknete Marillen; straffe Struktur, staubtrocken, milde Säure, mineralisch, kreidiger Grip, getrocknete Apfelscheiben, Zwetschkenfleck, feinsalziges Finish.

Domaine Pöttelsdorf Familymade, 7025 Pöttelsdorf
02626/5200
www.domaine-poettelsdorf.at

€ 16,00

94⁺ Punkte

Burgenland
CHARDONNAY RESERVE RIED VORDERBERG 2021

14,50% / trocken / Schrauber / Ausbau: Kleines Holzfass / 0,75 l

Gold, mächtige Schlieren, sortentypische Nase, gelbe Äpfel, Plunderteig; dichte Substanz in perfekter Harmonie, feine Extraktsüße, sanfte Säure, edle Mokkanoten, Bananencreme, hohe Mineralität, kreidiger Grip bleibt lange haften.

Weinbau Menitz, 2443 Leithaprodersdorf
0676/5031698
www.menitz.at

€ 10,50

94 Punkte

Südsteiermark DAC
CHARDONNAY RIED GRUBTHAL 2020

13,50% / trocken / Glas / Ausbau: Barrique / 0,75 l

Gold, massive Schlieren, Trockenfrüchte, Ringlotten, Apfelspalten, Laugengebäck; wunderbar trocken, knackig und salzig, blitzsauber, getrocknete Apfelscheiben, Butterkekse, straffe Struktur verleiht Zug und Länge, Salz klingt lange nach.

Weingut MUSTER.gamlitz, 8462 Gamlitz
03453/2300
www.muster-gamlitz.at

€ 39,00

94 Punkte

Thermenregion
CHARDONNAY RESERVE 2021
13,50% / trocken / Schrauber / Ausbau: Großes Holzfass / 0,75 l
Strohgelb, ölige Schlieren, Butterkekse, Haselnussgebäck, Bratäpfel, Grafit; substanzreicher Schmelz, druckvolle Extraktsüße, vitale Säurespannung, geröstete Haselnüsse,
gelbe Äpfel, zerlassene Butter, hohe Mineralität, ruhig und edel.

Weingut Leo Aumann, 2512 Tribuswinkel
02252/80502
www.aumann.at

€ 18,00   **94** Punkte

Leithaberg DAC
CHARDONNAY RIED STEINBERG 2020
13,50% / trocken / Diam / Ausbau: Kleines Holzfass / 0,75 l
Kräftiges Goldgelb, Karamell, Wachs, Malakofftorte, Ananas kommt mit Luft; ruhig
und edel, feine Extraktsüße, knochentrocken, gute Säurespannung, Apfelkuchen, hohe
Mineralität, ausgesprochen kreidig, superbe Entwicklung im Glas.

Weingut Stefan Zehetbauer, 7081 Schützen am Gebirge
02684/2523
www.zehetbauerwein.at

€ 20,00   **94** Punkte

Burgenland
CHARDONNAY SINNER 2022
13,50% / trocken / Schrauber / Ausbau: Stahltank / 0,75 l
Goldgelb, feingliedriges Bukett, Birnen, Äpfel; tolle Struktur, kreidige Textur, wunderbar
trocken, lebendige Säure, wieder Äpfel und Birnen, Apfelschalen, Zitronensorbet, Kreidestaub bleibt haften, sehr terroirtypisch und langlebig.

Weingut Prieler, 7081 Schützen am Gebirge
02684/2229
www.prieler.at

€ 12,00   **94** Punkte

Südsteiermark DAC
CHARDONNAY LEUTSCHACH 2021
14,00% / trocken / Schrauber / Ausbau: Großes Holzfass / 0,75 l
Gelb, massive Schlieren, Rosinen, getrocknete Apfelscheiben, legt mit Luft ungemein zu;
druckvolle Extraktsüße, knackige Säure, feinherbes Finish, elegante Röstnoten, Haselnüsse, wunderbar trocken, vitale Säure, sortentypisch.

Domaines Kilger Wein, 8462 Gamlitz
03453/236311
www.domaines-kilger.com

€ 16,60   **93**⁺ Punkte

Burgenland
CHARDONNAY RESERVE RIED SALZGRÜNDE 2020
13,50% / trocken / Naturkorken / Ausbau: Barrique / 0,75 l
Goldgelb, ölige Schlieren, Bienenwachs, getrocknete Apfelscheiben, Popcorn, Vanille;
Butter Scotch, Brioche, ein Hauch Jod, straffe Struktur, wunderbar trocken, harmonische
Säure, mineralischer Kern, perfekter Holzeinsatz, sortentypisch.

Weingut Johannes Münzenrieder, 7143 Apetlon
02175/2259
www.muenzenrieder.at

€ 13,50   **93**⁺ Punkte

Burgenland
CHARDONNAY RESERVE 2021
14,00% / trocken / Schrauber / Ausbau: Kleines Holzfass / 0,75 l
Goldgelb, ölige Schlieren, diskreter Duft, getrocknete gelbe Früchte, eleganter
Holzeinsatz; Butterkekse, Crème Brûlée, Äpfel, substanzreicher Schmelz, angenehm
trocken, sanfte Säure, salzige Einschlüsse, ruhig und edel.

Weingut & Gästehaus Dombi-Weiss, 7141 Podersdorf am See
0660/5401100
www.dombi-weiss.com

€ 9,00   **93** Punkte

Südsteiermark DAC
MORILLON RIED KAISEREGG 2019
14,00% / trocken / Naturkorken / Ausbau: Kleines Holzfass / 0,75 l
Rotgold, mächtige Schlieren, Butterkekse, Karamellpudding, Malagaeis, Honiggebäck,
Kümmelbraten; cremige Mundfülle, mineralischer Kern, Stollwerk, Erdnussbutter,
Bratäpfel, Süßkartoffeln, edle Extraktsüße, feine Säure, ruhig und gediegen.

Panoramaweinhof Strablegg-Leitner
8454 Leutschach a.d. Weinstraße
03455/429, www.strablegg-leitner.at

€ 22,70   **93** Punkte

Niederösterreich
CHARDONNAY O.T. RESERVE 2021
13,50% / trocken / Schrauber / Ausbau: Kleines Holzfass / 0,75 l
Gold, mächtige Schlieren, tiefe Nase, Rosinen, Lindenblüten, Zuckermais; delikate Holzwürze, Apfelstrudel mit Zimt, dichter Fruchtschmelz, druckvolle Extraktsüße von rassiger
Säure getragen, salzige Einschlüsse, langer Fruchtnachhall.

Fink & Kotzian Weinbau, 3730 Eggenburg
0664/3902602
www.weinfink.at

€ 18,00   **93**⁺ Punkte

Südsteiermark DAC
MORILLON RIED SERNAUBERG 2022
13,00 % / trocken / Schrauber / Ausbau: Stahltank / 0,75 l
Strohgelb, dicke Schlieren, diskreter Duft, mineralisch geprägt; angenehm trocken,
ausgezeichnete Säurebalance, saftig und sortentypisch, schlank und rank, kreidiger Grip,
gelbe Äpfel, Orangen, animierender Trinkfluss, exzellenter Bankettwein.

Weingut Riegelnegg - Olwitschhof, 8462 Gamlitz
03454/6263
www.riegelnegg.at

€ 15,40 **92** Punkte

Südsteiermark DAC
MORILLON RIED WIELITSCH KAPELLE 2022
13,00 % / trocken / Schrauber / Ausbau: Kleines Holzfass / 0,75 l
Strohgelb, ölige Schlieren, charmanter Duft, Weiße Schokolade, Vanilleeis, gelbe Äpfel,
Bananen; fragile Röstnoten, Pfirsichmark, wunderbar trocken, balancierte Säure, gute
Substanz, trinkfreudig, glockenklare Frucht klingt lange nach.

Weingut Stefan Potzinger, 8424 Gabersdorf
0664/5216444
www.potzinger.at

€ 19,90 **92⁺** Punkte

Niederösterreich
CHARDONNAY CHARDORIQUE 2019
12,50 % / halbtrocken / Schrauber / Ausbau: Barrique / 0,75 l
Gelb, mächtige Schlieren, Nougat und Kaffee, feine Röstung, getrocknete gelbe Früchte;
mollige Mundfülle, delikate Fruchtsüße, sanfte Säure, Apfelgelee, Bananencreme,
substanzreicher Schmelz, gelungener Holzeinsatz.

Labyrinthkeller Umschaid, 2171 Herrnbaumgarten
0664/9956014
www.umschaid.at

€ 14,00 **92** Punkte

Südsteiermark DAC
CHARDONNAY LEUTSCHACH 2021
12,50 % / trocken / Schrauber / Ausbau: Großes Holzfass / 0,75 l
Goldgelb, massive Schlieren, graziles Bukett, Apfelkuchen, Grafit, Toastbrot; noble
Mundfülle, substanzreicher Schmelz, knochentrocken, balancierte Säure, salzig, hohe
Mineralität, mehrheitsfähig, perfekter Bankettwein.

Weingut Bernd Stelzl, 8463 Leutschach an der Weinstraße
03454/340
www.berndstelzl.at

€ 13,50 **92⁺** Punkte

Steiermark
CHARDONNAY ILLYR 2021

13,00 % / trocken / Schrauber / Ausbau: Barrique, Großes Holzfass / 0,75 l
Strohgelb, mächtige Schlieren, diskrete gelbe Frucht, nasser Stein, mit Luft kommt Vanillepudding; Maracuja, Limetten, knackige Säure, extraktsüß, dichter Schmelz, geprägt von der Mineralität, exzellente Spannung, Zitrusnachhall.

Weingut MUSTER.gamlitz, 8462 Gamlitz
03453/2300
www.muster-gamlitz.at

 € 12,95   **92**[+] Punkte

Burgenland
CHARDONNAY STEINNELKE 2019

13,50 % / trocken / Diam / Ausbau: Barrique / 0,75 l
Sattes Gold, ölige Schlieren, Marillen, Erdnussbutter, Obstsalat, Bienenwachs; vollmundig, druckvolle Fruchtsüße, balancierte Säure, mineralischer Kern, Bratäpfel, gebratene Zitronenspalten, exzellenter Begleiter zu Gebratenem.

Robitza Wein, 7064 Oslip
0699/12338540
www.robitza-wein.at

€ 23,00   **92** Punkte

Südsteiermark DAC
MORILLON GAMLITZ 2022

13,00 % / trocken / Schrauber / Ausbau: Stahltank / 0,75 l
Goldgelb, massive Schlieren, exotischer Duft, Maracuja, Litschi, Orangenzesten, Quarzsand; druckvoller Fruchtschmelz, knackige Säure, salzig und druckvoll, Limettengelee, Pfirsichmark, blitzsauber, langer erfrischender Abgang.

Weingut Assigal, 8430 Leibnitz
03452/86811
www.assigal.at

 € 10,50   **92**[+] Punkte

Niederösterreich
CHARDONNAY KLASSIK 2022

13,00 % / trocken / Schrauber / Ausbau: Stahltank / 0,75 l
Goldgelb, massive Schlieren, gelbfruchtig, Orangenjam, eine Idee geröstete Haselnüsse; delikates Süße-Säure-Spiel, Apfelgelee mit Zitronensaft, Orangen, fruchtbetont, kompakter Körper, exzellente Spannung, erfrischender Sommerwein.

Weingut Reisinger, 2061 Obritz
0664/73553500
www.reisingerwein.at

€ 7,60   **92** Punkte

Kärnten
CHARDONNAY RESERVE 2021
13,50 % / trocken / Schrauber / Ausbau: Barrique / 0,75 l
Goldgelb, dicke Schlieren, gelbe Früchte, Wachs, Biskuit, Eukalyptus; Birnen, Zitrone, kühle Eleganz, wunderbar trocken, knackige Säure, mineralischer Kern, hohe Salzigkeit, straffe Struktur, langer kreidiger Abgang.

Weinhof vlg. Ritter, 9470 St. Paul im Lavanttal
0680/3027100
www.vulgoritter.at

€ 23,00 **92** Punkte

Wien
CHARDONNAY RIED JUNGENBERG 2022
13,50 % / halbtrocken / Schrauber / Ausbau: Stahltank / 0,75 l
Gelb, kräftige Schlieren, Trockenfrüchte, geriebene Nüsse, heißer Stein; deutliche Rest-süße, lebendige Säure hält dagegen, Apfelgelee, Ringlotten, Zitronensaft, wohlgeformter Körper, mineralischer Kern, langer Fruchtnachhall.

Weingut Dr. Gutschik, 1210 Wien
0650/7345990

€ 8,00 **92** Punkte

Vulkanland Steiermark DAC
MORILLON OSTSTEIERMARK 2022
13,00 % / trocken / Schrauber / Ausbau: Stahltank / 0,75 l
Gelb, ölige Schlieren, Babybananen, grüner Apfel, Zimt, Kardamom, Blüten, feine Röstnoten; saftig, gelbe Äpfel, Zitronensorbet, strukturiert, wunderbar trocken, knackige Säure, schlank und rank, kreidige Textur, frischer Speisenwein.

Wein.Atelier Seyfried, 8200 Gleisdorf
0664/3338508
www.weinhof-seyfried.at

€ 9,00 **91** Punkte

Niederösterreich
CHARDONNAY RESERVE RIED FÜRSTENBERG 2021
14,00 % / trocken / Diam / Ausbau: Barrique / 0,75 l
Gold, mächtige Schlieren, gediegene gelbe Frucht, Apfelspalten, Stachelbeeren, Avocados; kreidige Textur, ruhig und dicht, enormer Schmelz, druckvolle Extraktsüße, sanfte Säure, salzige Spannung, barocker Stil, mit Potenzial.

Weingut Roman Hörmayer, 2202 Enzersfeld
0699/15068083
www.hoermayer-wein.at

€ 9,80 **91** Punkte

Vulkanland Steiermark DAC
CHARDONNAY 2022
13,00 % / trocken / Schrauber / Ausbau: Stahltank / 0,75 l
Goldgelb, ölige Schlieren, zarter Duft, nasser Stein, Feuerstein, diskrete gelbe Frucht;
straffe Struktur, vollmundig, extraktsüß mit klirrender Säurespannung, salzige Anklänge,
Zitrusnoten, Stachelbeeren, sehr mineralisch.

Weinhof Gwaltl, 8350 Fehring
0664/3837124
www.weinhof-gwaltl.at

€ 7,50   **91⁺** Punkte

Südsteiermark DAC
CHARDONNAY RIED LABITSCHBERG 2022
12,50 % / trocken / Schrauber / Ausbau: Stahltank / 0,75 l
Gelb, kräftige Schlieren, gediegenes Bukett, feine Röstnoten, getrocknete Apfelspalten,
Brioche; delikate Fruchtsüße, agiles Süße-Säurespiel, ausgesprochen saftig, kompakter
Körper, gelbe Äpfel, Maracuja, balanciert und trinkfreudig.

Weinbau Gerhard Liener, 8462 Gamlitz
0664/4130194
www.weinbau-liener.at

€ 8,50   **91⁺** Punkte

Niederösterreich
CHARDONNAY RIED STEINBÜGEL 2021
13,50 % / trocken / Schrauber / Ausbau: Kleines Holzfass / 0,75 l
Gold, massive Schlieren, Erdnussbutter, Bratäpfel, getrocknete Früchte, grazile Röstnoten; am Gaumen zarte Exotik, Maracuja, Mango, Babybananen, extraktsüß, lebendige
Säurespannung, cremige Mundfülle, substanzreich, langer Fruchtnachhall.

Graf Hardegg, 2062 Seefeld-Kadolz
02943/2203
www.grafhardegg.at

   € 19,70   **91⁺** Punkte

Burgenland
CHARDONNAY RESERVE RIED BODIGRABEN 2021
13,50 % / trocken / Schrauber / Ausbau: Kleines Holzfass / 0,75 l
Gelb, mächtige Schlieren, getrocknete Apfelscheiben, Butterkekse, Malagaeis,
Dosenpfirsich; Topfen-Kriecherlknödel mit Butterbrösel, straffe Struktur, kreidiger Grip,
druckvolle Extraktsüße, lebendige Säurespannung, salzig im Abgang.

Weingut Juliana Wieder, 7311 Neckenmarkt
02610/42438
www.weingut-juliana-wieder.at

   € 15,90   **91** Punkte

Burgenland
CHARDONNAY 2022

13,00% / trocken / Schrauber / Ausbau: Stahltank / 0,75 l
Strohgelb, Bazooka-Kaugummi, Bratäpfel, Honigmelone, Vanillezucker; straffe Struktur, kreidiger Grip, feine Restsüße, milde Säure, geradlinige Gelbfrucht, kompakter Körper, durchaus sortentypisch, solide und fruchtig, süßherbes Finish.

Weingut Herbert Weber, 7093 Jois
02160/8352
www.weber-weine.at

€ 9,00 **90** Punkte

Wien
CHARDONNAY SÜDRAND 2020

13,50% / trocken / Naturkorken / Ausbau: Stahltank / 0,75 l
Sattes Gold, mächtige Schlieren, reifer Obstkorb, Rosinen, feine Röstnoten, Vanille, Popcorn, Kochbananen, Mandarinenzesten; am Gaumen überraschend trocken, agile Säure, mineralisch, kreidige Textur, Apfelknödel mit Zimt, Sahne-Karamell.

Weinbau Heuriger Wiltschko, 1230 Wien
01/8885560
www.weinbau-wiltschko.at

€ 15,90 **90** Punkte

Kärnten
CHARDONNAY RIED JOSEFSBERG 2022

12,50% / trocken / Schrauber / Ausbau: Stahltank / 0,75 l
Strohgelb, kräftige Schlieren, Heublumen, grüne Äpfel, ein Hauch Bazooka-Kaugummi; komplett trocken, rassige Säure, hohe Mineralität, anfangs spartanische Frucht, Quiche Lorraine, strukturiert, langer zitroniger Nachhall, gewinnt mit Luft.

Weinhof vlg. Ritter, 9470 St. Paul im Lavanttal
0680/3027100
www.vulgoritter.at

€ 15,00 **90$^+$** Punkte

Wagram DAC
CHARDONNAY 2022

14,50% / trocken / Schrauber / Ausbau: Stahltank / 0,75 l
Grüngelb, ölige Schlieren, reife Äpfel, Maracuja, zarte Röstnoten, getrocknete Steinpilze, Tiroler Speck; druckvolle Fruchtsüße, agile Säurespannung, Zitronengelee, mollige Mundfülle, kräftiger Körper, viel Zug und Länge.

Weinhof Hubert Blauensteiner, 3470 Kirchberg am Wagram
02279/2048
www.hofblauensteiner.at

€ 7,00 **90** Punkte

Niederösterreich
CHARDONNAY SELECTION 2022
13,00 % / halbtrocken / Schrauber / Ausbau: Stahltank / 0,75 l
Strohgelb, kräftige Schlieren, Birnen, Quitten, Feigen; druckvolle Restsüße, guter
Säureunterbau, charmantes Süße-Säure-Spiel, Trauben- und Zitronengelee, Kriecherl-
marmelade, wohlgeformter Körper, langer süßfruchtiger Abgang.

Weingut Ing. Johannes Mold, 3710 Ziersdorf
0699/12616403
www.moldwein.at

€ 8,50 **90** Punkte

Wien
CHARDONNAY 2022
13,00 % / trocken / Schrauber / Ausbau: Stahltank / 0,75 l
Gelb mit grünen Reflexen, ölige Schlieren, Bazooka-Kaugummi, Melonen, Kiwi; fruchtbetont, deutliche Restsüße, stützende Säure, Apfelgelee, Ringlotten, kreidige Textur, sanft
und ruhig, wohlgeformter Körper, mineralisch, süßherbes Finish.

Weingut Christ, 1210 Wien
01/2925152
www.weingut-christ.at

 € 13,00 **90⁺** Punkte

Wien
CHARDONNAY RIED NEUSÄTZEN 2022
13,50 % / trocken / Schrauber / Ausbau: Stahltank / 0,75 l
Gelb mit grünen Reflexen, ölige Schlieren, dezente Fruchtaromatik, nasser Stein, Bazooka-
Kaugummi; mineralisch geprägt, straffe Struktur, erdige Noten, feine Extraktsüße, frische
Säure, versteckte Gelbfrucht, Kreidestaub bleibt lange haften.

Winzerhof Leopold, 1210 Wien
01/2921356
www.winzerhof-leopold.at

€ 12,80 **90** Punkte

Burgenland
CHARDONNAY DEUTSCHKREUTZ 2022
13,00 % / trocken / Schrauber / Ausbau: Stahltank / 0,75 l
Strohgelb, dicke Schlieren, Bananen, Bratäpfel, ein Hauch weißer Pfeffer, Schießpulver;
schlanker Körper, druckvolle Fruchtsüße, knackige Säure, betont salzig, reife Birnen,
Apfelmus, Limettengelee, gute Spannung und Länge.

Weingut Wiedeschitz, 7301 Deutschkreutz
0650/9041286
www.weingut-wiedeschitz.at

€ 7,00 **90** Punkte

Thermenregion
CHARDONNAY CLASSIC BIO RIED KIRCHFELD 2022
12,50% / trocken / Schrauber / Ausbau: Stahltank / 0,75 l
Zitronengelb, ölige Schlieren, gelbe Äpfel, Butterkekse, Stollwerk, Cremeschnitten; gute Mundfülle, mollige Fruchtsüße, stimmige Säure, Pudding, Kriecherl, mineralischer Kern, kreidige Textur, ganz ruhig und sanft, barocker Stil.

Bio-Weingut Frühwirth, 2524 Teesdorf
02253/81216
www.fruehwirth.bio

€ 9,00   **90**⁺Punkte

Niederösterreich
CHARDONNAY RIED LEHLEN 2022
13,00% / trocken / Schrauber / Ausbau: Stahltank / 0,75 l
Strohgelb, sortentypische Nase, frische Äpfel, Bananen, Birnen, Bazooka-Kaugummi; feine Extraktsüße, klirrende Säure, salzige Stränge, Orangensaft, gelbe Äpfel, schlank und rank, zarte Mineralität, viel Spannung mit erfrischender Länge.

Winzerhof Gnadenberger, 3710 Ziersdorf
0699/18019206
www.heurigen-gnadenberger.at

€ 5,50   **90** Punkte

Wien
CHARDONNAY 2022
14,50% / trocken / Schrauber / Ausbau: Stahltank / 0,75 l
Gold, kräftige Schlieren, glockenklar, gelbe Äpfel, Orangen-PEZ; deutliche Restsüße, balancierte Säure, Apfelgelee, Rosinen, sanfter Druck, mineralischer Kern, kreidige Textur, kräftiger Alkohol sehr gut eingebunden, süßherbes Finish.

Weingut Peter Bernreiter, 1210 Wien
0699/11714760
www.bernreiter.at

    € 11,00   **90**⁺Punkte

Niederösterreich
CHARDONNAY RESERVE RIED ANTLASBERGEN 2022
13,50% / trocken / Schrauber / Ausbau: Stahltank, Kleines Holzfass / 0,75 l
Goldgelb, kräftige Schlieren, Trockenfrüchte, Kletzen, Popcorn, Quitten; straffe Struktur, feine Extraktsüße, lebendige Säure, mineralischer Kern, Quarzsand, Apfelgelee, cremige Textur, mit Zug und Spannung ins lange Fruchtfinale.

Weingut Zens, 2024 Mailberg
0660/5322843
www.weingutzens.at

    € 9,00   **89**⁺Punkte

Niederösterreich
CHARDONNAY RIED REDLING 2021

13,50 % / trocken / Schrauber / Ausbau: Großes Holzfass / 0,75 l
Goldgelb, ölige Schlieren, Vanille, Butterkekse, Marmorkuchen; präsente Restsüße, lebendige Säure hält dagegen, Kriecherln, Popcorn, Zitronengelee, zarte Holzwürze, vollmundig, agile Süße-Säure-Spannung verleiht Zug und Länge.

Weingut Haimerl, 3550 Gobelsburg
02734/2124
www.haimerl.at

€ 9,50 **89** Punkte

Vulkanland Steiermark DAC
MORILLON 2022

13,00 % / trocken / Schrauber / Ausbau: Stahltank / 0,75 l
Gelb mit grünen Reflexen, kräftige Schlieren, diskreter Duft, getrocknete Apfelscheiben, Apfelschalen; straffe Struktur, balancierte Säure, dezente Fruchtsüße, wachsig, Kräutertee mit Zitrone, feinherbes Finish, guter Speisenbegleiter.

Wein.Gölles Weinbau & Buschenschank
8361 Fehring, 03155/3823
www.weinbau-goelles.at

€ 8,00 **89** Punkte

Thermenregion
CHARDONNAY RIED RÖMERBERG 2021

14,50 % / trocken / Schrauber / Ausbau: Kleines Holzfass / 0,75 l
Gelb mit grünen Reflexen, deutliche Schlieren, gelbfruchtig, Honig, Heublumen; feine Fruchtsüße, balancierte Säure, Apfelmus, Limettengelee, Salzmandeln, kompakter Körper, anfangs ruhig, legt aber zum Ende hin zu, süßherbes Finish.

Weingut Daniel Plos, 2500 Sooß
02252/87301
www.weingutplos.at

€ 8,90 **89**⁺ Punkte

Burgenland
CHARDONNAY HEIDEBODEN 2022

13,50 % / trocken / Schrauber / Ausbau: Stahltank / 0,75 l
Dunkles Strohgelb, Kräutertee, Trockenfrüchte, Bratäpfel; straffe Struktur, zarte Extraktsüße, getrocknete Apfelscheiben, Kamille, sanfte Säure, kompakter Körper, durchaus sortentypisch, langer süßfruchtiger Nachhall.

Weingut Johannes Münzenrieder, 7143 Apetlon
02175/2259
www.muenzenrieder.at

€ 7,50 **89** Punkte

Niederösterreich
CHARDONNAY 2022

11,50 % / trocken / Schrauber / Ausbau: Stahltank / 0,75 l

Gelb mit grünen Reflexen, intensives Fruchtbukett, Sternfrucht, grüne Äpfel, Bazooka-Kaugummi; saftig und leichtfüßig, dezente Aromatik am Gaumen, gelbfruchtig, salzige Adern, wunderbar trocken, balancierte Säure, langer Zitrusnachhall.

Weingut Hirschbüchler, 2120 Obersdorf
0699/11701579
www.hirschbuechler.at

 € 7,60 **89** Punkte

Steiermark
MORILLON PLUS 2022

13,00 % / halbtrocken / Schrauber / Ausbau: Stahltank / 0,75 l

Strohgelb, massive Schlieren, getrocknete Apfelscheiben, Rosinen, feiner Blütenduft; am Gaumen überraschend süß, Rosinen, Apfelgelee, Datteln, guter Säureunterbau, druckvoll und strukturiert, langer süßfruchtiger Nachhall, barocker Stil.

Weinbau Lamprecht Beatrix und Maria
8492 Halbenrain / Klöch
0664/3522080, www.weinbau-lamprecht.at

 € 7,70 **89** Punkte

Burgenland
CHARDONNAY 2022

12,50 % / trocken / Schrauber / Ausbau: Stahltank / 0,75 l

Goldgelb, ölige Schlieren, diskreter Duft, Kiwi, Mandelblüten, Zuckermais; zart prickelnde Textur, fruchtbetont, blitzsauber, Maracuja, Birnengelee, feine Fruchtsüße mit balancierter Säure, femininer Charakter, Bananen im Abgang.

Weingut Stiegelmar, 7122 Gols
02173/2317
www.stiegelmar.com

€ 7,90 **89** Punkte

Thermenregion
CHARDONNAY MUSCHELKALK 2022

13,00 % / trocken / Schrauber / Ausbau: Kleines Holzfass, Großes Holzfass / 0,75 l

Goldgelb, mächtige Schlieren, kräftige Holzwürze, Kakaopulver, Bleistiftspitzer, Kardamom; dichter Schmelz, druckvolle Fruchtsüße, vitale Säurespannung, Orangengelee, Grafit, Butterbrösel, Speck, süßfruchtiger Nachhall.

Weingut Breyer, 2500 Baden bei Wien
0650/8645306
www.weingut-breyer.at

€ 10,00 **89** Punkte

Burgenland
CHARDONNAY 2022

13,00% / halbtrocken / Schrauber / Ausbau: Stahltank / 0,75 l

Strohgelb, deutliche Schlieren, getrocknete Früchte, Honig, Butterkipferl, Steinpilze; schlanker Körper, deutliche Restsüße, sanfte Säure, feinherbe Anklänge, Pomelo, Trauben-gelee, barocker Stil, unkomplizierter Partywein.

Familienweingut Ackermann, 7082 Donnerskirchen
02683/8344
www.familienweingut-ackermann.at

€ 5,00   **88** Punkte

Vulkanland Steiermark DAC
MORILLON RIED HOHENBERG 2021

13,50% / trocken / Schrauber / Ausbau: Stahltank, Barrique / 0,75 l

Gold, massive Schlieren, markante Holzwürze, Bleistiftspitzer, Popcorn, Kakaopulver, Rosinen; enorme Extraktsüße, lebendige Säure, Holzeinsatz dominiert, Bourbon, Orangen-zesten, gelbe Äpfel, Butter Scotch, strukturiert, kompakter Körper.

Wein.Atelier Seyfried, 8200 Gleisdorf
0664/3338508
www.weinhof-seyfried.at

€ 16,00   **87⁺** Punkte

WEISSBURGUNDER

- ✔ Anbaufläche: 1.873 ha
- ✔ Herkunft: Frankreich, international weit verbreitet
- ✔ Die genetische jüngste Burgundersorte, auch bekannt als Pinot Blanc, in der Steiermark als Klevner.
- ✔ Ruhige, gehaltvolle Aromatik, nussige Würze, eher neutrale Frucht.
- ✔ Feine Blume, elegant, Zitrusnoten, Mandelton

SIEGERWEIN

Leithaberg DAC
PINOT BLANC RIED STEINWEINGARTEN
14,00% / trocken / Naturkorken /
Ausbau: Großes Holzfass / 0,75 l
Gold, ölige Schlieren, Kreidestaub, aristokratische Frucht,
Apfeltaschen; Mandelsplitter, gesalzene Cashew-Kerne,
wunderbare Balance, glockenklare gelbe Frucht, perfekter
Mix aus Frucht und Mineralität, edler Stoff, großer
Burgunder.

Weingut Prieler
7081 Schützen am Gebirge
02684/2229, www.prieler.at

 €43,00   **96** Punkte

Leithaberg DAC
PINOT BLANC ALTE REBEN 2020

13,50 % / trocken / Naturkorken / Ausbau: Großes Holzfass / 0,75 l
Gold, massive Schlieren, hohe Mineralität schon im Bukett, nasser Stein, Haselnuss-
gebäck, noble gelbe Frucht; enormer Grip, fantastische Balance, getrocknete Früchte,
Kreide pur, Kraft und Eleganz, terroir- und sortentypisch, großes Kino.

Weingut Prieler, 7081 Schützen am Gebirge
02684/2229
www.prieler.at

€ 19,00   **95** Punkte

Leithaberg DAC
WEISSBURGUNDER RIED TATSCHLER 2021

13,00 % / trocken / Naturkorken / Ausbau: Kleines Holzfass / 0,75 l
Gold, mächtige Schlieren, Biskuit, Apfelkuchen, Pomelo; feinsalzig, wunderbar trocken,
balancierte Säure, cremig, Haselnussgebäck, Zitronenkuchen mit Vanillezucker, nasser
Stein, perfekte Säurespannung, zeigt den Boden, saftig und lang.

Weingut Wagentristl, 7051 Großhöflein
02682/61415
www.wagentristl.com

€ 25,00   **95⁺** Punkte

Südsteiermark DAC
WEISSER BURGUNDER RIED HIRRITSCHBERG 2021

13,50 % / trocken / Diam / Ausbau: Kleines Holzfass / 0,75 l
Gold, dicke Schlieren, feines Bukett, Biskuit, Marillenroulade, Trockenfrüchte; delikate
Extraktsüße, balancierte Säure, gediegenes Süße-Säure-Spiel, grazile Frucht, Pfirsiche,
Mangos, Maronireis, solide Substanz, edel und lang.

Weingut Bernd Stelzl, 8463 Leutschach an der Weinstraße
03454/340
www.berndstelzl.at

€ 24,00   **95** Punkte

Leithaberg DAC
WEISSBURGUNDER RIED KREIDESTEIN 2021

13,50 % / trocken / Naturkorken / Ausbau: Kleines Holzfass / 0,75 l
Gold, ölige Schlieren, Butterkekse, Ringlotten, nasser Stein; vollmundig, strukturiert,
straff und mineralisch, salzige Adern, geröstete Haselnüsse, perfekte Harmonie, ruhig
und aristokratisch, Kreidestaub bleibt lange haften.

Weingut Wagentristl, 7051 Großhöflein
02682/61415
www.wagentristl.com

€ 25,00   **94⁺** Punkte

Leithaberg DAC
PINOT BLANC RIED HAIDSATZ 2020
13,50% / trocken / Naturkorken / Ausbau: Kleines Holzfass / 0,75 l
Gold, mächtige Schlieren, charmante Trockenfrüchte, Knäckebrot, gewinnt ungemein mit
Luft; hohe Mineralität, nasser Kalkstein, getrocknete Apfelscheiben, geriebene Nüsse,
druckvoller Fruchtschmelz, agile Säurespannung, salziger Nachhall.

Weingut Prieler, 7081 Schützen am Gebirge
02684/2229
www.prieler.at

€ 36,00

94⁺ Punkte

Leithaberg DAC
PINOT BLANC RIED SATZ 2020
13,50% / trocken / Diam / Ausbau: Kleines Holzfass / 0,75 l
Goldgelb, massive Schlieren, edle Nase, Malakofftorte, Haselnussschnitten, Auer Torten-
ecken, nasser Stein, Bienenwachs; kreidig, delikater Fruchtschmelz, knochentrocken, agile
Säure, Apfelkuchen, substanzreich, hochwertiger Speisenwein.

Weingut Stefan Zehetbauer, 7081 Schützen am Gebirge
02684/2523
www.zehetbauerwein.at

€ 20,00

94⁺ Punkte

Südsteiermark DAC
WEISSBURGUNDER RIED ROSENGARTEN 2021
13,50% / trocken / Naturkorken / Ausbau: Großes Holzfass / 0,75 l
Strohgelb, charmante gelbe Frucht, Nektarinen, Äpfel, elegante Röstnoten nach
Nougat; cremige Mundfülle, druckvolle Extraktsüße, knackige Säure, salzige Adern, agile
Spannung, Biskuit, Zitronengelee, geradlinig, mineralischer Grip.

Weingut Kodolitsch, 8430 Leibnitz
0664/1880182
www.kodolitsch.at

€ 24,50

94⁺ Punkte

Wachau DAC
WEISSBURGUNDER SMARAGD 2022
13,50% / trocken / Naturkorken / Ausbau: Stahltank / 0,75 l
Gelb, ölige Schlieren, getrocknete Apfelscheiben, Himbeeren, Majoran, Maracuja; druckvolle Extraktsüße, lebendige Säure, salzige Einschlüsse, mineralisch, vollmundig, zart
prickelnde Textur, Apfelgelee, langer süßfruchtiger Abgang.

Weingut Franz Hirtzberger, 3620 Spitz an der Donau
02713/2209
www.hirtzberger.com

€ 41,00

94 Punkte

Vulkanland Steiermark DAC
WEISSBURGUNDER RIED STRADEN 2021

13,50% / trocken / Schrauber / Ausbau: Großes Holzfass / 0,75 l

Helles Grüngelb, Wiesenblumen, frische Äpfel, Steinobst; cremige Mundfülle, delikate Extraktsüße, lebendige Säure, Limettengelee, Pfirsichmark, elegantes Toasting, mineralischer Kern, kreidige Textur, blitzsauber, salziger Sommerwein.

Weingut Krispel, 8345 Hof bei Straden
03473/7862
www.krispel.at

€ 15,70 **93** Punkte

Steiermark
WEISSBURGUNDER ILLYR 2021

13,50% / trocken / Glas / Ausbau: Großes Holzfass, Barrique / 0,75 l

Gold, mächtige Schlieren, getrocknete gelbe Früchte, Zuckermelonen, Kekse, kandierter Ingwer; saftiger Schmelz, Orangengelee, Nektarinen, druckvolle Extraktsüße, pikante Säure, ruhig und vollmundig, edle Röstnoten im Finish.

Weingut MUSTER.gamlitz, 8462 Gamlitz
03453/2300
www.muster-gamlitz.at

 € 17,00 **93⁺** Punkte

Burgenland
PINOT BLANC RIED SEEBERG 2022

13,00% / trocken / Schrauber / Ausbau: Stahltank / 0,75 l

Gold, mächtige Schlieren, nasser Stein, Bienenwachs, frische Äpfel mit Luft; enormer Fruchtdruck, Quitten, Birnenstrudel, Zitronengelee, wunderbar trocken, extraktsüß mit knackiger Säure, kreidig, vitaler Zug bis ins lange Zitrusfinale.

Weingut Prieler, 7081 Schützen am Gebirge
02684/2229
www.prieler.at

€ 12,00 **93** Punkte

Niederösterreich
PINOT BLANC KÖNIGSBERG 2021

14,00% / trocken / Schrauber / Ausbau: Stahltank / 0,75 l

Grüngold, dicke Schlieren, Schlehen, gebratener gelber Paprika; süßer Schmelz, Zitronengelee, gelbe Äpfel, knackige Säure, wohlgeformter Körper, druckvoll und strukturiert, glockenklar, ausgesprochen salzig, langer zitroniger Nachhall.

Fink & Kotzian Weinbau, 3730 Eggenburg
0664/3902602
www.weinfink.at

€ 12,00 **92⁺** Punkte

Leithaberg DAC
PINOT BLANC 2019
13,50 % / trocken / Naturkorken / Ausbau: Großes Holzfass / 0,75 l
Gold, ölige Schlieren, Butterkekse, Bratäpfel, Crème Brûlée, heißer Stein; straffe Struktur, sehr mineralisch, kreidiges Mundgefühl, Erdnussbutter, Kriecherljoghurt, wunderbar trocken, sanfte Säure, ruhig und gediegen.

Weingut Leo Hillinger, 7093 Jois
02160/83170
www.leo-hillinger.com

€ 18,60 **92** Punkte

Wien
WEISSBURGUNDER RIED FALKENBERG 1ÖTW 2021
13,50 % / trocken / Naturkorken / Ausbau: Barrique / 0,75 l
Goldgelb, mächtige Schlieren, noble Nase, getrocknete Apfelscheiben; fantastische Struktur, Apfelgelee mit einem Spitzer Zitrone, reife Melone, mineralisch, substanzreicher Schmelz, perfekte Säurebalance, pikanter Nachhall, sortentypisch.

Weingut Christ, 1210 Wien
01/2925152
www.weingut-christ.at

 € 29,00 **92⁺** Punkte

Wien
WEISSBURGUNDER RIED SEIDENHAUS - GRINZING 1ÖTW 2021
13,50 % / trocken / Diam / Ausbau: Barrique / 0,75 l
Rotgold, mächtige Schlieren, Tannenwipfel, Harz, wird fruchtig mit Luft; straffe Struktur, mollige Mundfülle, Popcorn, präsente Fruchtsüße, lebendige Säure hält dagegen, Orangengelee, strukturiert und körperreich, kreidig, hat Potenzial.

Weingut Wien Cobenzl, 1190 Wien
01/3205805
www.weingutcobenzl.at

€ 21,00 **92⁺** Punkte

Carnuntum DAC
WEISSBURGUNDER RESERVE RIED HAIDACKER 2018
13,50 % / trocken / Naturkorken / Ausbau: Barrique / 0,75 l
Rotgold, dicke Schlieren, Popcorn, Honiggebäck, Bienenstich, Pfirsichkuchen; edle Mundfülle, Pfirsichmark, Bratenkruste, dichter Schmelz, balancierte Säure, ruhig und charmant, exzellente Harmonie, substanzreich mit langem Fruchtnachhall.

Weingut Oppelmayer, 2464 Göttlesbrunn
02162/8237, 0664/5232200
www.oppelmayer.at

€ 18,00 **92⁺** Punkte

Vulkanland Steiermark DAC
WEISSBURGUNDER ALTE REBEN RIED NEUSETZBERG 2019
13,50% / trocken / Diam / Ausbau: Kleines Holzfass / 0,75 l
Goldgelb, feine Röstnoten, Nougat, Roastbeef, Grafit, Dosenpfirsich, Bratäpfel, Melonen;
straffe Struktur, substanzreicher Schmelz, delikate Extraktsüße, rassige Säure, enorme
Salzigkeit verleiht pikante Spannung, Apfelmus im Abgang.

Weingut Krispel, 8345 Hof bei Straden
03473/7862
www.krispel.at

€ 27,00 **92**⁺ Punkte

Leithaberg DAC
WEISSBURGUNDER 2022
13,00% / trocken / Schrauber / Ausbau: Stahltank / 0,75 l
Gelb, ölige Schlieren, präzise Birnenfrucht, mit Luft kommt Honig; wunderbare Säurebalance, feingliedrig und mineralisch, ein Hauch nasser Stein, Zitronensorbet, geradlinige
Frucht, glockenklar, kreidige Textur, trinkanimierend und ruhig.

Weingut Wagentristl, 7051 Großhöflein
02682/61415
www.wagentristl.com

€ 9,00 **92**⁺ Punkte

Wien
WEISSBURGUNDER DER VOLLMONDWEIN 2022
13,00% / trocken / Schrauber / Ausbau: Stahltank / 0,75 l
Seidenmattes Gelb, kräftige Schlieren, feiner Duft, Zitronenkuchen, gelbe Äpfel, Sternfrucht; ausgezeichnete Säurespannung, sehr mineralisch, kreidige Textur, geradlinige
Zitrusnoten, blitzsauber, sortentypisch und hochwertig.

Weingut Christ, 1210 Wien
01/2925152
www.weingut-christ.at

€ 13,00 **92** Punkte

Niederösterreich
WEISSBURGUNDER KALK EDITION MICHAEL 2021
13,50% / trocken / Naturkorken / Ausbau: Großes Holzfass / 0,75 l
Rotgold, ölige Schlieren, Apfelkuchen, Haselnussgebäck, Bienenwachs; mollige Mundfülle,
süße Äpfel, Orangengelee, Panna Cotta, Buttercreme, druckvolle Extraktsüße, salzige
Spannung, sanfte Säure, dichte Substanz, kräftig und lang.

Weingut Thyri, 3463 Eggendorf am Wagram
0664/2314702
www.wagramheuriger.at

€ 9,80 **92** Punkte

Südsteiermark DAC
WEISSBURGUNDER RIED KITTENBERG 2022
13,00 % / trocken / Schrauber / Ausbau: Kleines Holzfass / 0,75 l
Gold, mächtige Schlieren, Schießpulver, braucht Luft; straffe Struktur, diskrete
Gelbfrucht, sortentypisch, kreidige Textur, grazile Extraktsüße, balancierte Säure,
substanzreich und mineralisch, Kreidestaub bleibt lange haften.

Weingut Stefan Potzinger, 8424 Gabersdorf
0664/5216444
www.potzinger.at

€ 18,90   **92** ⁺ Punkte

Niederösterreich
WEISSBURGUNDER BIO RIED SPIEGEL 2022
12,50 % / trocken / Schrauber / Ausbau: Stahltank / 0,75 l
Goldgelb, massive Schlieren, diskreter Duft, Sternfrüchte, glockenklar; cremige Mund-
fülle, mineralischer Grip, wunderbar trocken, gediegene Säurebalance, gelbe Frucht,
Zitronensorbet, gelbe Äpfel, sortentypisch, hochwertiger Speisenwein.

Weingut Christoph Bieglmayer
2020 Mittergrabern
0676/6703358, www.weingut-bieglmayer.at

 € 7,00   **92** Punkte

Steiermark
WEISSBURGUNDER 2022
12,50 % / trocken / Schrauber / Ausbau: Stahltank / 0,75 l
Hellgelb, kräftige Schlieren, Sternfrucht, Zitronenkuchen mit Staubzucker, sortentypisch;
ruhig und schlank, geradlinig, feinfruchtig, Zitronengelee, gelbe Äpfel, elegante Fruchtsüße, balancierte Säure, trinkfreudiger Bankettwein.

Weingut Georgiberg, 8461 Berghausen
03453/20243
www.weingut-georgiberg.at

€ 9,90   **92** Punkte

Wien
WEISSBURGUNDER RIED LEITEN 2021
13,50 % / trocken / Schrauber / Ausbau: Stahltank / 0,75 l
Gold, kräftige Schlieren, Popcorn, getrocknete Apfelscheiben, Germknödel; druckvolle
Extraktsüße, rassige Säure, Honigmelone, Zitronensaft, Croissant, salzige Anklänge,
dichter Schmelz, vitale Spannung mit langem Zitrusfinale, burgundisch.

Weinbau Heuriger Wiltschko, 1230 Wien
01/8885560
www.weinbau-wiltschko.at

€ 10,20   **91** ⁺ Punkte

Wagram DAC
PINOT BLANC GÖSING 2022

13,50% / trocken / Schrauber / Ausbau: Stahltank / 0,75 l
Grüngelb, ölige Kirchenfenster, grüne Äpfel, Limettengelee, Lindenblüten, Bazooka-Kaugummi; mollige Mundfülle, mächtige Substanz, druckvolle Extraktsüße, diskrete Aromatik, Bananencreme, stützende Säure, schmalzige Textur, terroirtypisch.

Weingut Gerhold, 3482 Gösing am Wagram
02738/2241
www.gerhold.cc

€ 8,50 **91** Punkte

Thermenregion
PINOT BLANC CLASSIC BIO RIED HUTWEIDE 2022

12,50% / trocken / Schrauber / Ausbau: Kleines Holzfass / 0,75 l
Kräftiges Strohgelb, ölige Schlieren, Pfirsich Melba, Kletzenbrot; feine Fruchtsüße, balancierte Säure, salzige Einschlüsse, sanfter Druck, Kriecherlmarmelade, Vanille, Grafit, wohlgeformter Körper, durchaus sortentypisch.

Bio-Weingut Frühwirth, 2524 Teesdorf
02253/81216
www.fruehwirth.bio

€ 11,00 **91** Punkte

Niederösterreich
WEISSBURGUNDER RIED GOLDBÜHEL 2021

12,50% / trocken / Schrauber / Ausbau: Kleines Holzfass / 0,75 l
Strahlendes Gold, mächtige Schlieren, geröstete Nüsse, Bienenwachs, Senfkörner; Apfelkompott, Relish, zart rauchige Anklänge, substanzreicher Schmelz, feine Extraktsüße, ausgezeichnete Säurebalance, sehr charaktervoll.

Winzerhof Holzheu - Familie Heigl, 3508 Krustetten
0650/6680333
www.winzerhofholzheu.at

€ 12,50 **91** Punkte

Südsteiermark DAC
WEISSBURGUNDER 2022

12,50% / trocken / Schrauber / Ausbau: Stahltank / 0,75 l
Gold, kräftige Schlieren, Maracuja, Lindenblüten, Quarzsand; enorme Dichte und Spannung, exotischer Druck, delikater Fruchtschmelz, sehr salzig, knackige Säure, Apfel- und Zitronengelee, fantastischer Zug ins erfrischende Finale.

Weingut Kodolitsch, 8430 Leibnitz
0664/1880182
www.kodolitsch.at

€ 10,90 **91** Punkte

Thermenregion
WEISSBURGUNDER RIED SOSSEN 2022

14,50% / trocken / Schrauber / Ausbau: Stahltank / 0,75 l

Strohgelb, kräftige Schlieren, blumig-fruchtige Nase, grüne Äpfel, Kiwi, Bazooka-Kaugummi; feine Süße, pikante Säure, elegantes Süße-Säure-Spiel, cremige Mundfülle, gelbe Äpfel, Zitronengelee, kräftiger Alkohol sehr gut eingebunden.

Weingut Drexler-Leeb, 2380 Perchtoldsdorf
0664/3268512
www.drexler-leeb.at

 € 9,10 **90** Punkte

Vulkanland Steiermark DAC
WEISSBURGUNDER 2022

13,00% / trocken / Schrauber / Ausbau: Stahltank / 0,75 l

Hellgelb, kräftige Schlieren, Biskuit, Zitronenkuchen, getrocknete Pfirsichscheiben; delikate Extraktsüße, agile Säure, glockenklare Frucht, Zitronengelee, saftiges Süße-Säure-Spiel, dichter Schmelz, cremiges Mundgefühl, langer Zitrusnachhall.

Weinbau und Gästehaus Grießbacher
8354 St. Anna am Aigen
0664/3953795, www.weinbau-griessbacher.at

 € 6,90 **90** Punkte

Vulkanland Steiermark DAC
WEISSBURGUNDER 2022

13,00% / trocken / Schrauber / Ausbau: Stahltank / 0,75 l

Hellgelb, Sternfrucht, getrocknete Apfelscheiben, Wiesenblumen; cremige Mundfülle, Zitronengelee, elegante Extraktsüße, frische Säure, ausgezeichnete Spannung, wohlgeformter Körper, geradlinige Zitrusnoten, etwas Maracuja.

Wein.Gölles Weinbau & Buschenschank
8361 Fehring, 03155/3823
www.weinbau-goelles.at

 € 8,00 **90** Punkte

Wien
WEISSBURGUNDER 2022

13,00% / trocken / Schrauber / Ausbau: Stahltank / 0,75 l

Gelb, deutliche Schlieren, Kläräpfel, Sternfrucht; schlank und rank, zarte Restsüße, lebendige Säure, feinsalzig, mineralische Struktur, kreidige Textur, diskrete gelbe Frucht, Kriecherln, Zitronen, durchaus sortentypisch.

Weingut Franz Wieselthaler, 1100 Wien
01/6884716
www.weingut-wieselthaler.at

€ 8,20 **90** Punkte

Burgenland
WEISSBURGUNDER EXKLUSIV 2020
13,70% / trocken / Naturkorken / Ausbau: Barrique / 0,75 l
Rotgold, Walnussparfait, Apfelkompott, zarte Sherry-Noten; vollmundig, seidige Textur, elegante Fruchtsüße, Birnenkompott, Maronireis, Vanille, passierte Karotten, milde Säure, ruhig, vielschichtiger alternativer Stil.

BaderWein, 7312 Horitschon
0664/75038152
www.baderwein.at

 € 13,50 **90** Punkte

Burgenland
PINOT BLANC 2022
12,00% / trocken / Schrauber / Ausbau: Stahltank / 0,75 l
Hellgelb, ölige Schlieren, Kiwi- und Apfelkuchen; fruchtbetont, blitzsauber, frische Äpfel, Zitronensaft, delikate Fruchtsüße mit gutem Säureunterbau, feine Mineralität, kreidige Textur, trinkfreudiger Sommerwein.

Weingut Höpler, 7091 Breitenbrunn
02683/239070
www.hoepler.at

 € 11,00 **90** Punkte

Niederösterreich
WEISSBURGUNDER 2022
12,50% / trocken / Schrauber / Ausbau: Stahltank / 0,75 l
Hellgelb, zarte Kohlensäure, fruchtbetonte Nase, Maracuja, Ananas, terroirtypische Lösswürze; kompakter Körper, delikate Extraktsüße, knackige Säure, salzige Anklänge, Kiwi, Limettengelee und Zitronensaft, rauchig, Salz klingt lange nach.

Weinbau Gerhard Pamperl, 3710 Ziersdorf
0699/11112242
www.pamperl-wein.at

 € 5,10 **90** Punkte

Weststeiermark DAC
WEISSER BURGUNDER KLEVNER 2022
12,50% / trocken / Schrauber / Ausbau: Stahltank / 0,75 l
Strohgelb, dicke Schlieren, fruchtbetontes Bukett, grüne Äpfel, Melonen, Himbeermark; schlank und rank, mineralische Struktur, delikater Fruchtschmelz, kühl mit knackiger Säure, frische Äpfel, Zitronensorbet, druckvoll und erfrischend.

Weingut Trapl, 8511 St. Stefan ob Stainz
03463/81082
www.weingut-trapl.at

 € 8,20 **90**⁺ Punkte

Wien
PINOT BLANC RIED MITTERBERG - HEILIGENSTADT 2022
12,00 % / trocken / Schrauber / Ausbau: Stahltank / 0,75 l
Gelb, kräftige Schlieren, Apfelkuchen mit Staubzucker und Zimt, getrocknete Himbeeren; elegante Fruchtsüße, rassige Säure hält dagegen, kompakter Körper, süße Äpfel, Mirabellen, geradlinig, guter Zug mit langem Fruchtnachhall.

Johannes Müller Stadtweingut, 1190 Wien
0680/5509008
www.jmueller.at

€ 11,00 **90**⁺ Punkte

Südsteiermark DAC

WEISSBURGUNDER 2022
12,50 % / trocken / Schrauber / Ausbau: Stahltank / 0,75 l
Hellgelb, kräftige Schlieren, fruchtbetonte Nase, Maracuja, Kiwi, frische Äpfel; cremige Mundfülle, saftiger Schmelz, vitale Säurespannung, salzige Adern, geradlinig, Zitronengelee, Sternfrucht, exzellente Spannung.

Weinhof Riegelnegg Stammhaus, 8462 Gamlitz
0664/4055108
www.riegelnegg-stammhaus.at

€ 8,30 **90** Punkte

Burgenland
PINOT BLANC 2021
13,00 % / trocken / Schrauber / Ausbau: Stahltank / 0,75 l
Sattes Gelb, mächtige Schlieren, Trockenfrüchte, Kletzenbrot; mollige Mundfülle, druckvolle Fruchtsüße, rassige Säure, salzige Anklänge, vitaler Spannungsbogen, Zitronengelee pur, langer salziger Zitrusnachhall, sortentypisch.

Weingut Herbert Weber, 7093 Jois
02160/8352
www.weber-weine.at

€ 9,00 **90** Punkte

Niederösterreich

WEISSBURGUNDER 2022
12,50 % / trocken / Schrauber / Ausbau: Stahltank / 0,75 l
Gelb, mächtige Schlieren, glockenklare Fruchtnase, Pfirsichmark, gelbe Äpfel; cremige Mundfülle, druckvolle Extraktsüße, lebendige Säurespannung, Zitronengelee, Birnenkompott, gute Substanz, saftig und lang, schöner Spargelwein.

Weinbau J. Wittmann, 2161 Poysbrunn
0664/1953129
www.weinbau-wittmann.at

€ 6,50 **90** Punkte

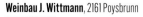

Südsteiermark DAC
WEISSBURGUNDER 2022
12,50 % / trocken / Schrauber / Ausbau: Stahltank / 0,75 l
Grüngelb, ölige Schlieren, sehr reduktiv, braucht Luft, Zitronenkuchen; verhaltene Aromatik, eine Idee Apfelkuchen, Biskuit, Bittermandeln, straffe Struktur, mineralischer Grip, balancierte Säure, hochwertiger Speisenwein.

Domaines Kilger Wein, 8462 Gamlitz
03453/236311
www.domaines-kilger.com

 € 10,60 **89**⁺ Punkte

Weststeiermark DAC
WEISSBURGUNDER ALTE REBEN RIED KEHLBERG 2020
13,00 % / trocken / Naturkorken / Ausbau: Großes Holzfass / 0,75 l
Goldgelb, mächtige Schlieren, Bleistiftspitzer, Bratäpfel, Birnen; Butterkekse, markante Holzwürze, Kakaopulver, Orangengelee, druckvolle Extraktsüße, guter Säureunterbau, kräftiger Körper, griffige Textur, Karamell im Abgang.

Weinhof Florian, 8143 Dobl
0664/4532109
www.weinhofflorian.at

€ 10,70 **89** Punkte

Weststeiermark DAC
WEISSBURGUNDER 2022
12,00 % / trocken / Schrauber / Ausbau: Stahltank / 0,75 l
Strohgelb, dicke Schlieren, intensives Bukett, Bazooka-Kaugummi, grüne Äpfel; saftiger Schmelz, Bananencreme, Birnenkompott, Zitronengelee, präsente Extraktsüße, knackige Säurespannung, salzige Adern, erfrischender Partywein.

Weinhof Florian, 8143 Dobl
0664/4532109
www.weinhofflorian.at

€ 6,90 **89** Punkte

Niederösterreich
WEISSBURGUNDER GÖTTWEIGER BERG 2022
13,00 % / trocken / Schrauber / Ausbau: Stahltank / 0,75 l
Gelb, ölige Schlieren, Trockenfrüchte, gebackene Champignons; knackige Säure, zarte Restsüße hält dagegen, strukturiert, Bananencreme, Zitronensorbet, Sauce Tartare, salzige Adern, hat Druck und Spannung, süß-saurer Abgang.

Winzerhof Heuriger Hackner, 3511 Furth bei Göttweig
02732/73685
www.winzerhof-hackner.at

€ 12,00 **88** Punkte

Burgenland
WEISSBURGUNDER 2022
12,50% / trocken / Schrauber / Ausbau: Stahltank / 0,75 l
Gelb, kräftige Schlieren, zarte Exotik, ein Hauch Maracuja, Cornichons; druckvolle Extraktsüße, lebendige Säure, mollige Mundfülle, substanzreich, Birnensaft, reifer Obstkorb, Limettengelee, langer süß-saurer Nachhall.

Weingut Stiegelmar, 7122 Gols
02173/2317
www.stiegelmar.com

€ 7,90   **88** Punkte

SAUVIGNON BLANC

- ✔ Anbaufläche: 1.692 ha
- ✔ Herkunft: Frankreich, natürliche Kreuzung Traminer x einer unbekannten Sorte, von der auch Chenin Blanc abstammt.
- ✔ Facettenreiche Duftvielfalt - je nach Reifegrad spannt sich der Aromenreigen von Gras über Brennnesseln, Paprika, Stachelbeeren, Holunderblüten, Johannisbeeren, Grapefruit, Pfirsiche, Maracuja bis Mango.
- ✔ Strukturiert, lebendige Säure. Große Sauvignons werden zum Teil im Barrique ausgebaut.

SIEGERWEIN

Südsteiermark DAC
SAUVIGNON BLANC
RIED ROSENGARTEN T.M.S. 2020
13,50% / trocken / Naturkorken /
Ausbau: Barrique / 0,75 l
Grüngelb, dicke Schlieren, feine Röstnoten, Nougat, Grafit,
Ginger Ale, Pfirsichmark, Cassis; enorme Mundfülle,
Stachelbeergelee, Litschi, edle Extraktsüße, balancierte
Säure, substanzreich mit perfekter Harmonie, großartiges
Fruchtelixier.

Weingut Kodolitsch
8430 Leibnitz
0664/1880182, www.kodolitsch.at

 € 65,00   **97**⁺ Punkte

Südsteiermark DAC
SAUVIGNON BLANC RIED KOGELBERG 2021

14,00% / trocken / Naturkorken / Ausbau: Kleines Holzfass / 0,75 l
Goldgelb, ölige Schlieren, Weingartenpfirsich, Stachelbeergelee, Zitronen-PEZ, Feuerstein; cremige Mundfülle, delikate Extraktsüße, harmonische Säure, Pfirsichmark, grazile Röstnoten, Nougat, enormer Fruchtschmelz, sehr substanzreich.

Weingut Assigal, 8430 Leibnitz
03452/86811
www.assigal.at

€ 25,80   **95** Punkte

Südsteiermark DAC
SAUVIGNON BLANC RIED SERNAUBERG EXZELLENZ 2020

14,00% / trocken / Naturkorken / Ausbau: Kleines Holzfass / 0,75 l
Goldgelb, ölig, Marillen-Streusel-Kuchen, Haselnussgebäck, Kokosflocken, weißer Nougat; dichter Schmelz, Pfirsichmark, Limettengelee, perfekte Harmonie, elegante Extraktsüße, ziselierte Säure, sortentypisch, ausgezeichneter Bordeaux-Stil.

Weingut Riegelnegg - Olwitschhof, 8462 Gamlitz
03454/6263
www.riegelnegg.at

€ 42,00   **95⁺** Punkte

Südsteiermark DAC
SAUVIGNON BLANC ALTE REBEN RIED KOGELBERG 2020

13,50% / trocken / Naturkorken / Ausbau: Kleines Holzfass / 0,75 l
Goldgelb, ölige Schlieren, edle Röstaromatik, gelber Pfirsich, Cassis; exzellente Mundfülle, sehr gediegen, Pfirsichgelee, Zitronensorbet, perfekte Säurebalance, wunderbar sortentypisch, exzellenter Bordeaux-Stil, großes Kino.

Weingut Kodolitsch, 8430 Leibnitz
0664/1880182
www.kodolitsch.at

€ 65,00   **95⁺** Punkte

Südsteiermark DAC
SAUVIGNON BLANC RIED CZAMILLONBERG 2022

14,00% / trocken / Schrauber / Ausbau: Kleines Holzfass / 0,75 l
Gold, mächtige Schlieren, diskreter Duft, Pfirsichmark, Cassis, Weiße Schokolade; cremige Mundfülle, saftiger Pfirsich, delikate Extraktsüße, perfekte Säurebalance, dichter Fruchtschmelz, hochwertig und trinkfreudig, charmanter Bordeaux-Stil.

Weingut Stefan Potzinger, 8424 Gabersdorf
0664/5216444
www.potzinger.at

€ 17,50   **95** Punkte

Steirerland
SAUVIGNON BLANC - SANFTER WEINBAU 2020

11,00% / trocken / Schrauber / Ausbau: Stahltank / 0,75 l

Goldgelb, massive Schlieren, charmanter Duft, Pfirsiche, Rhabarberstrudel, feine Röstnoten nach Bratenkruste; edle Mundfülle, Stachelbeergelee, Limetten, Litschi, pikante Säure, delikater Schmelz, glockenklar, druckvoll und lang.

Maria und Hannes Söll - Sanfter Weinbau, 8462 Gamlitz
03454/66670
www.weingut-soell.at

€ 10,50   **94⁺** Punkte

Südsteiermark DAC
SAUVIGNON BLANC RIED ROSENGARTEN 2021

13,50% / trocken / Naturkorken / Ausbau: Großes Holzfass / 0,75 l

Leuchtendes Gelb, charmante Steinobstnoten, ein Hauch Feuerstein; Grapefruit, Limettengelee, Stachelbeeren, exzellente Zitrusspannung, delikate Extraktsüße mit frischer Säure untermauert, sortentypisch und hochwertig.

Weingut Kodolitsch, 8430 Leibnitz
0664/1880182
www.kodolitsch.at

€ 29,00   **94⁺** Punkte

Südsteiermark DAC
SAUVIGNON BLANC RIED HIRRITSCHBERG 2020

13,50% / trocken / Diam / Ausbau: Kleines Holzfass / 0,75 l

Gelb, ölige Schlieren, diskretes Fruchtbukett, Cassis, Stachelbeeren, Mannerschnitten, gewinnt mit Luft; Pfirsichmark, wunderbar trocken, knackige Säure, gediegen, feinherb, straffe mineralische Struktur, Kreidestaub bleibt lange haften.

Weingut Bernd Stelzl, 8463 Leutschach an der Weinstraße
03454/340
www.berndstelzl.at

€ 28,00   **94⁺** Punkte

Südsteiermark DAC
SAUVIGNON BLANC RIED STEINRIEGEL 2022

13,00% / trocken / Schrauber / Ausbau: Stahltank / 0,75 l

Goldgelb, mächtige Schlieren, gediegene Nase, Stachelbeeren und Nektarinen; edle Mundfülle, cremig und ruhig, delikate Extraktsüße, balancierte Säure, Pfirsichmark und Limettengelee, feinsalzig, durchaus sortentypisch, aristokratisch.

Weingut Stefan Potzinger, 8424 Gabersdorf
0664/5216444
www.potzinger.at

€ 18,90   **94⁺** Punkte

Südsteiermark DAC
SAUVIGNON BLANC RIED KRANACHBERG ROTTRIEGL 2019
14,50% / trocken / Schrauber / Ausbau: Kleines Holzfass / 0,75 l
Gold, mächtige Schlieren, tiefe Nase, gelbe Pfirsiche, Paprikacreme, Malagaeis; mollige
Mundfülle, Litschi, Pomelos, Pfirsichkuchen, delikate Extraktsüße, sanfte Säure, dichter
Stoff, sortentypisch und mineralisch, edles süßherbes Finish.

Weingut Peter Skoff - Domäne Kranachberg, 8462 Gamlitz
03454/6104
www.peter-skoff.at

€ 32,00   **94**⁺ Punkte

Südsteiermark DAC
SAUVIGNON BLANC RIED WELLES 2021
14,00% / trocken / Naturkorken / Ausbau: Großes Holzfass / 0,75 l
Gelb, ölige Schlieren, Paprikamousse, Litschi, Stachelbeergelee, Zitronengras; cremige
Mundfülle, dichter Schmelz, druckvolle Extraktsüße, agile Säurespannung, blitzsauber,
wieder Stachelbeeren, eine Idee Johannisbeeren, ruhig und gediegen.

Weingut Riegelnegg - Olwitschhof, 8462 Gamlitz
03454/6263
www.riegelnegg.at

€ 32,50   **94**⁺ Punkte

Südsteiermark DAC
SAUVIGNON BLANC RIED GRUBTHAL 2019
13,50% / trocken / Glas / Ausbau: Barrique / 0,75 l
Gold, gelbe Paprika, Feuerstein; reife Pfirsiche, Malagaeis, Zitronensaft, Grapefruit,
delikate Extraktsüße, knackige Säure, substanzreich, mineralischer Grip, druckvoll mit
dynamischer Spannung, erfrischender Zitrusnachhall, Bordeaux-Stil.

Weingut MUSTER.gamlitz, 8462 Gamlitz
03453/2300
www.muster-gamlitz.at

€ 44,00   **93**⁺ Punkte

Südsteiermark DAC
SAUVIGNON BLANC FINUM RIED KRANACHKOGL 2021
14,00% / trocken / Schrauber / Ausbau: Stahltank / 0,75 l
Grüngelb, Litschi, Walderdbeeren, Tannenwipfel; Grapefruit, Stachelbeer- und Limettengelee, rote Paprika, hohe Extraktsüße, lebendige Säure, enormer kreidiger Grip, massiver
Schmelz, druckvoll mit saftigem Zug ins lange süßherbe Finish.

Weingut Peter Skoff - Domäne Kranachberg, 8462 Gamlitz
03454/6104
www.peter-skoff.at

€ 19,50   **93**⁺ Punkte

Südsteiermark DAC
SAUVIGNON BLANC 2022

12,50% / trocken / Schrauber / Ausbau: Stahltank / 0,75 l

Goldgelb, mächtige Schlieren, intensive Nase, Weingartenpfirsich, Stachelbeeren, Maracuja; Nase spiegelt sich druckvoll am Gaumen wider, Stachelbeeren kommen dazu, wunderbare Säurespannung, delikate Extraktsüße, lang und erfrischend.

Weingut Skringer
8453 Leutschach an der Weinstraße
03456/2666, www.skringer.at

€ 10,80   **93** Punkte

Südsteiermark DAC
SAUVIGNON BLANC RIED SERNAUBERG 2021

13,50% / trocken / Naturkorken / Ausbau: Stahltank / 0,75 l

Grüngelb, Grapefruit, Minze, getrocknete Johannisbeeren; Stachelbeeren, Weingartenpfirsiche, Feuerstein, prickelnde Textur, mineralischer Grip, delikate Extraktsüße, exzellenter Säureunterbau, enorme Spannung, stoffig und lang mit Potenzial.

Weingut Riegelnegg - Olwitschhof, 8462 Gamlitz
03454/6263
www.riegelnegg.at

€ 21,70   **93** Punkte

Südsteiermark DAC
SAUVIGNON BLANC RIED HOCH KRANACHBERG 2021

13,50% / trocken / Schrauber / Ausbau: Stahltank, Großes Holzfass / 0,75 l

Gelb, dicke Schlieren, gewinnt mit Luft, Paprika, Grapefruit; präsente Extraktsüße, aber komplett trocken, pikante Säure, salzige Adern, Stachelbeergelee, Limettenscheibe mit Salz, cremige Mundfülle, substanzreicher Schmelz.

Weingut Peter Skoff - Domäne Kranachberg, 8462 Gamlitz
03454/6104
www.peter-skoff.at

€ 20,50   **93⁺** Punkte

Steiermark
SAUVIGNON BLANC ILLYR 2021

13,50% / trocken / Glas / Ausbau: Stahltank, Barrique / 0,75 l

Strohgelb, dicke Schlieren, Feuerstein, Basilikum, Pfefferminze, Bratenkruste, legt zu mit Luft; am Gaumen überraschend fruchtig, herrliche Pfirsichcreme, exzellenter Fruchtschmelz, pikante Säure, feine Zitrusanklänge, edler Bordeaux-Stil.

Weingut MUSTER.gamlitz, 8462 Gamlitz
03453/2300
www.muster-gamlitz.at

€ 19,00   **93⁺** Punkte

Südsteiermark DAC
SAUVIGNON BLANC TRADITION 2022
12,50% / trocken / Schrauber / Ausbau: Stahltank / 0,75 l
Goldgelb, dicke Schlieren, diskrete Fruchtaromatik, Pfirsichmark, Feuerstein, gewinnt mit Luft; vollmundige Extraktsüße, lebendige Säure, Nektarinen, Mandarinen, Stachelbeergelee, straffe Struktur, dichte Substanz, druckvoll und lang.

Weingut Stefan Potzinger, 8424 Gabersdorf
0664/5216444
www.potzinger.at

€ 13,00 **93**⁺ Punkte

Südsteiermark DAC
SAUVIGNON BLANC GAMLITZ 2021
13,50% / trocken / Schrauber / Ausbau: Großes Holzfass / 0,75 l
Goldgelb, kräftige Schlieren, intensiver Duft, anfangs eingelegte Pfefferoni, Grapefruit, unbedingt belüften, dann Mango und Litschi; grazile Süße, balancierte Säure, Stachelbeeren, Cassis, Minze, cremige Mundfülle, fruchtiger Nachhall.

Domaines Kilger Wein, 8462 Gamlitz
03453/236311
www.domaines-kilger.com

  € 15,60 **92**⁺ Punkte

Steiermark
SAUVIGNON BLANC KLASSIK 2022
12,00% / trocken / Schrauber / Ausbau: Stahltank / 0,75 l
Grüngelb, ölige Schlieren, sortentypische Nase, Stachelbeeren, Melisse, Tonic, Pfirsichpudding; cremige Mundfülle, elegante Fruchtsüße, balancierte Säure, Pfirsichmark, Zitronensorbet, Litschis, verführerischer Sommerwein, salziger Nachhall.

Weingut Stelzl Mariengarten, 8463 Leutschach an der Weinstraße
0664/9176137
www.weingutstelzl.at

€ 8,50 **92**⁺ Punkte

Vulkanland Steiermark DAC
SAUVIGNON BLANC STRADEN 2022
13,00% / trocken / Schrauber / Ausbau: Stahltank / 0,75 l
Hellgelb, dicke Schlieren, charmante Fruchtnase, Mangos, Pfirsichpudding, Rhabarbersaft, Paprika; elegante Fruchtsüße, vitale Säurespannung, glockenklare Frucht, Pfirsichmark, Litschi, Limetten, sortentypisch, trinkfreudig und gediegen.

Weingut Krispel, 8345 Hof bei Straden
03473/7862
www.krispel.at

€ 15,70 **92** Punkte

Niederösterreich
SAUVIGNON BLANC 2022

12,50 % / trocken / Schrauber / Ausbau: Stahltank / 0,75 l

Gelb, kräftige Schlieren, getrocknete Pfirsichspalten, Basilikum, Feuerstein; feine Fruchtsüße, balancierte Noten, Pfirsichmark, Maracuja, Limettengelee, nasser Stein, kompakter Körper, sortentypisch, ruhig und lang.

Weingut Oppelmayer, 2464 Göttlesbrunn
02162/8237, 0664/5232200
www.oppelmayer.at

€ 12,00   **92** Punkte

Wagram DAC
SAUVIGNON BLANC 2022

12,00 % / trocken / Schrauber / Ausbau: Stahltank / 0,75 l

Gelb mit dicken Schlieren, grüne Äpfel, Holunderblüten, Pfirsichhaut; vielschichtige sortentypische Aromatik, Weingartenpfirsich, Grapefruit, Johannisbeeren, Limetten, extraktsüßer Schmelz, lebendige Säure, vollmundig und lang.

Weingut Blauensteiner, 3482 Gösing am Wagram
02738/2116
www.blauensteiner.com

€ 9,50   **92⁺** Punkte

Niederösterreich
SAUVIGNON BLANC STRATZING 2022

12,50 % / trocken / Schrauber / Ausbau: Stahltank / 0,75 l

Zitronengelb, ölige Schlieren, sortentypisches Bukett, Stachelbeeren, Zitronen, Basilikum; exzellente Spannung, Zitronensorbet, Cassis, angenehm trocken, lebendige Säure, delikate Extraktsüße, herrlicher erfrischender Sommerwein.

Weingut Josef Schmid, 3552 Stratzing
02719/8288
www.j-schmid.at

€ 11,70   **92** Punkte

Südsteiermark DAC
SAUVIGNON BLANC GAMLITZ 2022

13,00 % / trocken / Schrauber / Ausbau: Stahltank / 0,75 l

Gelb, ölige Schlieren, Bratenkruste, Weingartenpfirsich, Basilikum; enorme Spannung, elegante Fruchtsüße, Grapefruitgelee, Johannisbeeren, frische Säure, sehr salzig, straff, cremige Mundfülle, Pfirsich, Minze, sortentypisch, legt mit Luft zu.

Weingut Riegelnegg - Olwitschhof, 8462 Gamlitz
03454/6263
www.riegelnegg.at

€ 16,10   **92⁺** Punkte

Südsteiermark DAC
SAUVIGNON BLANC 2022

12,50% / trocken / Schrauber / Ausbau: Stahltank / 0,75 l

Gelb, ölige Schlieren, Duftexplosion, Basilikum, Weingartenpfirsich; saftiger Schmelz, Pfefferminze, Holunderblüten, Johannisbeerbonbon, extraktsüß, knackige Säure, salzig, straffe Struktur, hohe Sortentypizität, kühl und frisch.

Weingut Pugl, 8452 Großklein
03456/2662
www.weingut-pugl.com

€ 10,50 **92** Punkte

Burgenland
SAUVIGNON BLANC RIED TATSCHLER 2022

13,00% / trocken / Schrauber / Ausbau: Stahltank / 0,75 l

Zitronengelb, ölige Schlieren, sortentypische Nase, Stachelbeeren, Pfirsich und reife Grapefruit; ausgezeichnete Säurebalance, substanzreicher Schmelz macht enormen Druck, Stachelbeeren pur, ausgezeichneter Loire-Stil, Salz klingt lange nach.

Weingut Leberl, 7051 Großhöflein
02682/67800
www.leberl.at

€ 12,50 **92** Punkte

Südsteiermark DAC
SAUVIGNON BLANC RIED LABITSCHBERG 2022

12,50% / trocken / Schrauber / Ausbau: Stahltank / 0,75 l

Strohgelb, kräftige Schlieren, dezenter Duft, Pfirsiche und Walderdbeeren; Melonen, Stachelbeeren, feine Fruchtsüße, lebendige Säure, salzige Anklänge, glockenklare Frucht, schlank und saftig, kreidiger Grip, langer süßfruchtiger Nachhall.

Weinbau Gerhard Liener, 8462 Gamlitz
0664/4130194
www.weinbau-liener.at

€ 9,00 **91⁺** Punkte

Südsteiermark DAC
SAUVIGNON BLANC RIED OBERHUBE 2020

14,50% / trocken / Naturkorken / Ausbau: Kleines Holzfass / 0,75 l

Rotgold, mächtige Schlieren, Butterbrösel, Mirabellen, gelbe Äpfel; mollige Mundfülle, druckvolle Fruchtsüße, sanfte Säure, Bratäpfel, Popcorn, Süßkartoffel, Malagaeis, kräftiger Körper, Alkohol gut eingebunden, langer süßer Abgang.

Panoramaweinhof Strablegg-Leitner
8454 Leutschach a.d. Weinstraße
03455/429, www.strablegg-leitner.at

€ 22,70 **91** Punkte

Vulkanland Steiermark DAC
SAUVIGNON BLANC 2022
13,00% / trocken / Schrauber / Ausbau: Stahltank / 0,75 l
Gelb, dicke Schlieren, Weingartenpfirsich, Basilikum, Brennnesseln, Quarzsand; sanfter Druck, feine Extraktsüße, balancierte Säure, Stachelbeergelee, Brennnesseltee, mineralische Struktur, kreidiges Mundgefühl, gewinnt mit Luft.

Weinhof Gwaltl, 8350 Fehring
0664/3837124
www.weinhof-gwaltl.at

€ 8,20 **91⁺** Punkte

Südsteiermark DAC
SAUVIGNON BLANC LENA 2022
12,50% / trocken / Schrauber / Ausbau: Stahltank / 0,75 l
Strohgelb, ölige Schlieren, charmante Pfirsichnase, Holunderblüten; knackige Säure, salzige Adern, feine Extraktsüße puffert ab, Stachelbeer- und Limettengelee, vitale Spannung mit saftigem Zug bis ins lange Fruchtfinale.

Weingut Skringer
8453 Leutschach an der Weinstraße
03456/2666, www.skringer.at

€ 11,20 **91** Punkte

Steiermark
SAUVIGNON BLANC 2022
13,00% / trocken / Schrauber / Ausbau: Stahltank / 0,75 l
Grüngelb, dicke Schlieren, Weingartenpfirsich, Grapefruit, Spargel; feine Fruchtsüße, stimmige Säure, Holunderblütensirup, Cassis, Limetten- und Stachelbeergelee, cremige Mundfülle, druckvoll, Gletschereis klingt lange nach.

Weinbau Amandus Adam
8463 Leutschach an der Weinstraße
0650/2033040, www.amandus.at

€ 9,70 **91** Punkte

Niederösterreich
SAUVIGNON BLANC RIED ALTENFELD 2022
13,00% / trocken / Schrauber / Ausbau: Stahltank / 0,75 l
Strohgelb, ölige Schlieren, erfrischendes Bukett, Pfirsiche, Stachelbeeren, Zuckermais; knackige Säure, delikater Schmelz, Zitronensorbet, Brennnesseltee, strukturiert, ausgezeichnete Spannung und Länge, sehr sortentypisch.

Weingut Prechtl, 2051 Zellerndorf
02945/2297
www.prechtl.at

€ 8,90 **91⁺** Punkte

Südsteiermark DAC
SAUVIGNON BLANC RIED SCHLOSSBERG 2021
13,00% / trocken / Schrauber / Ausbau: Stahltank / 0,75 l
Grüngelb, kräftige Schlieren, Pfirsichmark, eine Idee Brennnesseln, Apfelkuchen; wohldosierter Körper, delikate Extraktsüße, lebendige Säure, saftiger Trinkfluss, Stachelbeeren, Limetten, trinkfreudiger Loire-Stil, diskreter Sortenvertreter.

Weingut Bernd Stelzl, 8463 Leutschach an der Weinstraße
03454/340
www.berndstelzl.at

€ 16,00   **91+** Punkte

Weststeiermark DAC

SAUVIGNON BLANC 2022
13,50% / trocken / Schrauber / Ausbau: Stahltank / 0,75 l
Goldgelb, dicke Schlieren, feingliedriger Duft, Sternfrucht, frischer Pfirsich; herrliche Stachelbeeren, delikater Fruchtschmelz, lebendige Säure, Limettengelee, sehr sortentypisch, gute Substanz, ausgesprochen salzig im Finish.

Weinhof Florian, 8143 Dobl
0664/4532109
www.weinhofflorian.at

€ 8,20   **91** Punkte

Steiermark

SAUVIGNON BLANC KLASSIK 2022
12,00% / trocken / Schrauber / Ausbau: Stahltank / 0,75 l
Gelb, ölige Kirchenfenster, fruchtige Nase, Stachelbeeren, Litschi, Kräuterlimo; saftig, delikate Extraktsüße, lebendige Säure, glockenklare Frucht, Orangen, Maracuja, Pfirsiche, kreidiger Grip bleibt lange haften, trinkfreudig und hochwertig.

Weingut Wutte, 8441 Fresing
0664/4567904
www.weingut-wutte.at

€ 8,90   **91** Punkte

Vulkanland Steiermark DAC

SAUVIGNON BLANC OSTSTEIERMARK 2022
14,00% / trocken / Schrauber / Ausbau: Stahltank / 0,75 l
Grüngelb, gelbe Frucht, ölige Schlieren, diskreter Duft, Stachelbeeren, Kardamom, Kiwis; cremige Mundfülle, delikater Schmelz, extraktsüß, pikante Säure, Zitronengelee, salzige Adern, erfrischender Zug bis ins lange Zitrusfinale.

Wein.Atelier Seyfried, 8200 Gleisdorf
0664/3338508
www.weinhof-seyfried.at

€ 11,00   **91** Punkte

Südsteiermark DAC
SAUVIGNON BLANC RIED JÄGERBERG 2021
13,00% / trocken / Schrauber / Ausbau: Stahltank / 0,75 l
Grüngold, gebratener Paprika, Minze, Stachelbeeren; straff und trocken, lebendige
Säure, dezente Aromatik, Grapefruit, Walderdbeeren, mineralische Struktur, wohldosierter
Körper, puristisch, dynamischer Zug, langes Zitrusfinale.

Weingut Peter Skoff - Domäne Kranachberg, 8462 Gamlitz
03454/6104
www.peter-skoff.at

€ 16,20   **91** Punkte

Vulkanland Steiermark DAC
SAUVIGNON BLANC 2022
13,00% / trocken / Schrauber / Ausbau: Stahltank / 0,75 l
Grüngelb, kräftige Schlieren, intensiver Duft, Basilikum, Weingartenpfirsich, Grapefruit,
Spargel; substanzreicher Schmelz, vibrierende Textur, Cassis, Pfirsich- und Limettengelee,
extraktsüß, lebendige Säure, druckvoll und lang.

Weinhof Loder-Taucher / Buschenschank Gansrieglhof
8160 Weiz
0664/3071777, www.gansrieglhof.at

€ 8,90   **91** Punkte

Kärnten
SAUVIGNON BLANC ALPENWEIN 2022
13,00% / trocken / Schrauber / Ausbau: Stahltank / 0,75 l
Strohgelb, deutlichen Schlieren, diskreter Duft, getrocknete Kräuter, Heublumen;
Zitronengelee, zarte Marillen, straffe Struktur, sehr mineralisch, gute Substanz, knackige
Säure, dynamischer Zug, puristisch und erfrischend.

TrippelGUT, 9560 Feldkirchen i. K.
04276/93080
www.trippelgut.at

€ 14,80   **91⁺** Punkte

Kärnten
SAUVIGNON BLANC RIED STEINBRUCH 2022
13,00% / trocken / Schrauber / Ausbau: Stahltank / 0,75 l
Hellgelb, ölige Schlieren, Stachelbeeren, Mandarinen, Litschi, etwas Feuerstein; diskrete
Frucht, eine Idee Pfirsich, schlank und strukturiert, mineralischer Kern, Brennnesseln,
Zitronensorbet, kühl und erfrischend, schöner Aperitif.

Weinhof vlg. Ritter, 9470 St. Paul im Lavanttal
0680/3027100
www.vulgoritter.at

€ 17,00   **91⁺** Punkte

Kärnten
SAUVIGNON 2021

13,00% / trocken / Schrauber / Ausbau: Amphore / 0,75 l
Goldgelb, mächtige Schlieren, eingelegte Pfefferoni, weißer Spargel, Ingwer, Feuerstein;
dichte Mundfülle, druckvolle Extraktsüße, analytisch komplett trocken, pikante Säure,
Brennnesseltee, Staubzucker, saftig und salzig, sortentypisch.

Weinbaubetrieb Sternberg, 9241 Wernberg
0664/1601630
www.sternberg-wein.at

€ 21,00   **91⁺** Punkte

Südsteiermark DAC
SAUVIGNON BLANC SELECTION EICHBERG 2022

13,00% / trocken / Schrauber / Ausbau: Stahltank / 0,75 l
Strohgelb, ölige Kirchenfenster, verschlossene Nase, Schießpulver, unbedingt belüften;
süßer Schmelz, agile Säurespannung, sehr salzig, Stachelbeergelee, Grapefruitsaft,
fruchtbetont und geradlinig, sanfter Druck, ruhig mit süßem Nachhall.

Panoramaweinhof Strablegg-Leitner
8454 Leutschach a.d. Weinstraße
03455/429, www.strablegg-leitner.at

€ 11,20   **91** Punkte

Vulkanland Steiermark DAC
SAUVIGNON BLANC 2022

12,50% / trocken / Schrauber / Ausbau: Stahltank / 0,75 l
Gelb, kräftige Schlieren, ein Hauch Brennnesseln, Grapefruit; saftig, schöne Säurebalance,
mineralische Struktur, diskrete Aromatik, aber durchaus sortentypisch, Stachelbeeren,
Zitronen, leicht wachsige Noten, schöner Loire-Stil.

Wein.Gölles Weinbau & Buschenschank
8361 Fehring
03155/3823, www.weinbau-goelles.at

   € 8,60   **90⁺** Punkte

Burgenland
SAUVIGNON BLANC UZLOP 2022

13,50% / trocken / Schrauber / Ausbau: Stahltank / 0,75 l
Strohgelb, mächtige Schlieren, nasser Stein, dezente Fruchtaromatik, Stachelbeergelee,
gewinnt mit Luft; cremiger Schmelz, zarte Extraktsüße, milde Säure, gute Balance, sehr
mineralisch, kreidige Textur, feinherb, ruhig und sanft.

Robitza Wein, 7064 Oslip
0699/12338540
www.robitza-wein.at

€ 12,00   **90⁺** Punkte

Weststeiermark DAC
SAUVIGNON BLANC 2022

12,50% / trocken / Schrauber / Ausbau: Stahltank / 0,75 l
Gelb, Stachelbeeren, Grapefruit, Spargel, Brennnessel; schlank und rank, mineralische Struktur, Weingartenpfirsiche, Johannisbeeren, Zitronensorbet, wunderbar trocken, rassige Säure, salzig, kühle Eleganz, druckvoller Terrassenwein.

Weingut Trapl, 8511 St. Stefan ob Stainz
03463/81082
www.weingut-trapl.at

€ 9,50 **90**⁺ Punkte

Burgenland
SAUVIGNON BLANC 2022

12,50% / trocken / Schrauber / Ausbau: Stahltank / 0,75 l
Hellgelb, ölige Schlieren, Cassis, Stachelbeeren, Limetten, Zitronengras, ein Hauch Basilikum; angenehm trocken, agile Säure, ruhig und süffig, Rhabarber, Pfefferoni, Pfirsichpudding, sortentypisch, strukturiert und trinkfreudig.

Weingut Christoph Hess, 7100 Neusiedl am See
0699/10616848
www.christophhess.at

 € 7,90 **90** Punkte

Niederösterreich
SAUVIGNON BLANC RIED KIRCHBERG 2022

13,00% / trocken / Schrauber / Ausbau: Stahltank / 0,75 l
Hellgelb, kräftige Schlieren, Kiwi, Bananen, Sternfrucht; straffe Struktur, schlank und rank, Stachelbeeren, Zitrone, kreidiger Grip, exzellente Spannung, blitzsauber und geradlinig, Stachelbeeren klingen lange nach.

Weingut Paul, 2100 Leobendorf
0664/9482137
www.heurigerpaul.at

 € 7,30 **90** Punkte

Weststeiermark DAC
SAUVIGNON BLANC 2022

12,50% / trocken / Schrauber / Ausbau: Stahltank / 0,75 l
Gelb, kräftige Schlieren, Stachelbeeren, grüner Paprika, Kiwi; straff, elegante Fruchtsüße, knackige Säure, erfrischende Vegetabilität, Pfefferoni, Brennnessel, Zitronengelee, schlank und rank, langer Zitrusnachhall, sortentypisch.

Weingut & Buschenschank Weber, 8511 St. Stefan ob Stainz
0664/73652695
www.weingutweber.at

€ 9,50 **90**⁺ Punkte

Weststeiermark DAC
SAUVIGNON BLANC RIED LAMBERG 2021
13,00 % / trocken / Schrauber / Ausbau: Stahltank, Großes Holzfass / 0,75 l
Strohgelb, ölige Schlieren, dezentes Bukett, Sternfrucht, Pfirsichhaut, Eibisch; feingliedrige Aromatik, Zitronensorbet, Brennnessel, Minze, schlank und rank, strukturiert, von der Mineralik geprägt, komplett trocken, vitale Säurespannung.

Weingut Christian Reiterer, 8551 Wies
03465/3950
www.weingut-reiterer.com

€ 19,20 **90** Punkte

Südsteiermark DAC
SAUVIGNON BLANC HANS & WALTER 2022
13,00 % / trocken / Schrauber / Ausbau: Stahltank / 0,75 l
Gelb mit grünen Reflexen, reduktiv, Streichholzkopf, gekochte Eier, zarte Gelbfrucht; mineralischer Grip, diskrete Fruchtaromatik, Pfirsich und Stachelbeeren, balancierte Säure, ausgezeichnete Struktur, noch jugendlich ungestüm.

Domaines Kilger Wein, 8462 Gamlitz
03453/236311
www.domaines-kilger.com

 € 9,90 **90⁺** Punkte

Südsteiermark DAC
SAUVIGNON BLANC RIED KAISEREGG 2021
13,50 % / trocken / Schrauber / Ausbau: Großes Holzfass / 0,75 l
Strohgelb, dicke Schlieren, dezenter Duft, Sternfrucht, Staubzucker, Belüftung empfohlen; exzellente Mundfülle, cremig Textur, süßer Kern, vitale Säure, feinfruchtig, Nektarinen, Bananen, Apfelgelee, reife Grapefruit, ruhig.

Panoramaweinhof Strablegg-Leitner
8454 Leutschach a.d. Weinstraße
03455/429, www.strablegg-leitner.at

€ 15,70 **90⁺** Punkte

Niederösterreich
SAUVIGNON BLANC RIED FÜRSTENBERG 2022
12,50 % / trocken / Schrauber / Ausbau: Stahltank / 0,75 l
Hellgelb, ölige Schlieren, feingliedriger Duft, Stachelbeeren, Johannisbeeren; Limettengelee, feine Fruchtsüße, agile Säurespannung, geradlinige Zitrusaromatik, aber durchaus sortentypisch, herrlicher erfrischender Fruchtnachhall.

Weinbau Hermann Haller, 2202 Enzersfeld im Weinviertel
0676/5299535
www.weinbau-haller.at

€ 7,50 **90** Punkte

Südsteiermark DAC
SAUVIGNON BLANC 2022
12,50 % / trocken / Schrauber / Ausbau: Stahltank / 0,75 l
Strohgelb, Feuerstein, Grapefruit, Melonen, Stachelbeeren im Bukett; leichtfüßig, elegante Fruchtsüße, agile Säure, Stachelbeergelee, grüne Äpfel, salzige Adern, trinkfreudig, sortentypisch, lebendiger Sommerwein.

Weinhof Riegelnegg Stammhaus, 8462 Gamlitz
0664/4055108
www.riegelnegg-stammhaus.at

€ 9,20 **90** Punkte

Burgenland
SAUVIGNON BLANC 2021
12,50 % / trocken / Schrauber / Ausbau: Stahltank / 0,75 l
Hellgelb, kräftige Schlieren, Weingartenpfirsich, Streichholzkopf, Cassis; saftig, rassige Säure, salzige Stränge, druckvoller Schmelz, Maracuja, Litschi, Limetten, grüne Äpfel, Pfefferoni, blitzsauber, ideale Basis für den Sommerspritzer.

Weingut Josef Igler, 7301 Deutschkreutz
02613/80213
www.igler-weingut.at

 € 8,00 **90**+ Punkte

Niederösterreich
SAUVIGNON BLANC RIED ALTENBERG 2021
13,50 % / trocken / Schrauber / Ausbau: Stahltank / 0,75 l
Goldgelb, kräftige Schlieren, Zuckermais, Melone, Mango, Brennnesseltee; gibt Gas am Gaumen, Stachelbeeren, eingelegte Pfefferoni, Grapefruits, druckvolle Extraktsüße, rassige Säure, salzige Spannung, sehr sortentypisch, salziger Nachhall.

Bio Weinbau Fidesser, 2070 Retz
0664/1356660
www.fidesserwein.at

€ 5,90 **90** Punkte

Burgenland
SAUVIGNON BLANC RIED WOLFSBACHWEG 2022
12,00 % / trocken / Schrauber / Ausbau: Stahltank / 0,75 l
Strohgelb, grüne Äpfel, Williams-Birne, Holunderblüten; straffe Struktur, dezente Aromatik, Stachelbeeren, Pfefferoni, Zitronensorbet, mineralisch, kreidige Textur, wunderbar trocken, vitale Säurespannung, schöner Fischbegleiter.

Familienweingut Ackermann, 7082 Donnerskirchen
02683/8344
www.familienweingut-ackermann.at

€ 5,00 **89**+ Punkte

Niederösterreich
SAUVIGNON BLANC 2022

12,50 % / trocken / Schrauber / Ausbau: Stahltank / 0,75 l

Goldgelb, ölige Schlieren, saubere sortentypische Nase, Grapefruit, Stachelbeeren, Birnen, grüne Äpfel; kompakter Körper, leicht prickelnde Textur, grazile Fruchtsüße, stimmige Säure, Holunderblüten, Gletschereis-Bonbon, trinkfreudig.

Weingut Reisinger, 2061 Obritz
0664/73553500
www.reisingerwein.at

€ 7,50   **89** Punkte

Burgenland
SAUVIGNON BLANC 2022

12,50 % / trocken / Schrauber / Ausbau: Stahltank / 0,75 l

Strohgelb, ölige Schlieren, Weingartenpfirsich, Basilikum, Grapefruit; nussig, getrocknete Johannisbeeren, komplett trocken, balancierte Säure, straffe Struktur, mineralischer Kern, feinherb, Pfirsiche und Pomelos klingen nach.

Weingut Pluschkovits, 2443 Leithaprodersdorf
02255/6576
www.pluschkovits.at

 € 7,00   **89** Punkte

Vulkanland Steiermark DAC
SAUVIGNON BLANC ST. ANNA 2021

13,50 % / trocken / Schrauber / Ausbau: Stahltank / 0,75 l

Goldgelb, dicke Schlieren, gebratener Paprika, Stachelbeeren, Grapefruit, Minze; straffe Struktur, präsenter Gerbstoff, zarte Fruchtsüße, balancierte Säure, Bittermandeln, Bienenstich, herbes Finish, gewinnt mit Luft, Pfirsiche.

Weinbau und Gästehaus Grießbacher, 8354 St. Anna am Aigen
0664/3953795
www.weinbau-griessbacher.at

 € 7,80   **89** Punkte

Steiermark
SAUVIGNON BLANC 2022

12,50 % / trocken / Schrauber / Ausbau: Stahltank / 0,75 l

Gelb, kräftige Schlieren, Stachelbeeren, Sternfrucht, Staubzucker; leichtfüßig, zarte Extraktsüße, angenehm trocken, vitale Säure, mineralische Struktur, kreidig und salzig, Limetten, Holunderblüten, Pfefferminze, sortentypisch.

Weingut Georgiberg, 8461 Berghausen
03453/20243
www.weingut-georgiberg.at

€ 9,90   **89** Punkte

Burgenland
SAUVIGNON BLANC 2022

12,50 % / trocken / Schrauber / Ausbau: Stahltank / 0,75 l

Kräftiges Strohgelb, ölige Schlieren, Maracuja, getrocknete Pfirsichscheiben, Bazooka-Kaugummi; sehr schlank, sanfter Druck, gelbe Äpfel, süßes Steinobst, fruchtig, balancierte Säure, ruhig und unkompliziert, schöner Partywein.

Weingut Johannes Münzenrieder, 7143 Apetlon
02175/2259
www.muenzenrieder.at

€ 7,00   **88** Punkte

Wien
SAUVIGNON BLANC 2022

13,50 % / trocken / Schrauber / Ausbau: Stahltank / 0,75 l

Grüngelb, diskreter Duft, Kreidestaub, Stachelbeeren, Melone, Wiesenkräuter, Heu; zarte Fruchtsüße, balancierte Säure, wieder sehr dezente Aromatik, Stachelbeergelee, Grapefruit, geriebene Nüsse, Wachs, guter Speisenbegleiter.

Weinbau Heuriger Wiltschko, 1230 Wien
01/8885560
www.weinbau-wiltschko.at

€ 9,80   **88⁺** Punkte

Weststeiermark DAC
SAUVIGNON BLANC RESERVE RIED KEHLBERG 2020

14,00 % / trocken / Naturkorken / Ausbau: Barrique / 0,75 l

Goldgelb, ölige Schlieren, diskreter Duft, Pfirsicheistee, Bratapfel, feuchtes Stroh; Mandarinenkerne, Apfelmus, knochentrocken, salzig, agile Säure, schlank und rank, mineralischer Kern, straffer Gerbstoff, guter Speisenbegleiter.

Weinhof Florian, 8143 Dobl
0664/4532109
www.weinhofflorian.at

€ 12,40   **88** Punkte

Wien
SAUVIGNON BLANC 2022

12,50 % / trocken / Schrauber / Ausbau: Stahltank / 0,75 l

Gelb, dicke Schlieren, diskreter Duft, Stachelbeeren, Sternfrüchte, Granny Smith; diskrete Frucht, Bitterorangen, Grapefruits, grüne Oliven, knochentrocken, knackige Säure, mineralischer Grip, straffer Gerbstoff, herber Abgang.

Weingut Franz Wieselthaler, 1100 Wien
01/6884716
www.weingut-wieselthaler.at

€ 8,20   **88** Punkte

MUSKATELLER

- ✔ Anbaufläche: 1.480 ha
- ✔ Herkunft: Mittelmeerraum, weltweit verbreitet.
- ✔ Sorten in Österreich: Gelber und Roter Muskateller.
- ✔ Duftiges Muskataroma, Nektarinen, florale Akzente, Holunderblüten, Rosen, Zitronenmelisse, Majoran, Basilikum.
- ✔ Vibrierende Fruchtsäure.
- ✔ Vielseitig einsetzbar vom Aperitif bis zur exotischen Küche.

SIEGERWEIN

Steiermark

GELBER MUSKATELLER ACA 2022

12,50% / trocken / Schrauber / Ausbau: Stahltank / 0,75 l
Hellgelb, ölige Schlieren, Muskatnuss, Holunderblüten,
Orangenzesten; druckvoller Fruchtschmelz, Kumquats,
Zitronengelee, delikate Extraktsüße, gute Säure-
spannung, strukturiert, Bilderbuch-Muskateller von
sonnenverwöhnten Trauben.

Weinbau Amandus Adam
8463 Leutschach an der Weinstraße
0650/2033040, www.amandus.at

€ 10,20   **94** Punkte

Südsteiermark DAC
GELBER MUSKATELLER 2022

12,00 % / trocken / Schrauber / Ausbau: Stahltank / 0,75 l
Gelb, sortentypischer Duft, Holunderblüten, gelbe Pfirsiche, Minze und Basilikum; cremige
Mundfülle, charmante Fruchtsüße, lebendige Säure, feinsalzige Spannung, Limettengelee,
Kräuterlimonade, substanzreich und sortentypisch.

Weingut Kodolitsch, 8430 Leibnitz
0664/1880182
www.kodolitsch.at

€ 12,90   **93** Punkte

Steiermark
GELBER MUSKATELLER 2022

11,50 % / trocken / Schrauber / Ausbau: Stahltank / 0,75 l
Hellgelb, dicke Schlieren, Zitronenmelisse, getrocknetes Basilikum, Pfirsichhaut; delikater
Fruchtschmelz, Limetten, Pfirsiche, feine Extraktsüße, pikante Säure, salzige Adern,
exzellente Spannung, sortentypisch und saftig.

Weingut Georgiberg, 8461 Berghausen
03453/20243
www.weingut-georgiberg.at

€ 9,50   **93** Punkte

Steiermark
GELBER MUSKATELLER KLASSIK 2022

12,00 % / trocken / Schrauber / Ausbau: Stahltank / 0,75 l
Gelb, kräftige Schlieren, feiner Pfirsichduft, eine Idee Maracuja; delikater Fruchtschmelz,
knackige Säure, Orangenzesten, Pfirsichmark, Limettensaft, trinkanimierend, steter Zug
bis ins lange erfrischende Finale, toller Aperitif.

Weingut Wutte, 8441 Fresing
0664/4567904
www.weingut-wutte.at

€ 8,90   **92** Punkte

Südsteiermark DAC
GELBER MUSKATELLER RIED KRANACHBERG 2021

13,00 % / trocken / Schrauber / Ausbau: Großes Holzfass / 0,75 l
Gelb, intensive Nase, Weingartenpfirsich, Basilikum, Feuerstein, gewinnt mit Luft, Jasmin;
wohlgeformter Körper, feine Extraktsüße, harmonische Säure, schmalzige Textur, elegante
Zitrusnoten, Muskatnuss, Ingwer, Kräuterlimonade im Abgang.

Weingut Peter Skoff - Domäne Kranachberg, 8462 Gamlitz
03454/6104
www.peter-skoff.at

€ 16,20   **92⁺** Punkte

Vulkanland Steiermark DAC
GELBER MUSKATELLER 2022
12,00% / trocken / Schrauber / Ausbau: Stahltank / 0,75 l
Hellgelb, ölige Schlieren, intensive Nase, Weingartenpfirsich, Maracuja, Basilikum; Orangenzesten, Limetten, Holunderblütensirup, druckvoller Fruchtschmelz, delikate Extraktsüße, knackige Säure, sortentypisch, super Terrassenwein.

Weinhof Loder-Taucher / Buschenschank Gansrieglhof
8160 Weiz, 0664/3071777
www.gansrieglhof.at

€ 9,20 **92** Punkte

Südsteiermark DAC
GELBER MUSKATELLER GAMLITZ 2022
11,50% / trocken / Schrauber / Ausbau: Stahltank / 0,75 l
Hellgelb, kräftige Schlieren, traminerähnlich, Muskatnuss und Rosen im Bukett; substanzreicher Schmelz, Kumquats, Litschi, Zitronengelee, blumig, feine Fruchtsüße mit exzellentem Säureunterbau, druckvoll, langer süß-saurer Abgang.

Weinbau Gerhard Liener, 8462 Gamlitz
0664/4130194
www.weinbau-liener.at

€ 9,00 **92⁺** Punkte

Südsteiermark DAC
GELBER MUSKATELLER RIED WURZENBERG 2022
12,50% / trocken / Schrauber / Ausbau: Stahltank / 0,75 l
Strohgelb, kräftige Schlieren, Weingartenpfirsich, Schießpulver, Litschi; cremige Mundfülle, delikate Extraktsüße, exzellente Säurespannung, salzige Einschlüsse, Pfirsich- und Limettengelee, druckvoll, saftig, exzellenter Sommerwein.

Panoramaweinhof Strablegg-Leitner
8454 Leutschach a.d. Weinstraße
03455/429, www.strablegg-leitner.at

€ 11,70 **92⁺** Punkte

Weststeiermark DAC
GELBER MUSKATELLER 2022
12,50% / trocken / Schrauber / Ausbau: Stahltank / 0,75 l
Hellgelb, intensives Bukett, Maracuja, Holunderblüten, Basilikum, Minze; wunderbare Säurespannung, sehr salzig, Weingartenpfirsich, Litschi, Orangenzesten, Rosenblüten, straff und lang, hohe Sortentypizität, herrlicher Aperitif.

Weingut & Buschenschank Weber, 8511 St. Stefan ob Stainz
0664/73652695
www.weingutweber.at

€ 9,00 **92** Punkte

Steiermark
GELBER MUSKATELLER 2022

12,50% / trocken / Schrauber / Ausbau: Stahltank / 0,75 l

Strohgelb, kräftige Schlieren, intensiver Muskatduft, Orangenzesten, Melisse, Rosen; Nase spiegelt sich druckvoll am Gaumen wider, salzig, frische Säure puffert die elegante Restsüße ab, wohlgeformter Körper, Limettengelee im Abgang.

Weinhof Andrea und Franz Gangl, 8493 Klöch
0664/3244788
www.rebel.at

€ 7,50   **91**⁺ Punkte

Wachau DAC
GELBER MUSKATELLER ROSSATZ 2022

12,50% / trocken / Schrauber / Ausbau: Stahltank / 0,75 l

Strohgelb, ölige Schlieren, feiner Muskatduft, Holunderblüten, Melisse, Apfelmus; delikates Säurespiel, feine Extraktsüße, Zitronengelee, Pfirsichmark, substanzreich und trinkfreudig, mineralischer Kern, sortentypischer Aperitif.

Weingut Polz, 3602 Rossatz
0664/4320426, 02714/6326
www.polzwachau.at

€ 9,20   **91** Punkte

Südsteiermark DAC
GELBER MUSKATELLER 2022

12,00% / trocken / Schrauber / Ausbau: Stahltank / 0,75 l

Gelb, mächtige Schlieren, Weingartenpfirsich, Honigmelone, Limetten, Johannisbeeren; angenehm trocken, balancierte Säure, Grapefruit, Pomelo, straffe Struktur, kreidiger Grip, mineralisches Bitterl, salziges Finale.

Weingut Pugl, 8452 Großklein
03456/2662
www.weingut-pugl.com

€ 10,50   **91** Punkte

Südsteiermark DAC
GELBER MUSKATELLER TRADITION 2022

12,00% / trocken / Schrauber / Ausbau: Stahltank / 0,75 l

Gelb, ölige Schlieren, Trockenfrüchte, Pfirsich, geröstete Semmelbrösel, Basilikum; feine Extraktsüße, agile Säure, salzige Adern, Weingartenpfirsich, Papaya, kompakter Körper, schmalzige Textur, gute Spannung und Länge.

Weingut Stefan Potzinger, 8424 Gabersdorf
0664/5216444
www.potzinger.at

€ 12,00   **90**⁺ Punkte

Südsteiermark DAC
GELBER MUSKATELLER 2022

12,50% / trocken / Schrauber / Ausbau: Stahltank / 0,75 l

Leuchtendes Hellgelb, sortentypischer Duft, Holunderblüten, Weingartenpfirsich, Melisse; Nase spiegelt sich am Gaumen wider, Zitronengelee kommt dazu, extraktsüß, vitale Säure, salzige Einschlüsse, animierender Aperitif.

Weinhof Riegelnegg Stammhaus, 8462 Gamlitz
0664/4055108
www.riegelnegg-stammhaus.at

€ 9,20 **90** Punkte

Niederösterreich
GELBER MUSKATELLER 2022

10,50% / trocken / Schrauber / Ausbau: Stahltank / 0,75 l

Grüngold, mächtige Schlieren, diskreter Duft, zart muskatig, Melissentee, Honig; zarte Fruchtsüße, agile Säure, salzig, Pfirsichjoghurt, Zitronensorbet, schlank und rank, trinkfreudig mit vitalem Spannungsbogen, geradliniger Zitrusnachhall.

Weingut Oberschil-Rieger, 2102 Hagenbrunn
02262/672782
www.oberschil-rieger.at

€ 8,00 **90** Punkte

Südsteiermark DAC
GELBER MUSKATELLER KLASSIK 2022

11,50% / trocken / Schrauber / Ausbau: Stahltank / 0,75 l

Hellgelb, dicke Schlieren, feine Muskatnuss, Litschi, Steinobst; delikate Frucht, Pfirsiche, Limetten, Zitronenmelisse, feine Süße, lebendige Säure, schlank und saftig, mineralische Anklänge, herrlicher Trinkfluss, sortentypisch.

Weingut Stelzl Mariengarten
8463 Leutschach an der Weinstraße
0664/9176137, www.weingutstelzl.at

€ 8,00 **90** Punkte

Weststeiermark DAC
MUSKATELLER 2022

12,00% / trocken / Schrauber / Ausbau: Stahltank / 0,75 l

Gelb mit rosa Schimmer, kräftige Schlieren, gewinnt mit Luft, Stachelbeeren, Birnen, Kräutertee; strukturiert, salzige Adern, pikante Säure, Apfelmus, Orangengelee, kompakter Körper, puristisch, langer feinsalziger Nachhall.

Weinhof Florian, 8143 Dobl
0664/4532109
www.weinhofflorian.at

€ 8,20 **90** Punkte

Wachau DAC
GELBER MUSKATELLER SELEKTION 2022
12,50% / trocken / Schrauber / Ausbau: Stahltank / 0,75 l
Strohgelb, ölige Schlieren, Stachelbeeren, zarter Blütenduft; delikate Fruchtsüße, knackige Säure, salzige Spannung, Pfirsiche, grüne Melonen, Zitronensorbet, eine Idee Holunderblüten, gute Sortentypizität, kreidiger Grip, dichter Schmelz.

Winzerhof - Gästehaus Stöger, 3601 Dürnstein
02711/396
www.winzerhof-stoeger.at

 € 8,50 **90**⁺ Punkte

Weststeiermark DAC
GELBER MUSKATELLER 2022
12,00% / trocken / Schrauber / Ausbau: Stahltank / 0,75 l
Hellgelb, deutliche Schlieren, diskreter Duft, Pfirsichhaut, Orangen-PEZ; schlank, zarte Extraktsüße, agile Säure, Steinobst, Limetten, ein Hauch Muskatnuss, saftig mit gutem Zug ins erfrischende Finale, animierender Aperitif.

Weingut Trapl, 8511 St. Stefan ob Stainz
03463/81082
www.weingut-trapl.at

€ 8,70 **90** Punkte

Niederösterreich
GELBER MUSKATELLER RIED HÜTTENTHAL 2022
12,00% / trocken / Schrauber / Ausbau: Stahltank / 0,75 l
Hellgelb, dicke Schlieren, verschlossene Nase, eine Idee Weingartenpfirsich, Heublumen; feine Restsüße, stützende Säure, Pfirsichkuchen mit Staubzucker, schlank, blitzsauber, sanfter Druck, kreidiger Grip, diskreter Charakter.

Weingut Mayr Minichhofen, 3720 Ravelsbach
0676/6205487
www.weingut-mayr.at

€ 7,90 **90** Punkte

Niederösterreich
ROTER MUSKATELLER 2022
12,50% / trocken / Schrauber / Ausbau: Stahltank / 0,75 l
Goldgelb, kräftige Schlieren, Pfirsich, Maracuja, reifer Obstkorb, Kamille, kandierter Ingwer; füllige Extraktsüße, balancierte Säure, cremige Textur, getrocknete Früchte, Orangengelee, Melissentee, Muskatnuss, saftig und trinkfreudig.

Weinbauernhof Johannes Hess, 2223 Hohenruppersdorf
0699/12127966
www.hess-wein.at

€ 6,50 **89**⁺ Punkte

Niederösterreich
GELBER MUSKATELLER 2022
11,00% / trocken / Schrauber / Ausbau: Stahltank / 0,75 l
Hellgelb, muskatig, Holunderblüten, Honig; Zitronenmelisse, Limettengelee, delikate Fruchtsüße, klirrende Säurespannung, cremige Mundfülle, ausgesprochen salzig, dichte Substanz, langer erfrischender Zitrusnachhall, ideal für Sommerspritzer.

Weingut Hirschbüchler, 2120 Obersdorf
0699/11701579
www.hirschbuechler.at

€ 7,60   **89** Punkte

Burgenland
GELBER MUSKATELLER 2022
12,00% / trocken / Schrauber / Ausbau: Stahltank / 0,75 l
Helles Strohgelb, Pfirsiche, Pfefferminze, Salbei, Zitronenmelisse; feine Fruchtsüße, balancierte Säure, Pfirsichsaft, Kräuterlimonade, Majoran, wohlgeformter Körper, ruhig und vollmundig, femininer Charakter.

Weingut Johannes Münzenrieder, 7143 Apetlon
02175/2259
www.muenzenrieder.at

€ 7,00   **89** Punkte

Weinland
GELBER MUSKATELLER RIED STEININGEN 2022
13,00% / trocken / Schrauber / Ausbau: Stahltank / 0,75 l
Hellgelb mit rosa Reflexen, diskreter Duft, zart muskatig, Pfirsichhaut, Aranzini; straffe Struktur, Orangen, Litschi, guter Druck und Spannung, wunderbar trocken, klirrende Säure, salzig, mineralischer Kern, ruhig zum Schluss.

Winzerhof Gnadenberger, 3710 Ziersdorf
0699/18019206
www.heurigen-gnadenberger.at

€ 6,00   **89** Punkte

Niederösterreich
MUSKATELLER 2022
12,00% / trocken / Schrauber / Ausbau: Stahltank / 0,75 l
Strohgelb, ölige Schlieren, diskrete Fruchtnase, grüne Melonen, Steinobst, zart muskatig; Zitronenmelisse, angenehm trocken, knackige Säure, salzige Spannung, geradlinige Zitrusaromatik, kompakter Körper, exzellenter Terrassenwein.

Weingut Eder, 3494 Gedersdorf
0676/3467325
www.weinguteder.at

    € 9,00   **89** Punkte

Thermenregion
MUSKATELLER CLASSIC BIO RIED AM TIEFENWEG 2022
11,50% / trocken / Schrauber / Ausbau: Stahltank / 0,75 l
Strohgelb, kräftige Schlieren, Kräutertee, Melisse, getrocknetes Steinobst, Honig; elegante Süße, agile Säure gleicht aus, Kräuterlimonade, Pfirsicheistee, Wachs, schmalzige Textur, gute Substanz und Spannung, süßsaurer Nachhall.

Bio-Weingut Frühwirth, 2524 Teesdorf
02253/81216
www.fruehwirth.bio

€ 9,00   **89** Punkte

Österreich
GELBER MUSKATELLER 2022
12,50% / trocken / Schrauber / Ausbau: Stahltank / 0,75 l
Hellgelb, Muskatnuss, Rosenholz, Kumquats, erinnert auch an Gewürztraminer, gewinnt mit Luft; leichtfüßig, feine Extraktsüße, Weingartenpfirsich, Majoran, balancierte Säure, mineralische Struktur, salzige Einschlüsse.

Weingut Wiesböck, 2403 Wildungsmauer
0699/10165976
www.wiesboeck-wildungsmauer.at

€ 6,20   **89**+ Punkte

Vulkanland Steiermark DAC
GELBER MUSKATELLER 2022
12,50% / trocken / Schrauber / Ausbau: Stahltank / 0,75 l
Gelb, ölige Schlieren, verschlossene Nase, Pfirsichhaut, Kaki mit geriebenen Nüssen; zarte Fruchtsüße, frische Säure, salzige Anklänge, strukturiert, Orangenzesten, Holunderblüten, kandierte Mandeln, feinherbes Finish, braucht viel Luft.

Weinhof Gwaltl, 8350 Fehring
0664/3837124
www.weinhof-gwaltl.at

€ 8,00   **89** Punkte

Niederösterreich
GELBER MUSKATELLER 2022
12,00% / halbtrocken / Schrauber / Ausbau: Stahltank / 0,75 l
Hellgelb, ölige Schlieren, Limetten, Holunderblüten, Stachelbeeren; deutliche Süße von lebendiger Säure getragen, Pfirsichmark, Limettengelee, Orangensaft, cremige Mundfülle, zart prickelnd, terroirtypisch, langer Fruchtnachhall.

Weingut Weingartshofer, 2143 Großkrut
0699/11873107
www.weingartshofer.at

€ 6,50   **89** Punkte

Niederösterreich
GELBER UND ROTER MUSKATELLER 2022
12,50% / trocken / Schrauber / Ausbau: Stahltank / 0,75 l
Strohgelb, getrocknete Kräuter, Williams-Birne, Nektarinen; deutliche Restsüße, lebendige Säure hält dagegen, mundfüllender Schmelz, druckvolle Fruchtsüße, reifes Obst, Zitronengelee, langer Pfirsichnachhall.

Weingut Steininger, 3550 Langenlois
02734/2372
www.weingut-steininger.at

€ 9,00   **89** Punkte

Niederösterreich
GELBER MUSKATELLER 2022
12,00% / trocken / Schrauber / Ausbau: Stahltank / 0,75 l
Strohgelb, dicke Schlieren, dezentes Bukett, Pfirsichkuchen, eine Idee Litschi; ausgezeichnete Spannung, knackige Säure, salzige Stränge, grazile Fruchtsüße, schlank und rank, mineralischer Kern, feinherb, Zitrusnachhall.

Weingut Josef Fischer, 2102 Hagenbrunn
0676/5381612
www.weingutfischer.com

€ 5,80   **89** Punkte

Kärnten
GELBER MUSKATELLER ALPENWEIN 2022
12,50% / trocken / Schrauber / Ausbau: Stahltank / 0,75 l
Hellgelb, deutliche Schlieren, diskreter Duft, Pfirsichhaut, Obstsalat mit Staubzucker; exzellente Säurebalance, angenehm trocken, mineralischer Grip, schmalzige Textur, diskrete Muskatnoten, leichtfüßig, guter Speisenbegleiter.

TrippelGUT, 9560 Feldkirchen i. K.
04276/93080
www.trippelgut.at

€ 14,80   **88** Punkte

GRAU BURGUNDER

- ✔ Anbaugebiet: 313 ha
- ✔ Herkunft: vermutlich Frankreich.
- ✔ Auch Pinot Gris oder Ruländer genannt.
- ✔ Vorwiegend im nördlichen Burgenland und in der Steiermark verbreitet.
- ✔ Abstammung: Mutation der Sorte Blauer Burgunder.
  Er ist das „familiäre" Bindeglied zwischen Pinot Noir (Blauer Burgunder) und Pinot Blanc (Weißburgunder) in der großen Burgundergruppe.
- ✔ Delikates Apfelbukett im leichtfüßigen Bereich, bei hoher Traubenreife nach Rosinen und Datteln mit langer Beständigkeit.

SIEGERWEIN

Vulkanland Steiermark DAC
GRAUBURGUNDER RIED NEUSETZBERG 2020
13,50% / trocken / Diam / Ausbau: Großes Holzfass / 0,75 l
Bronzefarben, ölige Schlieren, feine Röstnoten, Roastbeef,
Butterkekse, Nusskipferl; angenehm trocken, balancierte
Säure, straffer mineralischer Grip, Bratäpfel, Datteln,
Vanillepudding, gediegen, kühl und elegant im Abgang.

Weingut Krispel
8345 Hof bei Straden
03473/7862, www.krispel.at

 € 26,00 **94** Punkte

Niederösterreich
GRAUBURGUNDER PREMIUM 2022
13,00% / trocken / Schrauber / Ausbau: Stahltank / 0,75 l
Gold, bronzene Reflexe, dicke Schlieren, zarte Kohlensäure, charmantes Bukett, Pfirsich Melba, Vanilleeis, Apfelgelee; extraktsüß, lebendige Säure, salzige Spannung, rote Äpfel, Datteln und Feigen, gute Substanz, druckvoll und lang.

Wein-Wimmer, 3714 Frauendorf an der Schmida
0680/1280683
www.wein-wimmer.at

€ 9,30   **93** Punkte

Thermenregion
PINOT GRIS BIO PREMIUM RESERVE RIED ROTES KREUZ 2021
13,00% / trocken / Schrauber / Ausbau: Barrique / 0,75 l
Gold, dicke Schlieren, Maiskolben mit Butter, Kalbsripperl; getrocknete gelbe Früchte, Datteln, Karamell, mineralischer Kern, cremige Extraktsüße, stimmige Säure, substanzreicher Körper, sortentypisch, langer süßfruchtiger Abgang.

Bio-Weingut Frühwirth, 2524 Teesdorf
02253/81216
www.fruehwirth.bio

€ 15,00   **93**⁺ Punkte

Steiermark
GRAUBURGUNDER ILLYR 2021
13,00% / trocken / Glas / Ausbau: Großes Holzfass, Barrique / 0,75 l
Blasses Orange, kräftige Schlieren, diskreter Duft, getrocknete Erdbeeren, Haselnuss-Kekse, feine Röstnoten; mineralische Struktur, knochentrocken, pikante Säure, salzige Spannung, feinfruchtig, vitaler Zug bis ins lange Zitrusfinale.

Weingut MUSTER.gamlitz, 8462 Gamlitz
03453/2300
www.muster-gamlitz.at

    € 17,00   **93** Punkte

Wien
GRAUBURGUNDER 2022
14,50% / trocken / Schrauber / Ausbau: Stahltank / 0,75 l
Goldgelb, getrocknete Apfelscheiben, gebackene Steinpilze; mollige Mundfülle, druckvolle Extraktsüße, exzellente Säurespannung, substanzreich, kreidiger Grip, mineralisch, reife gelbe Früchte, Bitterorangen, langer Fruchtnachhall.

Weingut Peter Bernreiter, 1210 Wien
0699/11714760
www.bernreiter.at

   € 12,00   **92**⁺ Punkte

Niederösterreich
PINOT GRIS RIED HINTERN DORF 2021
14,50% / trocken / Schrauber / Ausbau: Stahltank / 0,75 l
Sattes Gold, mächtige Schlieren, diskreter Duft, Trockenfrüchte, Datteln, Rosinen;
dichter Schmelz, enorme Extraktsüße, pikante Säure, salzige Spannung, Orangengelee,
blitzsauber, reifes Obst, strukturiert und hochwertig.

Fink & Kotzian Weinbau, 3730 Eggenburg
0664/3902602
www.weinfink.at
€ 15,00 **92** Punkte

Kärnten
GRAUBURGUNDER THE GREY ALPINE WINE RIED GRAFENSTEIN 2022
13,00% / trocken / Naturkorken / Ausbau: Stahltank, Barrique / 0,75 l
Goldgelb, dezenter Duft, nasser Stein, Trockenfrüchte, Fisolen; diskrete Frucht, Apfelbrei,
Haferkekse, angenehm trocken, balancierte Säure, kompakter Körper, mineralisch
geprägt, griffige Textur, Kreidestaub bleibt lange haften.

TrippelGUT, 9560 Feldkirchen i. K.
04276/93080
www.trippelgut.at
€ 28,00 **92⁺** Punkte

Burgenland
GRAUER MÖNCH 2021

14,00% / trocken / Schrauber / Ausbau: Kleines Holzfass / 0,75 l
Gelb, ölige Schlieren, elegante Röstnoten, Kokos, Bananenschnitten, Nusskipferl mit
Vanillezucker; delikater Fruchtextrakt, balancierte Säure, angenehm trocken, Apfelgelee,
langer fruchtbetonter Abgang, schöne Sortentypizität.

Weingut & Gästehaus Dombi-Weiss, 7141 Podersdorf am See
0660/5401100
www.dombi-weiss.com
€ 7,50 **91⁺** Punkte

Thermenregion
PINOT GRIS DIE VERSUCHUNG 2022
13,00% / trocken / Diam / Ausbau: Kleines Holzfass / 0,75 l
Gold mit rosa Schimmer, kräftige Schlieren, Datteln, Feigen, gelbe Äpfel, Orangenzesten,
Bazooka-Kaugummi; cremige Mundfülle, druckvolle Fruchtsüße, milde Säure, rauchige
Anklänge, Fruchtjoghurt, stoffig und strukturiert, langer süßer Abgang.

Weingut Krug, 2352 Gumpoldskirchen
02252/62247
www.krug.at

€ 26,00 **90** Punkte

Vulkanland Steiermark DAC
GRAUBURGUNDER RIED KATZIANER 2020
13,50% / trocken / Schrauber / Ausbau: Kleines Holzfass / 0,75 l
Kupferfarben, ölige Schlieren, diskreter Duft, Butterscotch, getrocknete Apfelscheiben; straffe Struktur, Butterbrösel, getrocknete Früchte, Ringlotten, angenehm trocken, milde Säure, sanfter Druck, ruhig und gediegen.

Weingut Leitgeb, 8343 Bad Gleichenberg
03159/2885
www.weingut-leitgeb.at

 € 12,90 **90** Punkte

Südsteiermark DAC
GRAUBURGUNDER RIED GAMLITZBERG 2020
14,00% / trocken / Schrauber / Ausbau: Kleines Holzfass / 0,75 l
Gold mit rötlichem Schimmer, ölige Schlieren, Apfelkuchen, Rosinen; sanfter Druck, zarte Fruchtsüße, milde Säure, feinsalzig, cremige Textur, kräftiger Alkohol gut eingebunden, sehr ruhig, Apfelgelee, sortentypisch.

Weinhof Riegelnegg Stammhaus, 8462 Gamlitz
0664/4055108
www.riegelnegg-stammhaus.at

€ 14,50 **90⁺** Punkte

Niederösterreich
GRAUER BURGUNDER 2022
12,50% / trocken / Schrauber / Ausbau: Stahltank / 0,75 l
Gelb, ölige Schlieren, Nektarinen, gelbe Kiwis, zarter Blütenhauch; schlank, reintönige gelbe Frucht, Apfelgelee, geradlinig, druckvolle Extraktsüße, balancierte Säure, salzige Einschlüsse, saftiger Sortenvertreter im Pinot Grigio-Stil.

Weinbauernhof Johannes Hess, 2223 Hohenruppersdorf
0699/12127966
www.hess-wein.at

€ 6,50 **89** Punkte

Steiermark
GRAUER BURGUNDER 2022
13,50% / trocken / Schrauber / Ausbau: Stahltank / 0,75 l
Helles Orangebraun, ölige Schlieren, Rosinen, Datteln, getrocknete Tomaten, Waldhonig, ein Hauch Vanille; vollmundig, druckvolle Fruchtsüße, balancierte Säure, salzige Einschlüsse, Apfelgelee mit Zitrone, langer süßfruchtiger Nachhall.

Weinhof Gwaltl, 8350 Fehring
0664/3837124
www.weinhof-gwaltl.at

€ 8,50 **89⁺** Punkte

215
SORTENVIELFALT

BLÜTENMUSKATELLER · DONAURIESLING · FRÜHROTER VELTLINER · MUSCARIS
MUSKAT OTTONEL · NEUBURGER · RIVANER · ROTER VELTLINER · ROTGIPFLER ·
SÄMLING 88 · SOUVIGNIER GRIS · SYLVANER · TRAMINER · VIOGNIER · ZIERFANDLER

SORTEN VIELFALT

Für die Produktion österreichischer Qualitätsweißweine sind 26 Weißweinsorten zugelassen - neben vielen autochthonen und internationalen Rebsorten unter anderem auch geschmacks- und ertragsoptimierte Kreuzungen des letzten Jahrhunderts. Seit 2010 befinden sich auch die 4 arbeitssparenden und umweltschonenden PIWIs (pilzwiderstandsfähige Kreuzungen) Blütenmuskateller, Goldmuskateller, Muscaris und Souvignier Gris darunter.

Die Rebsorten mit geringerer Weinanzahl werden in der Kategorie Sortenvielfalt zusammengefasst, genauso wie reinsortige Weine aus nicht für Qualitätswein zugelassenen Sorten.

SIEGERWEIN

Österreich

V 2021

13,50 % / trocken / Schrauber /
Ausbau: Kleines Holzfass / 0,75 l
Gold, ölige Schlieren, getrocknete Früchte, Rosinen,
Popcorn, Bratensaft, Vanillepudding; am Gaumen
überraschend fruchtig, Pfirsiche, Litschi, Marillen,
grüne Melonen, Zitronengelee, substanzreicher Extrakt,
knackige Säure, gewinnt mit Luft.

Graf Hardegg
2062 Seefeld-Kadolz
02943/2203, www.grafhardegg.at

€ 25,00 **94**⁺ **Punkte**

Niederösterreich
ROTER TRAMINER 2021

15,00 % / trocken / Schrauber / Ausbau: Kleines Holzfass / 0,75 l
Gold, fette Schlieren, tiefe Nase, kandierte Früchte, Rosinen, Mango, Maracuja, Zesten; dichter Stoff, blitzsauber, feine Exotik, Kumquats, Orangengelee, Mandeln, extraktsüßer Schmelz, agile Säure, salzig, delikater barocker Stil.

Fink & Kotzian Weinbau, 3730 Eggenburg
0664/3902602
www.weinfink.at

€ 12,00   **94** Punkte

Thermenregion
ROTGIPFLER EXCLUSIV 2021

14,00 % / trocken / Schrauber / Ausbau: Stahltank / 0,75 l
Goldgelb, ölige Schlieren, getrocknete Mangostücke, Babybananen; cremige Mundfülle, druckvolle Fruchtsüße, vitale Säurespannung, substanzreicher Schmelz, glockenklare Frucht, saftig und trinkfreudig, verführerischer Partyhit.

Weingut Familie Schlager, 2504 Sooß
02252/88988
www.weingutschlager.at

€ 7,90   **93** Punkte

Niederösterreich
BLÜTENMUSKATELLER JUNGFERNLESE 2022

12,50 % / trocken / Schrauber / Ausbau: Stahltank / 0,75 l
Strohgelb, ölige Schlieren, intensiver Muskatduft, Zesten, Rosen, Fenchel, Kümmel; straffe Struktur, druckvolle Extraktsüße, mineralischer Kern, balancierte Säure, ausgezeichnete Spannung, Mandarinen, Rosa Beeren, druckvoll und lang.

Bioweinbau Berger, 2212 Großengersdorf
0676/6391445
www.bio-berger.at

€ 7,50   **93** Punkte

Thermenregion
TRAMINER RIED TALKEN 2020

13,50 % / trocken / Schrauber / Ausbau: Stahltank / 0,75 l
Sattes Gold, enorme Schlieren, Trockenfrüchte, Hustinetten, Kumquats; mollige Mundfülle, Walderdbeeren, kandierte Früchte, Orangengelee, massive Extraktsüße, milde Säure, feinsalzige Spannung, dichter Stoff, langer süßer Nachhall.

Weingut Familie Schlager, 2504 Sooß
02252/88988
www.weingutschlager.at

€ 7,90   **93** Punkte

Vulkanland Steiermark DAC
GELBER TRAMINER KLÖCH - EDGAR 2022

13,50 % / lieblich / Schrauber / Ausbau: Stahltank / 0,75 l

Kräftiges Goldgelb, ölige Schlieren, feiner Duft, glockenklar, Orangenzesten, Zucker-melonen, Tannenwipfel; intensive Süße, stützende Säure, Orangenjam, Zitronengelee, Marillenkonfit, strukturiert, dichte Substanz, verführerischer Partyhit.

Weinhof Andrea und Franz Gangl, 8493 Klöch
0664/3244788
www.rebel.at

€ 9,50   **93** Punkte

Kärnten
TRAMINER 2020

12,50 % / trocken / Schrauber / Ausbau: Kleines Holzfass / 0,75 l

Sattes Gold, massive Schlieren, kandierte Früchte, getrocknete Marillen und Bananen-scheiben, Bratäpfel; überraschend trocken, delikater Fruchtschmelz, lebendige Säure, Kumquats, Zitronensorbet, viel Struktur, trinkfreudig, saftiger Zug.

Weinbaubetrieb Sternberg, 9241 Wernberg
0664/1601630
www.sternberg-wein.at

€ 19,00   **93** Punkte

Wagram DAC
ROTER VELTLINER KLEINES HOLZ BIO 2021

13,50 % / trocken / Schrauber / Ausbau: Kleines Holzfass / 0,75 l

Gold, ölige Schlieren, Butterkekse, Haselnussgebäck, getrocknete Apfelscheiben, Karamell; süßer Eindruck, milde Säure, mollige Mundfülle, dichter Schmelz, mineralischer Kern, straffe Kreidigkeit, vielversprechendes Potenzial.

Bio Weingut Urbanihof - Paschinger
3481 Fels am Wagram
0664/3915577, www.urbanihof.at

€ 13,00   **92⁺** Punkte

Niederösterreich
ROTER VELTLINER RIED STEINBÜGEL 2021

13,50 % / trocken / Schrauber / Ausbau: Großes Holzfass / 0,75 l

Goldgelb, mächtige Schlieren, getrocknete Apfelscheiben, Kardamom, grazile Röstnoten; am Gaumen überraschend fruchtig, gelbe Äpfel, wunderbar trocken, feine Extraktsüße, lebendige Säure, mineralisch strukturiert, entwickelt sich mit Luft.

Graf Hardegg, 2062 Seefeld-Kadolz
02943/2203
www.grafhardegg.at

€ 22,50   **92⁺** Punkte

Thermenregion
ROTGIPFLER DIE VOLLENDUNG 2022
13,50 % / trocken / Diam / Ausbau: Kleines Holzfass / 0,75 l
Gelb mit rosa Reflexen, massive Schlieren, Datteln, Früchtebrot, gewinnt ungemein mit
Luft; Holzwürze, Süßkartoffeln, Apfelgelee, Litschi, Extraktsüße kombiniert mit Restsüße,
gute Säurespannung, mächtige Mundfülle, mineralischer Grip.

Weingut Krug, 2352 Gumpoldskirchen
02252/62247
www.krug.at

 € 28,00 **92+** Punkte

Thermenregion
ZIERFANDLER RIED HOFBREITE 2021
14,00 % / trocken / Schrauber / Ausbau: Stahltank / 0,75 l
Strohgelb, kräftige Schlieren, diskreter Duft, Feuerstein; ausgezeichnete Säurespannung,
feine Fruchtsüße, delikater Apfel-Zitrone-Mix, getrocknete Tomaten, Lardo, salzige Adern,
straffe Struktur, druckvoll und lang, Zitrusnachhall.

Weingut Leo Aumann, 2512 Tribuswinkel
02252/80502
www.aumann.at

€ 12,50 **92+** Punkte

Thermenregion
ROTGIPFLER RIED SAXERLN 2021
15,50 % / trocken / Schrauber / Ausbau: Barrique / 0,75 l
Gold mit grünen Reflexen, fette Schlieren, Bratäpfel, Zuckermais, getrocknete Tomaten;
mollige Mundfülle, dichter Fruchtschmelz, balancierte Säure, salzige Anklänge, Apfelgelee,
Honigmelonen, wuchtiger Körper, druckvoll und lang.

Weingut Daniel Plos, 2500 Sooß
02252/87301
www.weingutplos.at

€ 12,00 **92** Punkte

Leithaberg DAC
NEUBURGER RIED RUSTER UMRISS 2021
13,50 % / trocken / Schrauber / Ausbau: Barrique / 0,75 l
Goldgelb, mächtige Schlieren, Apfelschalen, Dille, Wachs, Honig, Harz, Paranüsse; straffe
Struktur, enormer Grip, Pudding, Apfelkuchen, reife Früchte, knochentrocken, milde Säure,
feinherbes Finish, charaktervoll, polarisierend.

Weingut Feiler-Artinger, 7071 Rust
02685/237
www.feiler-artinger.at

 € 19,50 **92+** Punkte

Niederösterreich
ROTER VELTLINER ALTE REBEN 2021

13,00 % / trocken / Schrauber / Ausbau: Großes Holzfass / 0,75 l
Gelb, massive Schlieren, charmante Steinobstnote, Vanillekipferl; glockenklare Frucht, dichter Schmelz, Nektarinen, Zitronensaft, delikate Fruchtsüße, ausgezeichneter Säureunterbau, wohlgeformter Körper, harmonisch und trinkfreudig.

Weingut Sutter, 3472 Hohenwarth am Manhartsberg
0664/7882409
www.weingut-sutter.at

 € 14,00   **92** Punkte

Thermenregion
ROTGIPFLER RIED RASSLERIN 2021

13,50 % / trocken / Schrauber / Ausbau: Stahltank, Kleines Holzfass / 0,75 l
Leuchtendes Gold, dicke Schlieren, Zuckermais, Honigmelonen, Fruchtjoghurt, Bleistift; sehr rauchig, druckvolle Extraktsüße, Apfel-Zitronengelee, Buttermilch, kräftiger Körper mit salziger Spannung, dichter Stoff mit erfrischender Länge.

Weingut Krug, 2352 Gumpoldskirchen
02252/62247
www.krug.at

 € 12,00   **92** Punkte

Wachau DAC
NEUBURGER SMARAGD 2021

14,50 % / trocken / Schrauber / Ausbau: Kleines Holzfass / 0,75 l
Goldgelb, ölige Schlieren, intensiver Duft, Rosinen, Trockenfrüchte, Nusskuchen; mollige Mundfülle, dichter Schmelz, delikate Fruchtsüße, guter Säureunterbau, Zitronengelee, geriebene Walnüsse, Süßweinaromatik, rustikaler Stil.

Winzerhof - Gästehaus Stöger, 3601 Dürnstein
02711/396
www.winzerhof-stoeger.at

 € 11,50   **91** Punkte

Wagram DAC
ROTER VELTLINER RIED FUMBERG 2022

13,00 % / trocken / Schrauber / Ausbau: Stahltank / 0,75 l
Goldgelb, ölige Schlieren, frische Topaz-Äpfel, glockenklare Frucht; Birnengelee, saftiger Süßdruck, harmonische Säure, dichter Schmelz, cremige Mundfülle, ruhig und gediegen, geradlinig und sortentypisch, Honigmelone im Nachhall.

Weingut Blauensteiner, 3482 Gösing am Wagram
02738/2116
www.blauensteiner.com

€ 10,50   **91** Punkte

Wagram DAC
GEWÜRZTRAMINER 2022

14,00 % / trocken / Schrauber / Ausbau: Stahltank / 0,75 l

Goldgelb, grüne Reflexe, dicke Schlieren, grüne Äpfel, Babybananen, Holunderblüten; süße Anmutung, Gletschereis-Bonbon, Weiße Rosen, lebendiges Süße-Säure-Spiel, trinkfreudig, kräftiger Alkohol gut eingebunden, verführerischer Partywein.

Weinhof Hubert Blauensteiner, 3470 Kirchberg am Wagram
02279/2048
www.hofblauensteiner.at

€ 6,00   **91** Punkte

Thermenregion
NEUBURGER 2022

12,50 % / trocken / Schrauber / Ausbau: Stahltank / 0,75 l

Goldgelb, Obstschnitten, Milchrahmstrudel, Ringlotten, Orangenzesten; blitzsaubere Frucht, Zitronengelee, Stachelbeeren, delikate Extraktsüße, lebendige Säure, feine Mineralität, dosierter Körper, saftiger Trinkfluss mit erfrischendem Abgang.

Weinbau Radl, 2482 Münchendorf
0664/3836376
www.weinbau-radl.at

€ 7,00   **91** Punkte

Thermenregion
ROTGIPFLER RIED RODAUNER 2021

14,00 % / trocken / Schrauber / Ausbau: Großes Holzfass / 0,75 l

Strohgelb, ölige Schlieren, Biskuit, Vanillekipferl; straffe Struktur, angenehm trocken, balancierte Säure, feingliedrige gelbe Frucht, Haselnussgebäck, mineralischer Grip, puristisch und gediegen, vielversprechendes Potenzial.

Weingut Leo Aumann, 2512 Tribuswinkel
02252/80502
www.aumann.at

€ 13,00   **91**+ Punkte

Niederösterreich
BLÜTENMUSKATELLER 2022

12,50 % / trocken / Schrauber / Ausbau: Stahltank / 0,75 l

Goldgelb, mächtige Schlieren, Ringlotten, Senfkörner, Limettengelee, Litschi; extraktsüßer Schmelz, balancierte Säure, exzellente Mundfülle, Orangengelee, Pfirsichmark, muskatig, blitzsaubere Frucht, wunderbar trinkfreudig.

Weinbauernhof Johannes Hess, 2223 Hohenruppersdorf
0699/12127966
www.hess-wein.at

€ 6,50   **91** Punkte

Thermenregion
ROTGIPFLER RIED HERZOGBERG 2022

14,00% / trocken / Schrauber / Ausbau: Stahltank / 0,75 l

Strohgelb, kräftige Schlieren, Walderdbeeren; fruchtbetont, Maracuja, Litschi, druckvolle Extraktsüße, klirrende Säure erzeugt fantastische Spannung, mineralischer Grip, kreidige Textur, Orangenzesten, straff und salzig.

Weingut Drexler-Leeb, 2380 Perchtoldsdorf
0664/3268512
www.drexler-leeb.at

 € 10,50 **91** Punkte

Thermenregion
ZIERFANDLER RIED SONNBERG 2022

13,00% / halbtrocken / Schrauber / Ausbau: Stahltank / 0,75 l

Gold, mächtige Schlieren, reife gelbe Früchte, Zuckermelonen, Birnenmus, Grammelpogatschen, Lardo; enorme Mundfülle, straffe Struktur, Restsüße gut eingebunden, sanfte Säure, ruhig und edel, Apfelgelee, Fruchtjoghurt, zart rauchig.

Weingut Krug, 2352 Gumpoldskirchen
02252/62247
www.krug.at

 € 12,00 **90** Punkte

Niederösterreich
ROTER VELTLINER CLASSIC 2022

12,50% / trocken / Schrauber / Ausbau: Stahltank / 0,75 l

Grüngelb, kräftige Schlieren, Bazooka-Kaugummi, Nektarinen, Honigmelonen, zarter Blütenhauch; dichter Schmelz, delikate Extraktsüße, lebendige Säure, salzige Spannung, Birnen, Orangen, gelbe Äpfel, kompakter Körper, druckvoll und lang.

Weingut Andreas Humer, 3473 Mühlbach am Manhartsberg
0664/9144203
www.weingut-humer.at

€ 7,80 **90** Punkte

Thermenregion
ZIERFANDLER GRANDE RESERVE 2019

14,50% / trocken / Naturkorken / Ausbau: Kleines Holzfass / 0,75 l

Bronzefarben, ölige Schlieren, komplex, Zuckermais, Räucherspeck, Pfefferoni, Malz; mollige Mundfülle, gekochter Maiskolben mit Butter, Karamell, Torf, deutliche Süße, stimmige Säure, druckvoll mit rustikalem Charakter.

Weingut Krug, 2352 Gumpoldskirchen
02252/62247
www.krug.at

 € 35,00 **90** Punkte

Thermenregion
ROTGIPFLER SELECTION BIO RIED AM TIEFENWEG 2022

14,00 % / trocken / Schrauber / Ausbau: Kleines Holzfass / 0,75 l

Grüngold, enorme Schlieren, Trockenfrüchte, Datteln, gelbe Äpfel, Frühstücksspeck; mollige Mundfülle, deutliche Süße, stützende Säure, Fruchtjoghurt, Buttermilch, Kochbananen, körperreich, langer süßer Fruchtnachhall.

Bio-Weingut Frühwirth, 2524 Teesdorf
02253/81216
www.fruehwirth.bio

€ 11,00 **90** Punkte

Wagram DAC
ROTER VELTLINER TERRASSEN 2022

12,00 % / trocken / Schrauber / Ausbau: Stahltank / 0,75 l

Gold, dicke Schlieren, getrocknete Himbeeren, Mangos, Honig, reduktive Noten; dichter Schmelz, delikate Extraktsüße, lebendige Säure, saftig, gelbfruchtig, frische Äpfel, Birnen, im Abgang ein charmanter Apfel-Zitrone-Mix.

Familie Bauer - Bioweingut, 3471 Großriedenthal
02279/7204
www.familiebauer.at

 € 9,00 **90** Punkte

Steiermark
MUSCARIS 2022

12,00 % / trocken / Schrauber / Ausbau: Stahltank / 0,75 l

Kräftiges Strohgelb, Holunderblüten, Wiesenblumen, zart muskatig, Schießpulver, öffnet sich mit Luft; fruchtbetont, Gletschereis-Bonbon, Mandarinen, Pfirsiche, feine Extrakt-süße, knackige Säure, schlank und rank, mineralischer Kern.

Weingut Assigal, 8430 Leibnitz
03452/86811
www.assigal.at

 € 8,70 **90**⁺ Punkte

Niederösterreich
MUSKAT OTTONEL BIO 2022

12,00 % / trocken / Schrauber / Ausbau: Stahltank / 0,75 l

Gelb, ölige Schlieren, intensiver Duft, Orangenzesten, Muskatnuss, Weingartenpfirsich; glockenklare Frucht, Limettengelee, feine Süße, balancierte Säure, cremiger Schmelz, steter Zug, verführerischer Partywein.

Bio Weingut Ullmann, 2124 Oberkreuzstetten
0676/6009540
www.weinbau-ullmann.at

€ 5,90 **90**⁺ Punkte

Thermenregion
SOUVIGNIER GRIS CLASSIC BIO RIED STEINHÄUFEL 2022

13,00 % / lieblich / Schrauber / Ausbau: Stahltank / 0,75 l
Gelb, ölige Schlieren, markante Holzwürze, Bleistiftspitzer, Vanille, Kokosraspel, Dörrzwetschken, wird mit Luft fruchtig; intensiver Süßdruck, gute Säurespannung, Rosinen, Bratäpfel, Zitronensaft, vollmundiger Körper, süß-saurer Nachhall.

Bio-Weingut Frühwirth, 2524 Teesdorf
02253/81216
www.fruehwirth.bio

€ 9,00   **90**⁺ Punkte

Niederösterreich
NEUBURGER 2022

11,50 % / trocken / Schrauber / Ausbau: Stahltank / 0,75 l
Strohgelb, ölige Schlieren, getrocknete Apfelscheiben, Honig, Datteln, Herrenpilze; enorme Extraktsüße, aber komplett trocken, rassige Säure, sehr salzig, vibrierende Textur, Rosinen, Kriecherlmarmelade, hat Druck und Spannung.

Wein & Obst Agnes Kremser, 3506 Krems-Thallern
0664/7936583
www.kremseragnes.at

€ 6,00   **90** Punkte

Weinland
ROTER VELTLINER RIED FELLINGEN 2022

12,50 % / trocken / Schrauber / Ausbau: Stahltank / 0,75 l
Grüngold, massive Schlieren, Wiesenblumen, Obstsalat, Kiwi, Staubzucker; Zitronensaft, Marillen, zarte Muskatnoten, feine Extraktsüße, lebendige Säure, exzellente Spannung, kompakter Körper, Zitrusabgang, langes salziges Finish.

Winzerhof Gnadenberger, 3710 Ziersdorf
0699/18019206
www.heurigen-gnadenberger.at

€ 5,00   **90** Punkte

Burgenland
MUSKAT OTTONEL 2022

12,00 % / trocken / Schrauber / Ausbau: Stahltank / 0,75 l
Grüngelb, ölige Schlieren, intensiver Blütenduft, Muskatnuss, Pfirsich, Pomeranzen, Holunderblüten; schlank, Weingartenpfirsich, Zitronenmelisse, Kumquats, Litschi, feine Fruchtsüße, sanfte Säure, aromatisch und trinkfreudig, sortentypisch.

Weingut Juliana Wieder, 7311 Neckenmarkt
02610/42438
www.weingut-juliana-wieder.at

   € 8,90   **90**⁺ Punkte

Niederösterreich
ROTER VELTLINER 2022
13,00 % / trocken / Schrauber / Ausbau: Stahltank / 0,75 l
Gelb, charmante Nase, frische Äpfel, Babybananen, Gletschereis; glockenklare Frucht, Holunderblütensirup, Pfirsiche, Orangensaft, elegante Fruchtsüße mit exzellenter Säurebalance, saftiger Trinkfluss, druckvoller Sommerwein.

Weingut Martin Schwinner
3472 Hohenwarth am Manhartsberg
0664/3728414, www.weingut-schwinner.at

€ 6,90   **90** Punkte

Wachau DAC
NEUBURGER ALTE REBE SMARAGD 2022
13,50 % / trocken / Schrauber / Ausbau: Großes Holzfass / 0,75 l
Goldgelb, ölige Schlieren, Bananenshake, gelbfruchtig, ein Hauch Grafit; Mirabellen, deutliche Fruchtsüße, balancierte Säure, wohlgeformter Körper, sanfter Druck, kreidige Textur, barocker Stil, langer süßfruchtiger Nachhall.

Weingut Stalzer, 3620 Spitz an der Donau
0664/2400010
www.weingut-stalzer.at

€ 15,50   **90** Punkte

Niederösterreich
MÜLLER-THURGAU 2022
12,00 % / trocken / Schrauber / Ausbau: Stahltank / 0,75 l
Kräftiges Strohgelb, deutliche Schlieren, Orangenzesten, zarte Exotik, Bananen, Longans; vollmundig, gute Substanz, straffe Struktur, charmante Frucht, Orangensaft, delikate Süße, stimmige Säure, ruhig mit langem Fruchtnachhall.

Weingut Dollinger, 2244 Spannberg
0664/3523130
www.weingut-dollinger.at

€ 5,00   **90** Punkte

Niederösterreich
GRÜNER SYLVANER 2022
12,50 % / trocken / Schrauber / Ausbau: Stahltank / 0,75 l
Strahlendes Gelb, dicke Schlieren, fruchtiges Bukett, gelbe Äpfel, Bazooka-Kaugummi, Gletschereis; saftig und druckvoll, lebendige Säure, Zitronengelee, Zuckermelone, blitzsaubere Frucht, mineralische Adern, langer zitrusfrischer Nachhall.

Weingut Gerhold, 3482 Gösing am Wagram
02738/2241
www.gerhold.cc

€ 8,00   **90** Punkte

Österreich
DONAURIESLING 2022

12,50% / trocken / Schrauber / Ausbau: Stahltank / 0,75 l
Goldgelb, dicke Schlieren, gelbfruchtig, Ringlotten, Äpfel; saftig, wohldosierter Körper, elegante Fruchtsüße, pikante Säure, salzige Adern, Kriecherlgelee, Rosinen, kühl und erfrischend, Zitrusanklänge besonders im Abgang.

Weinbauernhof Johannes Hess, 2223 Hohenruppersdorf
0699/12127966
www.hess-wein.at

€ 6,00 **90** Punkte

Niederösterreich
FRÜHROTER VELTLINER SELEKTION 2022

13,50% / trocken / Schrauber / Ausbau: Stahltank / 0,75 l
Gelb, kräftige Schlieren, duftig, Wiesenblumen, frische Äpfel, Birnen; cremiger Schmelz, feine Extraktsüße, balancierte Säure, Apfelgelee, Kriecherln, ruhig und sanft, femininer Charakter, langer süßfruchtiger Nachhall.

Winzerhof - Gästehaus Stöger, 3601 Dürnstein
02711/396
www.winzerhof-stoeger.at

 € 8,50 **90** Punkte

Thermenregion
ROTGIPFLER RIED GOLDBIEGEL 2022

14,00% / halbtrocken / Schrauber / Ausbau: Stahltank / 0,75 l
Strohgelb, mächtige Schlieren, Maracuja, Litschi, Orangenblüten, ein Hauch Feuerstein, Bratensaft, kandierte Früchte; druckvolle Süße, guter Säureunterbau, kreidiges Mundgefühl, Apfel- und Limettengelee, langes süßes Finish.

Weingut Drexler-Leeb, 2380 Perchtoldsdorf
0664/3268512
www.drexler-leeb.at

 € 9,10 **90** Punkte

Niederösterreich
ROTER VELTLINER RESERVE 2021

13,50% / trocken / Schrauber / Ausbau: Kleines Holzfass / 0,75 l
Gelb, ölige Schlieren, Kletzen, Kiwi, Bazooka-Kaugummi, Rosinen; Paranüsse, Bananen-creme, straffe Struktur, kreidiger Grip, Extraktsüße und zarter Restzucker, lebendige Säure, schöne Süße-Säure-Balance, wohlgeformter Körper, barocker Stil.

Weingut Martin Schwinner
3472 Hohenwarth am Manhartsberg
0664/3728414, www.weingut-schwinner.at

 € 11,00 **90** Punkte

Thermenregion
NEUBURGER ALTE REBE 2022
13,00 % / trocken / Schrauber / Ausbau: Stahltank / 0,75 l
Strohgelb, ölige Schlieren, Kletzen, Datteln, Honig, Waffeln, Akazienblüten; straffe Struktur, druckvolle Fruchtsüße, knackige Säure mit salzigen Adern, geradlinige gelbe Frucht, dynamische Spannung, langer Zitrusnachhall.

Weingut Drexler-Leeb, 2380 Perchtoldsdorf
0664/3268512
www.drexler-leeb.at

 € 9,10 **89**⁺ Punkte

Niederösterreich
ROTER VELTLINER RIED HOCHSTRASS 2022
12,50 % / trocken / Schrauber / Ausbau: Stahltank / 0,75 l
Hellgelb, deutliche Schlieren, grüne Äpfel, Gletschereis-Bonbon, Holunderblüten; leicht-füßig und trinkfreudig, delikate Fruchtsüße, lebendige Säure, Limettengelee, Orangensaft, blitzsauber, saftig und unkompliziert, erfrischender Sommerwein.

Weingut Sutter
3472 Hohenwarth am Manhartsberg
0664/7882409, www.weingut-sutter.at

 € 9,50 **89**⁺ Punkte

Burgenland
NEUBURGER 2022
12,50 % / trocken / Schrauber / Ausbau: Stahltank / 0,75 l
Gelb mit grünen Reflexen, dicke Schlieren, mineralische Nase, Quarzsand, zart exotische Frucht, Maracuja, Sternfrucht; Apfelgelee, Rosinen, süße Anmutung, sanfte Säure, wohldosierter Körper, ruhig mit langem Fruchtnachhall.

Weingut Herbert Weber, 7093 Jois
02160/8352
www.weber-weine.at

€ 9,50 **89**⁺ Punkte

Niederösterreich
NEUBURGER 2022
12,00 % / trocken / Schrauber / Ausbau: Stahltank / 0,75 l
Grüngelb, dicke Schlieren, feiner Fruchtmix, Bananen, grüne Äpfel, Ananas; schlank und rank, charmante Zitrusnoten, Orangensaft, feinsalzig, erfrischende Säure, komplett trocken, blitzsaubere Frucht, trinkfreudiger Sommerwein.

Weinbau Christian Wiedermann, 2225 Zistersdorf
0699/10556463
www.weinbau-wiedermann.at

€ 5,00 **89**⁺ Punkte

Weinland
NEUBURGER 2022
12,50% / trocken / Schrauber / Ausbau: Stahltank / 0,75 l
Gelb, dicke Schlieren, zarter Blütenduft, Birnen, gelbe Äpfel; straffe Struktur, schlank und rank, knochentrocken, knackige Säure, Bratäpfel, Zitronensaft, Kiwi, weißer Tee, dynamische Spannung mit langem erfrischendem Nachhall.

Weingut Franz Wieselthaler, 1100 Wien
01/6884716
www.weingut-wieselthaler.at

€ 7,40   **89** Punkte

Thermenregion
NEUBURGER CLASSIC BIO RIED HERRSCHAFTLICHE HUTWEIDE 2022
12,50% / trocken / Schrauber / Ausbau: Stahltank / 0,75 l
Gelb, kräftige Schlieren, frische Äpfel, Quitten, Wiesenblumen, Honig; bekömmliche Säure, elegante Restsüße, dezenter gelber Fruchtmix, Grafit, gute Substanz, leichtfüßig, cremige Mundfülle, sanfter Druck, ruhig und feinsalzig.

Bio-Weingut Frühwirth, 2524 Teesdorf
02253/81216
www.fruehwirth.bio

€ 9,00   **89⁺** Punkte

Niederösterreich
ROTER VELTLINER SELECTION RIED STOCK 2022
12,50% / trocken / Schrauber / Ausbau: Stahltank / 0,75 l
Helles Grüngelb, Limetten, grüne Melone, ändert sich mit Luft, getrocknete Kräuter; gelbfruchtig, feine Extraktsüße, sanfte Säure, mineralische Adern, leichtfüßiger Körper, glockenklare saubere Frucht, ruhig und dezent im Abgang.

Weinbau DI Ernest und Maria Ettenauer
3552 Lengenfeld, 0676/670642
www.ettenauer-weinlounge.at

€ 9,00   **89** Punkte

Burgenland
MÜLLER-THURGAU 2021
11,50% / trocken / Schrauber / Ausbau: Stahltank / 0,75 l
Hellgelb, kräftige Schlieren, Sternfrucht, Zitronensorbet, Staubzucker; schlank, aber mit straffer Struktur, mineralischer Grip, wunderbar trocken, lebendige Säure, geradlinige Zitrusaromatik, Heublumen, formidabler Fischbegleiter.

BaderWein, 7312 Horitschon
0664/75038152
www.baderwein.at

€ 7,50   **89** Punkte

Thermenregion
ROTGIPFLER RIED STEINHÄUFEL 2022

13,50 % / trocken / Schrauber / Ausbau: Kleines Holzfass, Großes Holzfass / 0,75 l
Hellgelb, markante Holzwürze, Kakaopulver, Bleistift, Apfelkuchen mit Vanillezucker; druckvolle Fruchtsüße, stützende Säure, Apfelgelee, Ananas, Walnussparfait,
mineralischer Kern, mollige Mundfülle, langer süßfruchtiger Nachhall.

Weingut Breyer, 2500 Baden bei Wien
0650/8645306
www.weingut-breyer.at

€ 10,00 **88**⁺ Punkte

Burgenland
SÄMLING 88 2022

11,50 % / trocken / Schrauber / Ausbau: Stahltank / 0,75 l
Hellgelb, Pfirsichhaut, Stachelbeeren, Staubzucker, Grapefruit; sehr schlank, geradlinige Zitrusaromatik, grüne Äpfel, etwas muskatig, kreidige Textur, wunderbar trocken,
lebendige Säure, saftig und unkompliziert, süffiger Sommerwein.

Weinbau Edelmeier, 7122 Gols
02173/2792, 0676/9302469
weinedelmeier.wordpress.com

€ 5,50 **88** Punkte

CUVÉE & GEMISCHTER SATZ

- ✔ Cuvée ist der Verschnitt fertiger Weine.
- ✔ Gemischter Satz ist die Vermischung von Trauben unterschiedlicher Rebsorten vor der gemeinsamen Verarbeitung.
- ✔ Wiener Gemischter Satz DAC - die Reben müssen sich im selben Wiener Weingarten befinden, gemeinsam gelesen und verarbeitet werden. Er wird aus mindestens drei weißen Qualitätsrebsorten gewonnen - mit einem größten Sortenanteil von maximal 50% und einem drittgrößten von mindestens 10%.

SIEGERWEIN

Niederösterreich
TRADITION HERITAGE CUVÉE 3 JAHRE EDITION 851 NV
13,00% / trocken / Naturkorken /
Ausbau: Großes Holzfass / 0,75 l
Sattes Gold, massive Schlieren, Vanillepudding,
Marillenkuchen, Zuckermais; mächtiger Stoff, aber
ruhig und edel, enorme Extraktsüße, balancierte Säure,
Ananasgelee, Pfefferkuchen, Marillen, beide Sorten
blitzen durch, großes Kino.

Weingut Schloss Gobelsburg
3550 Gobelsburg
02734/2422, www.gobelsburg.at

 € 29,00   **95**⁺ Punkte

Wiener Gemischter Satz DAC
WIENER GEMISCHTER SATZ RIED HIMMEL - MAURERBERG 1ÖTW 2021

13,50% / trocken / Schrauber / Ausbau: Großes Holzfass / 0,75 l
Gelb, massive Schlieren, Zuckermais, Bratäpfel, gebratene Paprika; dichter Stoff, strukturiert, kreidige Textur, Apfelgelee mit Zitrone, delikate Extraktsüße mit vitaler Säurespannung, feinsalzig, blitzsauber, geradlinig mit Potenzial.

Weingut Edlmoser, 1230 Wien
01/8898680
www.edlmoser.at

€ 22,00   **94**[+] **Punkte**

Wiener Gemischter Satz DAC
WIENER GEMISCHTER SATZ RIED STEINBERG - GRINZING 1ÖTW 2021

(CH, WB, GV, GM, RG, ZF, NB, RR, TR) / 13,00% / trocken / Diam / Ausbau: Stahltank / 0,75 l
Hellgelb, frische Äpfel, Zitronenzesten, gewinnt mit Luft; gibt Gas am Gaumen, druckvolle Extraktsüße, klirrende Säure, enorme Salzigkeit und Zitrusspannung, hochwertig mit Potenzial, aber auch perfekt zum Backhendl oder als Spritzwein.

Weingut Wien Cobenzl, 1190 Wien
01/3205805
www.weingutcobenzl.at

€ 24,00   **94**[+] **Punkte**

Wiener Gemischter Satz DAC
WIENER GEMISCHTER SATZ RIED SÄTZEN - MAURERBERG 1ÖTW 2021

13,50% / trocken / Schrauber / Ausbau: Großes Holzfass / 0,75 l
Gold, mächtige Schlieren, Bratäpfel, Bleistift, Kakaopulver, Roastbeef, Popcorn; vollmundiger Fruchtschmelz, Limettengelee, Butterkipferl, Bratkartoffel, Holzwürze, extraktsüß, rassige Säure, vitale Spannung, druckvoll und lang.

Weingut Edlmoser, 1230 Wien
01/8898680
www.edlmoser.at

€ 28,00   **94** **Punkte**

Niederösterreich
GEMISCHTER SATZ RIED HINTERN DORF 2021

(GV, WB, CH, RR, RV, TR, GM) / 12,50% / trocken / Schrauber / Ausbau: Stahltank / 0,75 l
Gelb, dicke Schlieren, getrocknete Mangostücke, Zuckermais; glockenklar, Zitronengelee, Orangensaft, gelbe Pfirsiche, delikater Fruchtschmelz, klirrende Säure, substanzreich und druckvoll, salzige Spannung, langer Zitrusnachhall.

Fink & Kotzian Weinbau, 3730 Eggenburg
0664/3902602
www.weinfink.at

€ 9,00   **93**[+] **Punkte**

Wiener Gemischter Satz DAC
WIENER GEMISCHTER SATZ 2022

(GV, NB, WR, WB, CH, MT) / 12,00% / trocken / Schrauber / Ausbau: Stahltank / 0,75 l
Grüngold, kräftige Schlieren, dezenter Duft, gelbe Äpfel, Wiesenblumen, Himbeeren;
substanzreicher Schmelz bei leichtem Alkohol, Zitronengelee, Orangensaft, delikate
Extraktsüße, belebende Säure, salzig, blitzsauber, druckvoll und frisch.

Weingut Franz Wieselthaler, 1100 Wien
01/6884716
www.weingut-wieselthaler.at

€ 9,20 **93** Punkte

Niederösterreich

KÖCHL VERZEICHNIS 508 CUVÉE WEISS 2020
Cuvée (WB, RR, GV) / 12,50% / trocken / Schrauber / Ausbau: Stahltank / 0,75 l
Strohgelb, anfangs Röstnoten, Bleistift, Trockenfrüchte kommen mit Luft; vollmundiger
Schmelz, fruchtbetont am Gaumen, Maracuja, Pfirsichmark, Zitronengelee, delikate
Fruchtsüße, gute Säurespannung, langer Fruchtnachhall, Riesling blitzt durch.

Weingut Faber-Köchl - Die Winzerinnen
2130 Eibesthal, 0664/1858173
www.faber-koechl.at

 € 14,50 **93** Punkte

Wiener Gemischter Satz DAC

WIENER GEMISCHTER SATZ RIED WIESTHALEN 1ÖTW 2021
(GV, RR, NB, GB, WB, TR, SY) / 13,50% / trocken / Naturkorken / Ausbau: Barrique / 0,75 l
Gold, ölige Schlieren, Bratäpfel, kandierte Früchte, Rosinen, gewinnt mit Luft; cremige
Mundfülle, Apfelgelee, Zitronensaft, druckvolle Fruchtsüße, vitale Säurespannung, voller
Körper, Zitronengelee klingt nach, ideal zu Chicken Wings.

Weingut Christ, 1210 Wien
01/2925152
www.weingut-christ.at

 € 23,00 **92⁺** Punkte

Wiener Gemischter Satz DAC
WIENER GEMISCHTER SATZ BISAMBERG 2022
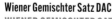
(GV, NB, RR, RV, TR, WB, SB) / 13,00% / trocken / Naturkorken / Ausbau: Stahltank / 0,75 l
Goldgelb, mächtige Schlieren, Obstkuchen, getrocknete Apfelscheiben; feine Holzwürze,
Kokos, Nougat, Limettengelee, Orangenzesten, enorme Substanz, druckvoll und mund-
füllend, delikate Fruchtsüße, balancierte Säure, süß-salziger Abgang.

Weingut Christ, 1210 Wien
01/2925152
www.weingut-christ.at

 € 16,50 **92⁺** Punkte

Burgenland
HILL 2 2018

Cuvée (SB, CH) / 15,00% / trocken / Naturkorken / Ausbau: Barrique / 0,75 l
Gold, ölige Schlieren, Bienenwachs, getrocknete Bananenscheiben, nussige Anklänge,
Pumpernickel, Rosinen; sanfte Säure, wunderbar trocken, vielschichtige Aromatik,
Früchtebrot, Malagaeis, Bratäpfel, charaktervoll und gediegen.

Weingut Leo Hillinger, 7093 Jois
02160/83170
www.leo-hillinger.com

€ 31,30　**92** Punkte

Niederösterreich
GEMISCHTER SATZ 2022

13,00% / trocken / Schrauber / Ausbau: Stahltank / 0,75 l
Goldgelb, mächtige Schlieren, dezente Fruchtnase, reifes Obst, Kiwis, Apfelscheiben;
substanzreicher Schmelz, glockenklare Gelbfrucht, mineralischer Kern, druckvolle
Extraktsüße gepaart mit zarter Restsüße, balancierte Säure, geradlinig.

Weingut Josef Fischer, 2102 Hagenbrunn
0676/5381612
www.weingutfischer.com

€ 6,50　**92** Punkte

Thermenregion
GEMISCHTER SATZ 2022

(GV, RR, WB) / 13,00% / trocken / Schrauber / Ausbau: Stahltank / 0,75 l
Gold, mächtige Schlieren, zarte Kohlensäure, frische Äpfel, reife Birnen, Bananen;
Limettengelee, Orangensaft, vollmundige Fruchtsüße, lebendige Säure, druckvoll und
spannend, langer süßfruchtiger Nachhall, gewinnt mit Luft.

Weingut Drexler-Leeb, 2380 Perchtoldsdorf
0664/3268512
www.drexler-leeb.at

　€ 7,70　**92** Punkte

Niederösterreich
GEMISCHTER SATZ 2022

(WB, CH, WR, GV, NB) / 12,00% / trocken / Schrauber / Ausbau: Stahltank / 0,75 l
Grüngelb, dicke Schlieren, charmante Lösswürze schon in der Nase, Ananas, Maracuja,
Himbeeren; kreidige Textur, geradlinige Zitrusfrucht, blitzsauber, feine Fruchtsüße,
lebendige Säure, dynamische Spannung, herrlicher Sommerwein.

Weingut Oberschil-Rieger, 2102 Hagenbrunn
02262/672782
www.oberschil-rieger.at

€ 7,50　**92** Punkte

Wiener Gemischter Satz DAC
WIENER GEMISCHTER SATZ RIED GOLDBERG 2022
(GV, WR, CH, WB) / 13,00% / trocken / Schrauber / Ausbau: Stahltank / 0,75 l
Strohgelb, ölige Schlieren, schöne Fruchtnase, Birnen, Pfirsichkuchen; delikate Extrakt-
süße, pikante Säure, saftig mit exzellenter Spannung, Rosinen, reife Marillen, Zitronen,
Minze, feinherb, druckvoll mit erfrischendem Nachhall.

Weingut Franz Wieselthaler, 1100 Wien
01/6884716
www.weingut-wieselthaler.at

€ 9,60   **92** Punkte

Wiener Gemischter Satz DAC
WIENER GEMISCHTER SATZ RIED GABRISSEN 2022
13,50% / trocken / Schrauber / Ausbau: Stahltank / 0,75 l
Gold mit grünen Reflexen, Zitronen-PEZ, Orangenjam, Olivenöl, zarter Blütenduft; füllig,
kräftige Extraktsüße, knackige Säure, Limettengelee, Grapefruit, weißer Pfeffer, salzige
Noten, süßherbes Finish, langer Fruchtnachhall.

Weingut Peter Bernreiter, 1210 Wien
0699/11714760
www.bernreiter.at

    € 14,00   **92** Punkte

Niederösterreich
CHA GRUE RESERVE 2021
Cuvée (CH, GV) / 13,50% / trocken / Schrauber / Ausbau: Barrique / 0,75 l
Goldgelb, öligen Schlieren, getrocknete gelbe Früchte, Biskuit, elegante Röstnoten; nasser
Stein, Haselnusskuchen, Zitronengelee, feine Fruchtsüße, ausgezeichnet abgepuffert,
strukturiert, schöner Mix aus Frucht und Mineralität.

Weinbau DI Ernest und Maria Ettenauer
3552 Lengenfeld, 0676/670642
www.ettenauer-weinlounge.at

    € 14,00   **92** Punkte

Wiener Gemischter Satz DAC
WIENER GEMISCHTER SATZ RIED POINT 2022
12,50% / trocken / Schrauber / Ausbau: Stahltank / 0,75 l
Strohgelb, massive Schlieren, getrocknete Apfelscheiben, Obstkuchen, nasser Stein;
Orangen, Pomelos, Apfelschalen, komplett trocken, balancierte Säure, feinherb, straffe
Struktur, kreidige Textur, mineralisches Bitterl klingt lange nach.

Johannes Müller Stadtweingut, 1190 Wien
0680/5509008
www.jmueller.at

€ 12,50   **92** Punkte

Wiener Gemischter Satz DAC
WIENER GEMISCHTER SATZ NUSSBERG 2022
(CH, WB, GV, RR) / 13,50 % / trocken / Schrauber / Ausbau: Stahltank / 0,75 l
Grüngelb, mächtige Schlieren, Orangenzesten, rote Äpfel; dichter Schmelz, druckvolle Extraktsüße kombiniert mit Restsüße, guter Säureunterbau, Limettengelee, kreidige Textur, schöner Mix aus Frucht und Mineralität.

Weingut Wien Cobenzl, 1190 Wien
01/3205805
www.weingutcobenzl.at

€ 11,90 — **91+** Punkte

Niederösterreich
GEMISCHTER SATZ GROSSVATA 2021
(CH, GV, TR) / 13,50 % / trocken / Glas / Ausbau: Großes Holzfass / 0,75 l
Gelb, kräftige Schlieren, Trockenfrüchte, Zuckermais, Roggenbrot, zarter Blütenhauch; mollige Mundfülle, mineralischer Kern, druckvolle Fruchtsüße, knackige Säure, salzig mit prickelnder Textur, terroirtypisch, erfrischender Zitrusnachhall.

Weingut Mayr Minichhofen, 3720 Ravelsbach
0676/6205487
www.weingut-mayr.at

€ 10,00 — **91** Punkte

Wiener Gemischter Satz DAC
WIENER GEMISCHTER SATZ NUSSBERG 2022
(RV, GV, RR) / 12,50 % / trocken / Schrauber / Ausbau: Stahltank / 0,75 l
Strohgelb, kräftige Schlieren, nasser Stein, Kreidestaub, getrocknete Marillen; spartanische Frucht, hohe Mineralität, Apfelmus, Hirschbirne, angenehm trocken, harmonische Säure, gediegener Speisenbegleiter mit Potenzial.

Johannes Müller Stadtweingut, 1190 Wien
0680/5509008
www.jmueller.at

€ 15,50 — **91+** Punkte

Wiener Gemischter Satz DAC
WIENER GEMISCHTER SATZ RIED WEICHSELTAL 2022
(GV, WR, SB) / 13,00 % / trocken / Schrauber / Ausbau: Stahltank / 0,75 l
Grüngelb, dicke Schlieren, diskrete Frucht, Melonen, Kiwis, Grafit; cremige Fruchtsüße, lebendige Säure, wohlgeformter Körper, mineralischer Grip, straffes Gerbstoffgerüst, Trockenfrüchte, Birnen, Grapefruits, süßherbes Finish.

Weingut Franz Wieselthaler, 1100 Wien
01/6884716
www.weingut-wieselthaler.at

€ 9,60 — **91+** Punkte

Wiener Gemischter Satz DAC
WIENER GEMISCHTER SATZ BISAMBERG 2022
13,50% / trocken / Schrauber / Ausbau: Stahltank / 0,75 l
Gelb, ölige Schlieren, reife Melonen, Erdbeeren, Mirabellen, ein Hauch Vanille; mollige Mundfülle, intensive Extraktsüße, balancierte Säure, salzige Adern, Apfel- und Zitronengelee, strukturiert, feinherb, hat Zug und Spannung.

Weingut Peter Bernreiter, 1210 Wien
0699/11714760
www.bernreiter.at

 € 12,00 **91**⁺ Punkte

Niederösterreich
GEMISCHTER SATZ RIED MÜHLBERG CLASSIC 2022
(WB, CH, WR, GV) / 12,00% / trocken / Schrauber / Ausbau: Stahltank / 0,75 l
Strahlendes Gelb, ölige Schlieren, Orangenzesten, Mandarinen, Lösswürze; delikates Fruchtspiel, knackige Säure, Nektarinen, Zitronengelee, glockenklare Frucht, substanzreicher Schmelz, vitaler Zug ins lange erfrischende Finale.

Weingut Patricia Hinteregger, 3714 Sitzendorf an der Schmida
0664/1107010
www.weingut-hinteregger.at

€ 5,90 **91** Punkte

Wiener Gemischter Satz DAC
WIENER GEMISCHTER SATZ NUSSBERG 2021
(RV, GV, RR) / 14,50% / trocken / Schrauber / Ausbau: Stahltank / 0,75 l
Grüngold, mächtige Schlieren, Apfelmus, Cidre, Blattspinat, Kochsalat; Karamellkekse, Pudding, mollige Mundfülle, druckvolle Extraktsüße, gute Säurebalance, dichter Stoff, langer süß-salziger Abgang, charaktervoll, polarisierend.

Johannes Müller Stadtweingut, 1190 Wien
0680/5509008
www.jmueller.at

€ 15,50 **90** Punkte

Burgenland
JACK WITHOUT DAD! WHITE 2019
Cuvée (CH, SB) / 13,50% / trocken / Naturkorken / Ausbau: Barrique / 0,75 l
Rotgold, mächtige Schlieren, reifes Obst, Toastbrot, Apfelkuchen mit Rosinen; wunderbar trocken, agile Säure, hohe Mineralität, feinsalzig, Nusskuchen, Honig, Laugenstangerl, ausgezeichnete Struktur, feine Kreidigkeit, ruhig und edel.

Weingut Leo Hillinger, 7093 Jois
02160/83170
www.leo-hillinger.com

€ 28,80 **90** Punkte

Wiener Gemischter Satz DAC
WIENER GEMISCHTER SATZ RIED MAURERBERG 2022

13,50% / trocken / Schrauber / Ausbau: Stahltank / 0,75 l

Gold, kräftige Schlieren, diskreter Duft, Sternfrucht, gelbe Äpfel, Cornichons; straffe Struktur, delikater Fruchtschmelz, rassige Säure verleiht enorme Spannung, mineralisch, geradlinige Zitrusfrucht, frisch und lang.

Weinbau Heuriger Wiltschko, 1230 Wien
01/8885560
www.weinbau-wiltschko.at

€ 10,90 **90** Punkte

Carnuntum DAC
MARKO GÖTTLESBRUNN 2021

Cuvée (CH, WR) / 14,00% / trocken / Naturkorken / Ausbau: Stahltank / 0,75 l

Rotgold, mächtige Schlieren, Bratäpfel, Butter Scotch, Popcorn, Süßkartoffel, Zuckermais; mollige Mundfülle, sehr extraktsüß mit zarter Restsüße, balancierte Säure, Karamelljoghurt, Apfelstrudel, Weiße Schokolade, substanzreicher Schmeichler.

Weingut Lukas Markowitsch, 2464 Göttlesbrunn
02162/8226
www.lukas-markowitsch.com

€ 15,00 **90** Punkte

Niederösterreich
ZIERSDORFER GEMISCHTER SATZ 2022

12,50% / trocken / Schrauber / Ausbau: Stahltank / 0,75 l

Grüngelb, massive Schlieren, Kiwi, Orangenzesten, getrocknete Bananenscheiben; Zitronengelee, rassige Säure, salziger Druck, exzellente Spannung, blitzsauber und geradlinig, mineralischer Grip, Salz klingt lange nach.

Weinbau Gerhard Pamperl, 3710 Ziersdorf
0699/11112242
www.pamperl-wein.at

€ 5,10 **90** Punkte

Niederösterreich
LUFTIKUSS 2022

Cuvée (GV, WR) / 11,50% / trocken / Schrauber / Ausbau: Stahltank / 0,75 l

Strohgelb, diskrete Fruchtnase, grüne Äpfel, Orangen, Bananencreme; gelbfruchtig, kreidiger Grip, elegante Fruchtsüße, lebendige Säure, Apfelgelee, Zitronensaft, wohlgeformter Körper, cremig, geradlinig und blitzsauber.

Winzerhof Schachinger, 3494 Gedersdorf
0664/5436797
www.schachingerwein.at

€ 6,50 **90** Punkte

Burgenland
SAUERSTOFF 2022
Cuvée (SB, GV, CH, GM) / 12,50% / trocken / Schrauber / Ausbau: Stahltank / 0,75 l
Strohgelb, deutliche Schlieren, exotische Fruchtnase, Maracuja, Quitten, Marillenkonfit;
feine Extraktsüße, balancierte Säure, salzige Anklänge, glockenklare Frucht, Pfirsiche,
wohlgeformter Körper, gute Spannung und Länge.

Weingut Johannes Münzenrieder, 7143 Apetlon
02175/2259
www.muenzenrieder.at

€ 7,00 **90** Punkte

Thermenregion
SPÄTROT ROTGIPFLER TRADITION 2022
Cuvée (RG, ZF) / 13,00% / trocken / Schrauber / Ausbau: Kl. Holzfass, Gr. Holzfass / 0,75 l
Strohgelb, dicke Schlieren, fruchtbetonte Nase, Weingartenpfirsich, grüne Äpfel,
Pfefferkuchen, Bleistiftspitzer; druckvolle Fruchtsüße, lebendige Säure, vitale Spannung,
Zitronen- und Pfirsichgelee, substanzreicher Schmelz.

Weingut Breyer, 2500 Baden bei Wien
0650/8645306
www.weingut-breyer.at

€ 9,00 **90** Punkte

Wiener Gemischter Satz DAC
WIENER GEMISCHTER SATZ RIED REISENBERG GRINZING 2022
(MT, GV, WB, CH, TR, MO, GM) / 13,50% / trocken / Schrauber / Ausbau: Stahltank / 0,75 l
Sattes Gelb, grüne Reflexe, fruchtbetonte Nase, Marillen, Granny Smith, Babybananen;
sehr fruchtig, druckvolle Extraktsüße, sanfte Säure, kräftiger Alkohol, kandierte Früchte,
Obstkuchen, kreidiger Grip bleibt lange haften.

Weingut Wien Cobenzl, 1190 Wien
01/3205805
www.weingutcobenzl.at

€ 11,90 **90** Punkte

Kärnten
OACHKATZL GEMISCHTER SATZ WEISS 2022
12,50% / trocken / Schrauber / Ausbau: Stahltank / 0,75 l
Zitronengelb, deutliche Schlieren, dezente Fruchtnase, feiner Blütenhauch, Apfelkuchen;
kreidiger Grip, Marillenjoghurt, schlank und rank, sanfte Anmutung, angenehm trocken,
agile Säure, ruhig und mineralisch, graziler Zitrusnachhall.

TrippelGUT, 9560 Feldkirchen i. K.
04276/93080
www.trippelgut.at

€ 10,80 **90⁺** Punkte

Niederösterreich
GEMISCHTER SATZ 2022

13,00% / trocken / Schrauber / Ausbau: Stahltank / 0,75 l
Grüngelb, kräftige Schlieren, Trockenfrüchte, Mango, zarte Pfefferwürze; dichter Schmelz, druckvolle Extraktsüße, aber komplett trocken, pikante Säure, salzig, diskrete Fruchtaromatik, Stachelbeeren, straffer Zug, frischer Zitrusnachhall.

Weingut Hirschbüchler, 2120 Obersdorf
0699/11701579
www.hirschbuechler.at

€ 7,60 **90** Punkte

Wiener Gemischter Satz DAC
WIENER GEMISCHTER SATZ 2022

11,50% / trocken / Schrauber / Ausbau: Stahltank / 0,75 l
Hellgelb, ölige Schlieren, intensiver Blütenduft, muskatig, Rosen, Steinobst; delikate Extraktsüße, frische Säure, charmantes Süße-Säure-Spiel, Zitronensaft, Marillen, feine Mineralität, filigraner Körper, kreidige Textur, saftiger Trinkfluss.

Winzerhof Leopold, 1210 Wien
01/2921356
www.winzerhof-leopold.at

€ 12,80 **90** Punkte

Niederösterreich
GEMISCHTER SATZ RIED NEUSTIFT 2022

(WB, CH, RR, TR) / 12,50% / trocken / Schrauber / Ausbau: Stahltank / 0,75 l
Gelb, kräftige Schlieren, grüne Äpfel, Maracuja, Quarzsand; deutliche Fruchtsüße, knackige Säure, Limettengelee, Ringlotten, Granny Smith, Bazooka-Kaugummi, Gletschereis-Bonbon, salzige Anklänge, substanzreich, druckvoll, frisch und saftig.

Weinbau Hermann Haller, 2202 Enzersfeld im Weinviertel
0676/5299535
www.weinbau-haller.at

€ 6,50 **90** Punkte

Niederösterreich
GEMISCHTER SATZ - DER 8ER 2022

11,00% / trocken / Schrauber / Ausbau: Stahltank / 0,75 l
Strohgelb, dicke Schlieren, feine Steinobstnoten, Nektarinen, Orangen; delikate Restsüße, exzellenter Säureunterbau, glockenklare Frucht, Birnengelee, Zitronensaft, trinkfreudig, leichtfüßig und elegant, exzellenter Partywein.

Weingut Ing. Johannes Mold, 3710 Ziersdorf
0699/12616403
www.moldwein.at

€ 7,50 **90** Punkte

Wiener Gemischter Satz DAC
WIENER GEMISCHTER SATZ RIED LEITEN - HAUSWEINGARTEN 2022
14,00 % / trocken / Schrauber / Ausbau: Stahltank / 0,75 l
Strohgelb, mächtige Schlieren, getrocknete Apfelscheiben, Schafgarbe, Bratensaft; Rosinen, Relish, dichter Fruchtschmelz, druckvolle Extraktsüße, vitale Säure hält dagegen, substanzreich, cremige Mundfülle, süßfruchtiger Nachhall.

Weinbau Heuriger Wiltschko, 1230 Wien
01/8885560
www.weinbau-wiltschko.at

 € 15,40 **90** Punkte

Thermenregion
STEINFASS B1 EDITION WEISS 2021
Cuvée (RG, CH) / 13,00 % / trocken / Naturkorken / Ausbau: Steinfass / 0,75 l
Gelb, kräftige Schlieren, intensives Bukett, Marmorkuchen, Kakaopulver, Rosinen, Süßkartoffel; cremiger Schmelz, süßer Extrakt, lebendige Säure, Osterstriezel, vielschichtige Holzwürze, wohlgeformter Körper, Milchkakao im Abgang.

Weingut Breyer, 2500 Baden bei Wien
0650/8645306
www.weingut-breyer.at

 € 33,00 **90** Punkte

Burgenland
HILLSIDE WHITE 2021
Cuvée (GB, CH, GM) / 13,00 % / trocken / Naturkorken / Ausbau: Stahltank / 0,75 l
Hellgelb, kräftige Schlieren, dezente Fruchtaromatik, Heublumen, Steinpilze, Kerzenwachs; intensive Süße, knackige Säure, spartanische Aromatik, zart nussig, Zitronengelee, vollmundig, langer süß-saurer Nachhall.

Weingut Leo Hillinger, 7093 Jois
02160/83170
www.leo-hillinger.com

 € 13,30 **89**⁺ Punkte

Niederösterreich
CUVÉE WEISS BIO 2022
Cuvée (GV, RR, MO) / 11,50 % / halbtrocken / Schrauber / Ausbau: Stahltank / 0,75 l
Gelb, mächtige Schlieren, Granny Smith, eine Brise Holunderblüten, Muskatnuss; intensive Fruchtsüße, agile Säure, charmantes Süße-Säure-Spiel, Marillenkonfit, Zitronensaft, saftig, langer Fruchtnachhall, leichtfüßiger Partywein.

Bio Weingut Ullmann, 2124 Oberkreuzstetten
0676/6009540
www.weinbau-ullmann.at

€ 6,40 **89** Punkte

Wiener Gemischter Satz DAC
WIENER GEMISCHTER SATZ RIED ZWERCHBREITELN 2019
14,00% / trocken / Schrauber / Ausbau: Stahltank / 0,75 l
Gelb mit grünen Reflexen, Feuerstein, Steinobst, Kiwis, zart rauchig; cremige Mundfülle, zarte Extraktsüße, stimmige Säure, Marillenkuchen mit Staubzucker, nasser Stein, ruhig mit stetem Druck, Fruchtjoghurt im Finale.

Winzerhof Leopold, 1210 Wien
01/2921356
www.winzerhof-leopold.at

 k. A. Punkte

Burgenland
TRINKFREU(N)DE 2022
Cuvée (WR, WB, GM) / 12,00% / trocken / Schrauber / Ausbau: Stahltank / 0,75 l
Leuchtendes Gelb, dicke Schlieren, feine Zitrusfrucht, Orangenjam, Orangenblüten; angenehm trocken, balancierte Säure, saftiger Trinkfluss, schlank, mineralische Adern, Quarzsand, zarte Extraktsüße klingt lange nach.

Weingut Stiegelmar, 7122 Gols
02173/2317
www.stiegelmar.com

€ 7,60 **89⁺** Punkte

Kärnten
KÄRNTNER SATZ 2021
Cuvée (RR, SB, TR, MT) / 12,50% / trocken / Schrauber / Ausbau: Amphore / 0,75 l
Rotgold, ölige Schlieren, Bratenkruste, gebratener Paprika, Trockenfrüchte, Kiwi; kreidiger Grip, sehr strukturiert, knochentrocken, knackige Säure, frische Frucht, Zitronen, Stachelbeeren, schlank und rank, belebender Terrassenwein.

Weinbaubetrieb Sternberg, 9241 Wernberg
0664/1601630
www.sternberg-wein.at

€ 16,50 **89** Punkte

Wagram DAC

GEMISCHTER SATZ 2022
12,50% / trocken / Schrauber / Ausbau: Stahltank / 0,75 l
Hellgelb, deutliche Schlieren, grüne Äpfel, Bananen, Honig; angenehm trocken, feine Extraktsüße, lebendige Säure, blitzsauber, Äpfel und Zitrusfrüchte, saftig und trinkfreudig, sehr schlank, kreidig, ausgezeichneter Bankettwein.

Heurigen Habacht, 2353 Guntramsdorf
0676/5222990
heurigen-habacht.at

€ 7,00 **89** Punkte

GEREIFTER WEIN

- ✔ Weißweine aus 2017 und älteren Jahrgängen.
- ✔ Kräftige, hochwertige Weißweine profitieren von einer mehrjährigen Reife.
- ✔ Aktuelle Weine mit längerer Fass- oder Flaschenreife bevor sie auf den Markt kommen.
- ✔ Bewusst für einen Relaunch zurückgehaltene Teilbestände.
- ✔ Weine am Punkt der Genussreife.
- ✔ Weine, die jetzt ihr prognostiziertes Potenzial unter Beweis stellen.

SIEGERWEIN

Steirerland
GELBER MUSKATELLER SÖLL
LA VIE PAPAGENO - SANFTER WEINBAU 2011
16,30% / trocken / Schrauber / Ausbau: Stahltank / 0,75 l
Sattes Gelb, massive Schlieren, glockenklare Frucht,
Honigmelone, Holunderblüten, frische Pfirsiche; hocharo-
matisch, vielschichtig, Orangenzesten, Mandarinenkerne,
Rosenholz, Hustinetten, Honig, Litschi, mächtiger Körper,
enorme Extraktsüße, milde Säure, süß-herbes Finish, ein
Monument.

Maria und Hannes Söll - Sanfter Weinbau
8462 Gamlitz
03454/66670, www.weingut-soell.at

 € 98,00   **95** Punkte

Steirerland
SÄMLING 88 SERNAU-FELSEN - SANFTER WEINBAU 2017
12,00% / trocken / Schrauber / Ausbau: Großes Holzfass / 0,75 l
Kräftiges Gold, massive Schlieren, diskreter Duft, Trockenfrüchte, Kletzen, Himbeer-
torte, gebackene Mäuse; vollmundige Fruchtsüße, Rosinen, Apfelgelee, Marillenkonfit,
balancierte Säure, enorme Substanz, Süßweinaromatik im trockenen Bereich.

Maria und Hannes Söll - Sanfter Weinbau, 8462 Gamlitz
03454/66670
www.weingut-soell.at

€ 15,50 **94** Punkte

Kremstal DAC Reserve
RIESLING KELLERTERRASSEN RIED GEBLING 1ÖTW 2012
13,50% / trocken / Schrauber / Ausbau: Stahltank / 0,75 l
Grüngold, massive Schlieren, sortentypisches Bukett, Steinobst, feine Petroltöne, ein
Hauch Vanille, Obstsalat; vollmundig, vibrierende Textur zeigt den Löss, präsente Süße,
balancierte Säure, Trockenfrüchte, barocker Stil.

Weingut Hermann Moser, 3495 Rohrendorf bei Krems
0676/4232024
www.moser-hermann.at

€ 23,10 **94** Punkte

Südsteiermark
GELBER MUSKATELLER PAPAGENO 2011
14,50% / trocken / Schrauber / Ausbau: Kleines Holzfass / 0,75 l
Goldgelb, dicke Schlieren, zarter Petrolton, Honig, Orangenzesten, Muskatnuss; straffer
Grip, kreidiges Mundgefühl, hohe Extraktsüße, komplett trocken, balancierte Säure,
Orangenkekse, enormer Schmelz, feinherbes Finish, gewinnt mit Luft.

Maria und Hannes Söll - Sanfter Weinbau, 8462 Gamlitz
03454/66670
www.weingut-soell.at

€ 68,00 **94** Punkte

Steirerland
SAUVIGNON BLANC SELEKTION - SANFTER WEINBAU 2017
14,50% / trocken / Schrauber / Ausbau: Kleines Holzfass / 0,75 l
Leuchtendes Gold, kräftige Schlieren, zarter Petrolton, kandierte Früchte, Bienenwachs,
fragile Röstnoten; cremige Mundfülle, dichter Fruchtschmelz, Kakao, extraktsüß,
balancierte Säure, animierende Reifetöne, substanzreich und gediegen.

Maria und Hannes Söll - Sanfter Weinbau, 8462 Gamlitz
03454/66670
www.weingut-soell.at

€ 27,00 **93** Punkte

Südsteiermark
RIESLING SELEKTION RIED STEINBACH 2016
14,00 % / trocken / Schrauber / Ausbau: Kleines Holzfass / 0,75 l
Goldgelb, massive Schlieren, Kräuterlimonade, feiner Petrolton; Pfirsichmark, Zitronensorbet, elegante Röstnoten, Marzipan, Kümmelbraten, angenehm trocken, lebendige
Säure, mollige Mundfülle, trinkfreudig, sortentypisch und straff.

Maria und Hannes Söll - Sanfter Weinbau, 8462 Gamlitz
03454/66670
www.weingut-soell.at

€ 29,00   **92**⁺ Punkte

Thermenregion
ROTGIPFLER RIED WIEGE 2016
14,50 % / trocken / Schrauber / Ausbau: Großes Holzfass / 0,75 l
Gold, enorme Schlieren, Petrolton, Kerzenwachs, vegetabile Anklänge, Vanille; süße
Aromatik, aber angenehm trocken, balancierte Säure, salzig, druckvoll, Marillenkonfit,
Apfelgelee, Bleistiftspitzer, dichte Mundfülle mit straffer Struktur.

Weingut Leo Aumann, 2512 Tribuswinkel
02252/80502
www.aumann.at

€ 16,00   **92** Punkte

Steirerland
SAUVIGNON BLANC SERNAUBERG - SANFTER WEINBAU 2017
13,00 % / trocken / Schrauber / Ausbau: Stahltank, Großes Holzfass, Betonei / 0,75 l
Goldgelb, mächtige Schlieren, Kräuterlimonade, Propolis, Kamille, Orangenkekse; straffe
Struktur, kreidiger Grip, Apfelschalen, extraktsüß, lebendige Säure, dosierte Reifetöne,
charaktervoll, Orangensaft im Abgang, wird gediegen mit Luft.

Maria und Hannes Söll - Sanfter Weinbau, 8462 Gamlitz
03454/66670
www.weingut-soell.at

€ 14,50   **92**⁺ Punkte

Kamptal DAC Reserve
GRÜNER VELTLINER SILVER BULLET 2013
13,50 % / trocken / Schrauber / Ausbau: Stahltank / 0,5 l
Gelb, feine Petrolnoten, Trockenfrüchte, Papaya, Maiskolben, heißer Stein; cremige
Substanz, mineralischer Kern, extraktsüß, aber knochentrocken, lebendige Säure, salzig,
Zitronengelee, Orangenscheibe mit Salzkruste, hat Spannung und Länge.

Laurenz V., 1070 Wien
01/5224791
www.laurenzfive.com

€ 18,00   **92** Punkte

Südsteiermark
SAUVIGNON BLANC RIED SERNAUBERG 2015
12,00 % / trocken / Schrauber / Ausbau: Stahltank, Großes Holzfass, Betonei / 0,75 l
Goldgelb, mächtige Schlieren, getrocknete Apfelscheiben, gebackene Mäuse, Feuerstein;
cremige Mundfülle, strukturiert, kreidig, Orangenkerne, Frühstücksspeck, Majoran,
extraktsüß, harmonische Säure, feinsalzig, graziler Zitrusnachhall.

Maria und Hannes Söll - Sanfter Weinbau, 8462 Gamlitz
03454/66670
www.weingut-soell.at

€ 15,50   **91** Punkte

Wagram
GRÜNER VELTLINER RIED FUMBERG 2017
14,00 % / trocken / Schrauber / Ausbau: Stahltank / 0,75 l
Gold, dicke Schlieren, gelbe Äpfel, Traubengelee, Krachmandeln, Obstkuchen, heißer Stein;
druckvolle Fruchtsüße, pikante Säure, Zitronengelee, Apfelkompott, dichter Schmelz,
vollmundig, mollige Textur, langer süß-saurer Nachhall.

Weingut Blauensteiner, 3482 Gösing am Wagram
02738/2116
www.blauensteiner.com

€ 16,00   **91** Punkte

Steirerland
WEISSBURGUNDER NEXGEN - SANFTER WEINBAU 2017
14,00 % / trocken / Schrauber / Ausbau: Kleines Holzfass / 0,75 l
Goldgelb, ölige Schlieren, Trockenfrüchte, Bienenwachs; cremige Gelbfrucht, geriebene
Nüsse, Karamelltorte, vollmundige Extraktsüße, sanfte Säure, straffe Struktur, ruhig,
deutliche Reifenoten, süßherbe Noten, Apfelmus im Abgang.

Maria und Hannes Söll - Sanfter Weinbau, 8462 Gamlitz
03454/66670
www.weingut-soell.at

€ 15,50   **90**[+] Punkte

Wein Guide

www.weinguide.at

250

unfiltriert, ungeschwefelt, maischevergoren, ungeschönt, unkonventionell

✔ Ursprung: Seit der Antike in Georgien, Ausbau durch in der Erde vergrabene Amphoren | Quevris.

✔ Spannende, unkonventionelle Weine, die meist unfiltriert in die Flasche kommen und ein Farbspektrum von trübgelb bis dunkelorange zeigen.

✔ Orangeweine im engeren Sinn entstehen durch Maischegärung. Dadurch werden mehr Farbstoffe und Tannine extrahiert, was sich auf Intensität, Farbe, Geruch und Geschmack auswirkt.

✔ Einfach gesagt, weiße Rebsorten werden wie Rotwein gekeltert. Sie gären einige Tage bis Monate auf den Beerenschalen.

✔ Naturbelassene Weine: Im Weingarten und Keller wird so wenig wie möglich eingegriffen, keine Chemie und kaum geschwefelt.

✔ Meist nur als Wein gekennzeichnet mit Herkunft Weinland, Steirerland oder Österreich.

✔ Rebsorte und Herkunft sind oft schwer zu erkennen.

✔ Ausbau manchmal oxidativ oder reduktiv.

✔ Gesetzlich ist Natural Wine als Orangewein aus biologischem Anbau definiert.

252
ORANGE WEIN | NATURAL WINE

unfiltriert, ungeschwefelt, maischevergoren, ungeschönt, unkonventionell

Weinland
WELSCHRIESLING O.S. OLÉ BIO 2020
12,50% / trocken / Naturkorken /
Ausbau: Barrique / 0,75 l
Trübes Rotgold, komplexe Nase, kandierter Ingwer,
getrocknete Früchte, Propolis; straffe Struktur, feines
Tannin, komplett trocken, knackige Säure, Walnusshaut,
Grapefruit, spannend, Salz klingt lange nach, enormes
Potenzial.

Weingut Feiler-Artinger, 7071 Rust
02685/237
www.feiler-artinger.at

 94⁺ Punkte

€ 17,90

unfiltriert, ungeschwefelt, maischevergoren, ungeschönt, unkonventionell

---

Steirerland
GELBER MUSKATELLER SÖLL LA VIE ORANGE - SANFTER WEINBAU 2013
14,50 % / trocken / Schrauber / Ausbau: Kleines Holzfass / 0,75 l
Seidenmattes Orange, ölige Schlieren, komplexe Nase, kandierter Ingwer, Propolis,
Marillenmarmelade, Birnenkompott, Kräutertee; straffes Tannin, Kletzen, getrocknete
Marillen und Apfelscheiben, Orangenkekse, wunderbar trocken, sanfte Säure.

Maria und Hannes Söll - Sanfter Weinbau, 8462 Gamlitz
03454/66670
www.weingut-soell.at

€ 68,00   **94** Punkte

Steirerland
WELSCHRIESLING SELEKTION - SANFTER WEINBAU 2017
13,00 % / trocken / Schrauber / Ausbau: Großes Holzfass / 0,75 l
Gold, mächtige Schlieren, klare Frucht, Apfelkompott, Birnenstrudel, gelbe Paprika, Propolis; delikate Extraktsüße, pikante Säure, präzises Rhabarberkompott, Limettengelee,
kreidiger Grip, tolle Mundfülle, charaktervoll und spannend.

Maria und Hannes Söll - Sanfter Weinbau, 8462 Gamlitz
03454/66670
www.weingut-soell.at

€ 23,00   **94⁺** Punkte

Weinland
GEMISCHTER SATZ KRAUT & RÜBEN 2021
12,50 % / trocken / Naturkorken / Ausbau: Stahltank / 0,75 l
Mattes Rotgold, feiner Blütenduft, Orangenzesten, ein Hauch Harz; Propolis, Orangenjam,
Malz, getrocknete Mango, enormer Grip, vielschichtig und druckvoll, wunderbar trocken,
lebendige Säure, hochwertiger Speisenbegleiter.

Weingut Christ, 1210 Wien
01/2925152
www.weingut-christ.at

   € 19,00   **94** Punkte

Steirerland
WEISSBURGUNDER VOM OPOK 2021
13,00 % / trocken / Naturkorken / Ausbau: Kleines Holzfass, unfiltriert / 0,75 l
Seidenmattes Goldgelb, Nougat, Müsliriegel, Trockenfrüchte, Apfelschalen, Zitronenverbene; strukturiert, komplett trocken, knackige Säure, Apfelmus, Zitronengelee,
geradlinig, feinsalzig, dynamische Spannung, herrlicher Speisenbegleiter.

Weingut Sternat Lenz, 8463 Leutschach an der Weinstraße
03455/7693
www.sternat-lenz.com

€ 17,00   **92⁺** Punkte

---

unfiltriert, ungeschwefelt, maischevergoren, ungeschönt, unkonventionell

Steirerland
CHARDONNAY VOM OPOK 2020
13,00% / trocken / Naturkorken / Ausbau: Kleines Holzfass, unfiltriert / 0,75 l
Klares Goldgelb, Apfel- und Birnenkompott, Trockenfrüchte, Speckstein; tolle Mundfülle,
Bratäpfel, Zitronengelee, hohe Extraktsüße, analytisch komplett trocken, knackige Säure,
substanzreich, spannungsgeladen, gewinnt ungemein mit Luft.

Weingut Sternat Lenz, 8463 Leutschach an der Weinstraße
03455/7693
www.sternat-lenz.com

 € 29,00   **92**⁺ Punkte

Österreich
BÄRIG ALTE REBEN 2022
11,50% / trocken / Schrauber / Ausbau: Stahltank / 0,75 l
Mattes Orange, kräftige Schlieren, reife Kriecherln, Zwetschken, Kräutertee; dezente
Aromatik, Zwetschkenfleck, alte Zitrone, feine Extraktsüße, frische Säure, griffiges
Tannin, mehlige Textur, universeller Speisenbegleiter.

Familie Bauer - Bioweingut, 3471 Großriedenthal
02279/7204
www.familiebauer.at

  € 11,00   **92**⁺ Punkte

Weinland
SCHLICHT UND ERGREIFEND CUVÉE ORANGEWINE 2018
13,50% / trocken / Naturkorken / Ausbau: Barrique, schwefelfrei, unfiltriert / 0,75 l
Trübes Orangebraun, markante Nase, getrocknete Marillen, Rosinen, Dörrzwetschken,
Kräutertee; straffe Struktur, engmaschiges Tannin, Marillenkonfit, Orangengelee, reifes
Obst, Grafit, kreidig, agile Säure, knochentrocken, druckvoll und lang.

Schmelzer's Weingut - biodynamisch, 7122 Gols
0699/11188309
www.schmelzer.at

€ 26,00   **92** Punkte

Weinland
MINIMAL 2020
12,50% / trocken / Schrauber / Ausbau: Stahltank / 0,75 l
Rotgold, massive Schlieren, mineralische Nase, nasse Kreide, eine Idee geriebene Nüsse,
Kletzen; enorme Struktur, griffiges Tannin, Zitronensorbet, Haferkekse, knochentrocken,
pikante Säure, feinherber Speisenbegleiter, gewinnt mit Luft.

Winzerhof Leopold, 1210 Wien
01/2921356
www.winzerhof-leopold.at

 € 19,00   **91**⁺ Punkte

unfiltriert, ungeschwefelt, maischevergoren, ungeschönt, unkonventionell

Weinland
GRÜNER VELTLINER NATUR 2021
13,00 % / trocken / Naturkorken / Ausbau: Kleines Holzfass, unfiltriert / 0,75 l
Seidenmattes Rotgold, mächtige Schlieren, komplexe Nase, Leder und Leber, Propolis, Malz, Orangenzesten; Apfelmus, Birnenkompott, straffe Struktur, wunderbar trocken, agile Säure, exzellenter Speisenbegleiter für würzige Gerichte.

Weingut Faber-Köchl - Die Winzerinnen
2130 Eibesthal, 0664/1858173
www.faber-koechl.at

  € 19,90   **91** Punkte

Österreich
WELSCHRIESLING 2022
12,50 % / trocken / Schrauber / Ausbau: kein zugesetzter Schwefel, unfiltriert / 0,75 l
Gold mit orangen Reflexen, massive Schlieren, Apfelkompott, Birnenstrudel; cremige Mundfülle, extraktsüß, balancierte Säure, Zitronengelee, Apfelmus, strukturierter Körper, lebendiges Süße-Säure-Spiel, hat Spannung und Länge.

Schmelzer's Weingut - biodynamisch, 7122 Gols
0699/11188309
www.schmelzer.at

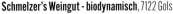 € 13,00   **91** Punkte

Österreich
ORANGEWINE NV
12,00 % / trocken / Schrauber / Ausbau: Stahltank / 0,75 l
Trübes Orangerot, diskreter Duft, Trockenfrüchte, Grafit, Linsen, Kleeblüten, Sanddorn; rassige Säure, Birnenkompott mit Zitronensaft, enorme Struktur, körniges Tannin, salzige Adern, geradlinige Frucht, Gerbsäure bleibt lange haften.

Weinbau Gerhard Pamperl, 3710 Ziersdorf
0699/11112242
www.pamperl-wein.at

 € 5,10   **91** Punkte

Österreich
BIG NATURE WHITE NV
11,50 % / trocken / Schrauber / Ausbau: Stahltank, schwefelfrei, unfiltriert / 1 l
Sattes Gold, ölige Schlieren, Apfelmus, Vanillepudding, Cidre, Harz, Datteln, Zesten; druckvolle Extraktsüße, komplett trocken, lebendige Säure, Apfelgelee, frischer Sturm, gute Mundfülle, feines Tannin, süßfruchtiger Nachhall.

Schmelzer's Weingut - biodynamisch, 7122 Gols
0699/11188309
www.schmelzer.at

 € 18,00   **90** Punkte

unfiltriert, ungeschwefelt, maischevergoren, ungeschönt, unkonventionell

Bergland
DONAURIESLING ANDAS 2022

13,00% / trocken / Naturkorken / Ausbau: Glas, Stahl / 0,75 l

Rotgold, markante Nase, erinnert ans Jura, Bratensaft, Nusscocktail, Quiche Lorraine; enorme Struktur, sehr mineralisch, braucht Luft, dezente Frucht, grüne Bohnen, Linsen, charaktervoller Wein, herbes Finish, fernab vom Mainstream.

TrippelGUT, 9560 Feldkirchen i. K.
04276/93080
www.trippelgut.at

€ 28,00   **90**⁺ Punkte

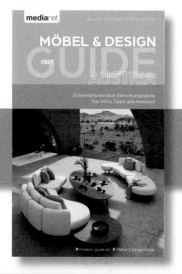

PERLWEIN

✔ Schäumender Wein, der hauptsächlich durch Tankgärverfahren oder Imprägnierverfahren mit zugesetzter Kohlensäure hergestellt wurde.

✔ Er muss mindestens 1 bar Druck aufweisen, höchstens jedoch 2,5 bar. Darüber handelt es sich um einen Schaumwein.

✔ Oft auch als Frizzante bezeichnet. Der Begriff Frizzante ist aber auch für Schaumweine mit zugesetzter Kohlensäure üblich.

SIEGERWEIN

Österreichischer Perlwein
SCHILCHER FRIZZANTE NV
11,00% / trocken / Schrauber /
Ausbau: Méthode Charmat / 0,75 l
Transparentes Kirschrot, feinperlige Schaumbildung,
Stachelbeeren, Brennnessel; zartes Mousseux,
blitzsaubere Frucht, Ribisel, Zitronensorbet, delikate
Fruchtsüße, klirrende Säure, druckvoll mit straffer
Spannung, ungemein erfrischend.

Weingut Christian Reiterer
8551 Wies
03465/3950, www.weingut-reiterer.com

 € 9,30   **93** Punkte

Österreich
PET NAT GRÜNER VELTLINER 2022
12,00% / brut nature / Kronenkapsel / Ausbau: Pet Nat / 0,75 l
Zarte Schaumbildung, die lange nachperlt, seidenmattes Strohgelb, Apfelmus, Birnenkompott; vollmundiges Mousseux, ausgezeichnete Süße-Säure-Balance, naturtrüber
Apfelsaft, Stollwerk, trinkfreudig, erfrischend, archetypischer Pet Nat.

Weingut Mayersistas, 3594 Franzen
0664/2477356
www.mayersistas.at

€ 23,00   **92⁺** Punkte

Österreichischer Perlwein mit zugesetzter Kohlensäure
ROSÉ FRIZZANTE 2021

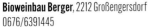

12,00% / trocken / Schrauber / Ausbau: mit zugesetzter Kohlensäure / 0,75 l
Intensive feinperlige Schaumbildung, helles Kirschrot, fruchtige Nase, Erdbeermark,
Feigen, Himbeeren; vollmundiges Mousseux, blitzsaubere Frucht, Erdbeermarmelade,
charmante Süße von agiler Säure getragen, femininer Partyhit.

Bioweinbau Berger, 2212 Großengersdorf
0676/6391445
www.bio-berger.at

€ 7,00   **92** Punkte

Österreichischer Perlwein mit zugesetzter Kohlensäure
SCHILCHER FRIZZANTE NV
11,50% / trocken / Schrauber / Ausbau: mit zugesetzter Kohlensäure / 0,75 l
Dezente Schaumbildung, leuchtendes Pink, Stachelbeeren, Brennnessel, Pfefferoni;
klirrende Säure vom Restzucker gut abgepuffert, vollmundiges Mousseux, Ribisel pur,
salzige Spannung, sortentypischer, erfrischender Zitrusnachhall.

Weingut & Buschenschank Weber, 8511 St. Stefan ob Stainz

0664/73652695
www.weingutweber.at

€ 10,90   **92** Punkte

Österreichischer Perlwein mit zugesetzter Kohlensäure
SÖLL LA BELLE FRIZZANTE - SANFTER WEINBAU NV
10,50% / trocken / Schrauber / Ausbau: mit zugesetzter Kohlensäure / 0,75 l
Intensive Schaumbildung, die lange nachperlt, zinnoberrot mit Kupferreflexen, intensiver
Walderdbeerenduft; herrliches Mousseux, sehr feinperlig, wieder Walderdbeeren pur,
Zitronensaft, rassige Säure, feine Fruchtsüße, langer Zitrusnachhall.

Maria und Hannes Söll - Sanfter Weinbau, 8462 Gamlitz

03454/66670
www.weingut-soell.at

€ 11,90   **92** Punkte

Österreichischer Perlwein mit zugesetzter Kohlensäure
MUSKATELLER FRIZZANTE 2021

12,00 % / trocken / Schrauber / Ausbau: mit zugesetzter Kohlensäure / 0,75 l
Zarte Schaumbildung, strohgelb, feiner Muskatduft, Holunderblüten, Pfirsichmark; feines Mousseux, delikate Fruchtsüße, agile Säure, glockenklar, Limetten, Litschi, Pfirsichgelee, leichtfüßig, trinkfreudig, saftig, herrlicher Partyhit.

Bioweinbau Berger, 2212 Großengersdorf
0676/6391445
www.bio-berger.at

€ 7,00   **90** Punkte

Österreich
PET NAT ROSÉ 2021

11,50 % / brut nature / Kronenkapsel / Ausbau: Pet Nat / 0,75 l
Feinperlige Schaumbildung, trübes Rosarot, Trockenfrüchte, Erdbeeren, Feigen, Cidre, Haferkekse, zarte Animalik, Streichholzkopf; angenehmes Mousseux, knochentrocken, klirrende Säure, Zitronensorbet, Apfelmus, druckvoll mit straffer Spannung.

Schmelzer's Weingut - biodynamisch, 7122 Gols
0699/11188309
www.schmelzer.at

€ 16,00   **90** Punkte

Österreichischer Perlwein mit zugesetzter Kohlensäure
FRIZZANTE ROSÉ NV

12,00 % / trocken / Schrauber / Ausbau: mit zugesetzter Kohlensäure / 0,75 l
Zarte Schaumbildung, die lange nachperlt, lachsrosa, Zwetschkenfleck, Biskuit, Apfelstrudel; vollmundiges Mousseux, druckvolle Fruchtsüße, balancierte Säure, Kirschgelee, Blutorangen, trinkfreudig, blitzsauber, langer Fruchtnachhall.

Winzerhof Schachinger, 3494 Gedersdorf
0664/5436797
www.schachingerwein.at

€ 7,50   **90** Punkte

Österreichischer Perlwein mit zugesetzter Kohlensäure
RIESLING FRIZZANTE 2022

12,50 % / trocken / Schrauber / Ausbau: mit zugesetzter Kohlensäure / 0,75 l
Intensive Schaumbildung, hellgelb, zarter Muskatduft, Orangenzesten, Pfirsiche; cremiges Mousseux, druckvolle Extraktsüße, agile Säure, glockenklare Zitrusfrucht, Orangen, Marillen, feinsalzig, erfrischender Abgang.

Bioweinbau Berger, 2212 Großengersdorf
0676/6391445
www.bio-berger.at

€ 7,00   **90**⁺ Punkte

Österreich
PET NAT DION WHITE 2022
12,00 % / brut nature / Kronenkapsel / Ausbau: Pet Nat / 0,75 l

Feinperlige Schaumbildung, trübes Hellorange, Orangenzesten, Bleistiftspitzer, Wildbret; feines Mousseux, Käse-Kräcker mit Salz, Zitronensorbet, Pomelo, knochentrocken, lebendige Säure, langer Zitrusnachhall, animalisches Finish.

Schmelzer's Weingut - biodynamisch, 7122 Gols
0699/11188309
www.schmelzer.at

€ 16,00   **90** Punkte

Österreichischer Perlwein mit zugesetzter Kohlensäure
PERLWEIN MUSKAT OTTONEL 2021
12,00 % / halbtrocken / Schrauber / Ausbau: mit zugesetzter Kohlensäure / 0,75 l

Feine Schaumbildung, goldgelb, Holunderblüten, muskatig, Marillen, Pfirsiche, Aloe Vera, Zitronengras; feingliedriges Mousseux, druckvolle Süße, frische Säure, Marillen-marmelade, Limettengelee, wohldosierter Körper, ruhig und saftig.

Weingut Dollinger, 2244 Spannberg
0664/3523130
www.weingut-dollinger.at

€ 5,00   **89** Punkte

Österreichischer Perlwein mit zugesetzter Kohlensäure
ROSECCO FRIZZANTE ROSÉ 2022
12,00 % / trocken / Schrauber / Ausbau: mit zugesetzter Kohlensäure / 0,75 l

Lang anhaltende Perlage, elegantes Blassrosa, diskreter Duft, rote Äpfel, Preiselbeeren, Staubzucker; feines Mousseux, deutliche Süße, balancierte Säure, Kirschsaft, Erdbeer-mark, schlank und trinkfreudig, femininer Charakter.

Weingut Beyer, 2051 Zellerndorf
0664/73635181
www.beyer-wein.at

€ 6,50   **89** Punkte

Österreichischer Perlwein mit zugesetzter Kohlensäure
ROSÉ FRIZZANTE 2022
11,00 % / trocken / Schrauber / Ausbau: mit zugesetzter Kohlensäure / 0,75 l

Feine lange nachperlende Schaumbildung, leuchtendes Rosa, Erdbeeren, Hagebutten, Himbeereis, Piper; seidiges Mousseux, blitzsaubere Frucht, Wassermelone, Limetten, gute Säurebalance, leichtfüßig, trinkfreudig und saftig.

Weingut Hirschbüchler, 2120 Obersdorf
0699/11701579
www.hirschbuechler.at

€ 7,60   **89** Punkte

Österreichischer Perlwein mit zugesetzter Kohlensäure
ROSAMUNDE FRIZZANTE 2022

11,00 % / trocken / Schrauber / Ausbau: mit zugesetzter Kohlensäure / 0,75 l
Feine Schaumbildung, leuchtendes Rosarot, verstecktes Buket, anfangs erdige Noten,
mit Luft Cremeschnitten; dezentes Mousseux, Erdbeeren, Himbeeren, Kirschen, deutliche
Süße, balancierte Säure, saftig und unkompliziert.

Weinbau J. Wittmann, 2161 Poysbrunn
0664/1953129
www.weinbau-wittmann.at

€ 6,50 · **89⁺** Punkte

Österreichischer Perlwein mit zugesetzter Kohlensäure
MUSKAT FRIZZANTE 2022

9,00 % / halbtrocken / Schrauber / Ausbau: mit zugesetzter Kohlensäure / 0,75 l
Dezente Schaumbildung, die lange nachperlt, Holunderblüten, grüne Äpfel, Limetten,
Basilikum; mundfüllendes Mousseux, deutliche Restsüße, zarte Säure, leichtfüßig, sanfter
Druck, süße Marillen und Pfirsiche, mädchenhaft elegant.

Weingut Merum, 7162 Tadten
0676/7204888
www.merum.at

€ 6,50 · **89** Punkte

Österreich
DES BULLES NATURELLES PETNAT ROSÉ 2021

12,50 % / trocken / Kronenkapsel / Ausbau: Pet Nat / 0,75 l
Feine Perlage, leuchtendes Ziegelrot, Apfelschalen, rote Äpfel, reife Erdbeeren, roter
Sturm; feines Mousseux, Erdbeergelee, Zitronensorbet, delikate Süße, balancierte Säure,
saftig, leichtfüßig, langer süßfruchtiger Nachhall.

Fink & Kotzian Weinbau, 3730 Eggenburg
0664/3902602
www.weinfink.at

€ 15,00 · **88⁺** Punkte

Österreichischer Perlwein mit zugesetzter Kohlensäure
FRIZZANTE MISS WHITE BERRY 2021

12,50 % / trocken / Schrauber / Ausbau: mit zugesetzter Kohlensäure / 0,75 l
Zarte Schaumbildung, ölige Schlieren, intensiver Muskatduft, Holunderblüten, Ringlotten,
Majorantee; feines Mousseux, delikate Süße, balancierte Säure, zarte Steinobstnoten,
Traubensaft, sehr leichtfüßig, trinkfreudiger Partysprudel.

BaderWein, 7312 Horitschon
0664/75038152
www.baderwein.at

€ 9,00 · **88** Punkte

Österreichischer Perlwein mit zugesetzter Kohlensäure

FRIZZANTE MISS ROSÉ BERRY 2021

14,00% / trocken / Schrauber / Ausbau: mit zugesetzter Kohlensäure / 0,75 l

Zarte Schaumbildung, Rosarot, reifes Obst, getrocknete Tomaten, Datteln, Zuckermais; dezentes Mousseux, deutliche Süße, sanfte Säure, Karamell, filigrane Fruchtaromatik, Zwetschkenkompott und Rosinen, kräftiger Alkohol gut eingebunden.

BaderWein, 7312 Horitschon
0664/75038152
www.baderwein.at

 € 9,00 **87** Punkte

SCHAUMWEIN SEKT WEISS

- ✔ Wein mit Kohlensäure zwischen 2,5 bis 6 bar.
- ✔ Die Kohlensäure kann durch eine zweite Gärung (Sekt) oder durch Erhalt bei der ersten Gärung (Pet Nat) entstehen, oder aber wird dem fertigen Wein zugesetzt (Schaumwein mit zugesetzter Kohlensäure).
- ✔ Herstellungsverfahren durch zweite Gärung:
  Méthode Traditionelle - traditionelle Flaschengärung.
  Transvasierverfahren - Flaschengärung und Umfüllung in andere Flaschen - meist Sondergrößen.
  Méthode Charmat - Tankgärverfahren.
- ✔ Herstellungsverfahren während der ersten Gärung:
  Méthode Rurale (Pétillant Naturel) -
  Most gärt in der Flasche weiter.
  Asti-Methode - Gärung im Tank unter Druck und Füllung des fertigen Schaumweins.
- ✔ Herstellungsverfahren mit zugesetzter Kohlensäure:
  Imprägnierverfahren.

SIEGERWEIN

Sekt Austria Niederösterreich g.U.
BLANC DE NOIRS EXTRA BRUT RESERVE 2016
12,00% / extra brut / Naturkorken /
Ausbau: Méthode Traditionelle / 0,75 l
Intensive Perlage, die lange nachperlt, rotgold,
charmantes Bukett, Biskuit mit Erdbeermarmelade,
Biskotten; feingliedriges Mousseux, Zwetschkenfleck,
Zitronengelee, Haselnusskipferl, sehr elegant und
gediegen, edler Champagner-Stil.

Weingut Bründlmayer
3550 Langenlois
02734/21720, www.bruendlmayer.at

 € 42,00   **96** Punkte

Sekt Austria Niederösterreich g.U.
BLANC DE BLANCS EXTRA BRUT RESERVE NV
12,00% / extra brut / Naturkorken / Ausbau: Méthode Traditionelle / 0,75 l
Kräftige Schaumbildung, perlt lange nach, goldig, Knäckebrot, Roggen, Kornspitz, schöne Autolysenoten; ausgezeichnete Süße-Säure-Balance, salzig, Haselnussgebäck, Zitronensorbet, exzellente Spannung, perfekter Champagner-Stil.

Weingut Bründlmayer, 3550 Langenlois
02734/21720
www.bruendlmayer.at

€ 39,00 **95**⁺ Punkte

Sekt Austria Niederösterreich g.U.
BLANC DE BLANCS BRUT RESERVE NV
12,00% / brut / Naturkorken / Ausbau: Méthode Traditionelle / 0,75 l
Feinperlige Schaumbildung, goldgelb, deutliche Hefenoten, Brioche, Faschingskrapfen, geröstete Pinienkerne; vollmundiges seidiges Mousseux, elegante Süße, wunderbare Säurebalance, Zwetschkenfleck, Zitronengelee, gelungener Champagner-Stil.

Weingut Schloss Gobelsburg, 3550 Gobelsburg
02734/2422
www.gobelsburg.at

€ 31,00 **94**⁺ Punkte

Sekt Austria Niederösterreich g.U.
CHARDONNAY BRUT RESERVE 2017
12,00% / brut / Naturkorken / Ausbau: Méthode Traditionelle / 0,75 l
Intensive Perlage, goldgelb, ölige Schlieren, charmante Hefenoten, Faschingskrapfen; mundfüllendes Mousseux, Biskuit, Haselnussgebäck, Apfelstrudel, blitzsaubere Frucht, balancierte Dosage, saftig und trinkfreudig.

Schlumberger Wein- und Sektkellerei, 1190 Wien
01/36822580
www.schlumberger.at

€ 24,99 **94** Punkte

Österreichischer Sekt
PAPAGENO CUVÉE BRUT - SANFTER WEINBAU 2010
13,50% / brut / Naturkorken / Ausbau: Méthode Traditionelle / 0,75 l
Feine Perlage, kräftiges Gold, vielschichtige Aromatik, kandierte Früchte, Aranzini, Nussecke, Zimtschnecke; vollmundiges Mousseux, Walnüsse, Biskuit, Bratenkruste, wunderbar trocken, frische Säure, feinherb, Krachmandeln, charaktervoll.

Maria und Hannes Söll - Sanfter Weinbau, 8462 Gamlitz
03454/66670
www.weingut-soell.at

€ 38,00 **93** Punkte

Österreich
PET NAT SÄMLING 2022
11,50% / trocken / Diam / Ausbau: Pet Nat / 0,75 l
Kräftige Schaumbildung, seidenmattes Gelb, naturtrüber Apfelsaft, Pfirsiche, Birnenkompott; vollmundiges Mousseux, blitzsaubere Frucht, Apfel, Orangen, Holunderblüten,
extraktsüß, lebendige Säure, druckvoll, lang und erfrischend.

Weingut Silvia Rosenberger, 3491 Straß im Straßertal
02735/2532
www.weingut-rosenberger.at

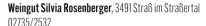

€ 13,00   **93** Punkte

Sekt Austria Kärnten g.U.
PERLEN DES SÜDENS EXTRA BRUT RESERVE 2019
12,00% / extra brut / Naturkorken / Ausbau: Méthode Traditionelle / 0,75 l
Intensive großperlige Schaumbildung, goldgelb, Walnussparfait, Nusstorte, Harz;
massives Mousseux, wunderbar trocken, knackige Säurespannung, diskrete Fruchtaromatik, Apfelkuchen, Brioche, mineralischer Grip, feiner Zitrusnachhall.

Weinbaubetrieb Sternberg, 9241 Wernberg
0664/1601630
www.sternberg-wein.at

€ 25,00   **93** Punkte

Sekt Austria Niederösterreich g.U.
JUBILÄUMSSEKT 125 JAHRE LFS MISTELBACH NV
12,50% / brut / Naturkorken / Ausbau: Méthode Traditionelle / 0,75 l
Intensive Perlage, grüngelb, deutliche Schlieren, Biskuit, Äpfel; vollmundiges Mousseux,
ausgezeichnete Süße-Säure-Balance, saftig und elegant, feingliedrige Frucht, gelbe Äpfel
pur, glockenklar, graziler Zitrusnachhall.

NÖ Landesweingut Mistelbach, 2130 Mistelbach a.d. Zaya
02742/900513045
www.noe-landesweingueter.at

€ 12,00   **92⁺** Punkte

Österreichischer Sekt
V BRUT NATURE 2019
12,00% / brut / Naturkorken / Ausbau: Méthode Traditionelle / 0,75 l
Kräftige Schaumbildung, goldgelb, Biskuit, Topfengolatschen, Haselnüsse, Zwetschken;
elegantes Mousseux, angenehm trocken, lebendige Säure, geradlinig und blitzsauber,
diskrete Zitrusaromatik, perfekter Fischbegleiter.

Graf Hardegg, 2062 Seefeld-Kadolz
02943/2203
www.grafhardegg.at

€ 30,00   **92⁺** Punkte

Sekt Austria Niederösterreich g.U.
RIESLING SEKT RESERVE 2020

13,00 % / brut / Naturkorken / Ausbau: Méthode Traditionelle / 0,75 l
Intensive Schaumbildung, zitronengelb, Bienenstich mit Staubzucker, Croissant, Trockenfrüchte; feines Mousseux, deutliche Süße, lebendige Säure, salzige Adern, reife Kriecherln, Limettengelee, druckvolle Frucht klingt lange nach.

Weingut Steininger, 3550 Langenlois
02734/2372
www.weingut-steininger.at

 € 22,50 **92** Punkte

Österreichischer Schaumwein mit zugesetzter Kohlensäure
FRIZZANTE NO1 GELBER MUSKATELLER 2022

11,00 % / trocken / Naturkorken / Ausbau: mit zugesetzter Kohlensäure / 0,75 l
Intensive Schaumbildung, perlt lange nach, Holunderblüten, Pfefferminze, Weingartenpfirsich; feines Mousseux, Kräuterlimonade, gelber Pfirsich, charmante Süße von rassiger Säure getragen, druckvoll und spannend, herrlicher Aperitif.

Weingut Josef Tesch, 7311 Neckenmarkt
0664/2623756
www.tesch-wein.at

 € 9,50 **91** Punkte

Sekt Austria Niederösterreich g.U.
GRÜNER VELTLINER BRUT 2021

12,00 % / brut / Naturkorken / Ausbau: Méthode Traditionelle / 0,75 l
Intensive feinperlige Schaumbildung, goldgelb, intensive Hefenoten, Feuerstein, Senfkörner, Sardellenpaste; seidiges Mousseux, Zitronengelee, Steinobstnoten, Zitronenverbene, ausgezeichnete Spannung, balancierte Säure, gelungene Dosage.

Schlumberger Wein- und Sektkellerei, 1190 Wien
01/36822580
www.schlumberger.at

€ 14,99 **91** Punkte

Sekt Austria Niederösterreich g.U.
SPARKLING BRUT 2019

12,00 % / brut / Naturkorken / Ausbau: Méthode Traditionelle / 0,75 l
Feine Schaumbildung, grüngelb, Biskuit, Haselnusskekse, Zuckermelonen; angenehmes langanhaltendes Mousseux, nasser Stein, diskrete Aromatik, Zwetschkenfleck, geriebene Walnüsse, Wachs, ausgewogene Dosage, frische Säure, rustikaler Stil.

Schlumberger Wein- und Sektkellerei, 1190 Wien
01/36822580
www.schlumberger.at

€ 14,99 **91** Punkte

Sekt Austria Steiermark g.U.
CHARDONNAY EXTRA BRUT RESERVE 2020
11,50% / extra brut / Naturkorken / Ausbau: Méthode Traditionelle / 0,75 l
Intensive Schaumbildung, perlt lange nach, goldgelb, Trockenfrüchte, Nektarinen, anfangs
Bierhefe; feinperliges mundfüllendes Mousseux, Äpfel, Quitten, etwas Zitrone, Brioche,
angenehm trocken, balancierte Säure, ruhig und gediegen.

Weingut Leitgeb, 8343 Bad Gleichenberg
03159/2885
www.weingut-leitgeb.at

 € 15,90 **91** Punkte

Österreichischer Schaumwein mit zugesetzter Kohlensäure

FRIZZANTE GELBER MUSKATELLER BIO 2022
11,50% / trocken / Schrauber / Ausbau: mit zugesetzter Kohlensäure / 0,75 l
Feinperlige Schaumbildung, perlt lange nach, frische Marillen, grüne Melone, Holunderblüten, Kräuterlimonade; mundfüllendes Mousseux, Pfirsichmark, druckvolle Süße, vitale
Säurespannung, leichtfüßiger Alkohol, saftiges Partygetränk.

NÖ Landesweingut Hollabrunn, 2020 Hollabrunn
02742/900513045
www.noe-landesweingueter.at

€ 6,80 **90⁺** Punkte

Österreichischer Schaumwein mit zugesetzter Kohlensäure
HÖFIZZ 2022
12,00% / extra trocken / Naturkorken / Ausbau: mit zugesetzter Kohlensäure / 0,75 l
Langanhaltende Schaumbildung, goldgelb, ölige Schlieren, Birnenkompott, Zimt, Gewürznelken, Wacholder; vollmundiges Mousseux, charmante Süße, vitale Säure, Birnenstrudel,
Apfel- und Zitronengelee, mineralischer Grip, Zitronenzesten im Finale.

Familienweingut Höfinger, 3550 Gobelsburg
0676/7235899
www.weingut-hoefinger.at

€ 7,50 **90⁺** Punkte

Österreichischer Schaumwein mit zugesetzter Kohlensäure
GEWÜRZTRAMINER FRIZZANTE ROOK 2022
13,00% / trocken / Schrauber / Ausbau: mit zugesetzter Kohlensäure / 0,75 l
Feinperlige Schaumbildung, die lange anhält, strohgelb, Birnenstrudel, Rosen, Brioche,
Vanillekipferl; feines Mousseux, druckvolle Fruchtsüße, Marillenkonfit, Orangenjam,
Kumquats, Hustinetten, langer süßer Fruchtnachhall.

Weinbau Andreas Bauer, 3483 Wagram am Wagram
0660/8777001
www.weinerlebnis-bauer.at

€ 6,80 **90⁺** Punkte

Österreichischer Schaumwein mit zugesetzter Kohlensäure
FRIZZANTE CHARDONNAY & BLÜTENMUSKATELLER 2022
12,50% / trocken / Schrauber / Ausbau: mit zugesetzter Kohlensäure / 0,75 l
Lang nachperlende Schaumbildung, dezenter Duft, geriebene Nüsse, Weißbrot, nasser
Stein, Staubzucker; mundfüllendes Mousseux, intensive Süße, lebendige Säure, salzige
Noten, Birnenkompott, Kriecherlmarmelade, langer süß-saurer Abgang.

Weingut Wiedeschitz, 7301 Deutschkreutz
0650/9041286
www.weingut-wiedeschitz.at

€ 8,00   **90** Punkte

Österreichischer Schaumwein mit zugesetzter Kohlensäure
SECCO VOM MUSKATELLER 2022
12,00% / trocken / Diam / Ausbau: mit zugesetzter Kohlensäure / 0,75 l
Intensive feinperlige Schaumbildung, hellgelb, blitzsaubere Fruchtnase, Pfirsiche,
Holunderblüten; mundfüllendes Mousseux, süßer Pfirsich, erfrischende Säure, druckvolle
Süße, Acid Drops, verführerisches Partygetränk.

Weingut Breyer, 2500 Baden bei Wien
0650/8645306
www.weingut-breyer.at

€ 9,00   **90⁺** Punkte

Österreichischer Schaumwein mit zugesetzter Kohlensäure
UHUDLER FRIZZE WEISS 2022
11,00% / trocken / Schrauber / Ausbau: mit zugesetzter Kohlensäure / 0,75 l
Intensive Schaumbildung, goldgelb, intensiver Duft, Lindenblüten, getrocknete
Walderdbeeren; mundfüllendes Mousseux, das sehr lange anhält, druckvolle Süße,
Erdbeermarmelade, Zitronengelee, knackige Säure, hat Spannung und Länge.

Uhudlerei Mirth, 7562 Eltendorf
03325/2216
www.uhudlerei-mirth.at

€ 12,00   **89** Punkte

Österreichischer Schaumwein mit zugesetzter Kohlensäure
SCHAUMWEIN VOM GRÜNEN VELTLINER 2021
12,50% / trocken / Naturkorken / Ausbau: mit zugesetzter Kohlensäure / 0,75 l
Kräftige Schaumbildung, die lange nachperlt, zitronengelb, diskreter Duft, Wiesenblumen, Heu, Mirabellen; zartes Mousseux, schlank und rank, deutliche Süße, feine Säure,
Apfelmus, unkompliziert und trinkfreudig, femininer Charakter.

Heurigen Habacht, 2353 Guntramsdorf
0676/5222990
heurigen-habacht.at

€ 8,50   **89** Punkte

Österreichischer Sekt
MUSKATELLER SEKT 2021
13,00% / brut / Naturkorken / Ausbau: Méthode Traditionelle / 0,75 l

Feinperlige Schaumbildung, Weingartenpfirsich, Holunderblüten, eingelegte Pfefferoni; druckvolles Mousseux, süße Anmutung, zarte Säure, Kräuterlimonade, leichtgewichtig, kräftiger Alkohol perfekt eingebunden, süßer Trinkgenuss.

Weingut Steininger, 3550 Langenlois
02734/2372
www.weingut-steininger.at

€ 22,50 **89** Punkte

SCHAUMWEIN SEKT ROSÉ

- ✔ Herstellungsmethoden und wie bei Schaumwein aus weißen Trauben.
- ✔ Rosé als Grundwein.
- ✔ Aus allen in Österreich zugelassenen roten Sorten.
- ✔ Hauptsächlich Zweigelt, Pinot Noir und Cabernet Sauvignon.
- ✔ Spezialität: Schilchersekt aus der steirischen Blauen Wildbacher-Traube.
- ✔ Jahrgangssekt nur in den besten Jahren.

SIEGERWEIN

Sekt Austria Burgenland g.U.
PINOT NOIR BRUT RESERVE 2017
12,00% / brut / Naturkorken /
Ausbau: Méthode Traditionelle / 0,75 l
Zarte feinperlige Schaumbildung, die sehr lange nachperlt,
lachsrosa, Zwetschkenfleck; perfekte Dosage, sanfte
Säure, kreidige Textur, elegante Hefenoten, Biskuit,
Haselnussgebäck, Kaffee, zartes Mousseux, ein Klassiker.

Schlumberger Wein- und Sektkellerei
1190 Wien
01/36822580, www.schlumberger.at

 € 24,99   **93** Punkte

Österreichischer Sekt
SCHILCHER SEKT NV

11,50 % / extra trocken / Naturkorken / Ausbau: Méthode Charmat / 0,75 l
Intensive feinperlige Schaumbildung, zinnoberrot, verhaltener Duft, Erdbeeren; mundfüllendes Mousseux, delikate Süße, von rassiger Säure getragen, Johannisbeeren, Erdbeeren, druckvoll, salzige Anklänge, archetypischer Schilchersekt.

Weingut Christian Reiterer, 8551 Wies
03465/3950
www.weingut-reiterer.com

€ 13,20   **92**⁺ Punkte

Österreichischer Sekt
PAPAGENA MACHRIMA ROSÉ BRUT - SANFTER WEINBAU 2013

12,50 % / brut / Naturkorken / Ausbau: Méthode Traditionelle / 0,75 l
Zarte Schaumbildung, lachsrosa, ölige Schlieren, Wachs, Paranüsse, Oloroso; feines Mousseux, staubtrocken, agile Säure, morbide Frucht, salzige Anklänge, straffe Spannung, Biskuit, Orangenkekse, Zitronensorbet, charaktervoll.

Maria und Hannes Söll - Sanfter Weinbau, 8462 Gamlitz
03454/66670
www.weingut-soell.at

€ 32,00   **92** Punkte

Österreichischer Schaumwein mit zugesetzter Kohlensäure
UHUDLER FRIZZANTE 2022

12,00 % / trocken / Schrauber / Ausbau: mit zugesetzter Kohlensäure / 0,75 l
Intensive Schaumbildung, die lange nachperlt, pink, Walderdbeeren in der Nase; mundfüllendes Mousseux, kreidiger Grip, Kirschzuckerl, Zitronensorbet, delikate Süße, klirrende Säure, erfrischender Abgang, hat Spannung und Länge.

Weinbau Gratzl, 7522 Strem
0664/4420020
www.weinbau-gratzl.at

    € 11,90   **91**⁺ Punkte

Österreichischer Schaumwein mit zugesetzter Kohlensäure
UHUDLER FRIZZE 2022

11,00 % / trocken / Schrauber / Ausbau: mit zugesetzter Kohlensäure / 0,75 l
Feine Schaumbildung, perlt lange nach, Kirschrot, intensive Fruchtnase, Walderdbeeren pur; feines Mousseux, angenehme Mundfülle, Walderdbeeren und Johannisbeerbonbon, Zitronen PEZ, delikates Süße-Säure-Spiel, druckvoll und lang.

Uhudlerei Mirth, 7562 Eltendorf
03325/2216
www.uhudlerei-mirth.at

€ 12,00   **91**⁺ Punkte

Österreichischer Sekt
PINOT NOIR ROSÉ BRUT 2018

12,00 % / brut / Naturkorken / Ausbau: Méthode Traditionelle / 0,75 l
Intensive Schaumbildung, dunkles Lachsrosa, Trockenfrüchte, Heublumen, Bratenkruste; vollmundiges Mousseux, kandierte Früchte, Bratensaft, geröstete Nüsse, ausgezeichnete Säurebalance, gute Dichte, feinherbes Finish.

Weingut Kleber, 7571 Rudersdorf
0664/5310020
www.weingut-kleber.at

 € 14,00   **91+** Punkte

Österreichischer Sekt
ROSÉ BRUT 2019

14,00 % / brut / Naturkorken / Ausbau: Méthode Traditionelle / 0,75 l
Deutliche Schaumbildung, rosarot, Brioche, Vanillekipferl, Butterkekse mit Erdbeermarmelade; feines Mousseux, Trockenfrüchte, Zitronenzesten, Germknödel mit Himbeermark, wunderbare Säurebalance, trinkfreudig und belebend.

Weingut Juliana Wieder, 7311 Neckenmarkt
02610/42438
www.weingut-juliana-wieder.at

  € 14,00   **91** Punkte

Österreichischer Sekt
BRUT BLANC DE NOIR 2020

13,50 % / brut / Naturkorken / Ausbau: Méthode Traditionelle / 0,75 l
Lang anhaltende Perlage, blassrosa, diskrete Frucht, getrocknete Veilchen, Peruanischer Pfeffer; mundfüllendes feines Mousseux, elegante Fruchtsüße, rassige Säure, Erdbeer-Zitronen-Eis, mineralischer Grip, straffe Spannung, Pomelo im Abgang.

Hans Bauer - Wein & Prosciutto, 7025 Pöttelsdorf
0664/5379491
www.wein-prosciutto.at

 € 30,00   **90** Punkte

Österreichischer Schaumwein mit zugesetzter Kohlensäure
ZWEIGELT ROSÉ FRIZZANTE 2022

11,00 % / trocken / Schrauber / Ausbau: mit zugesetzter Kohlensäure / 0,75 l
Feine Schaumbildung, die lange nachperlt, rosa, Zwetschkenfleck, Brandteigkrapferl; seidiges Mousseux, gediegene Beerenfrucht, charmante Süße, balancierte Säure, glockenklare Frucht, Erdbeer-Zitroneneis, langer erfrischender Nachhall.

Weingut Oberschil-Rieger, 2102 Hagenbrunn
02262/672782
www.oberschil-rieger.at

 € 8,00   **90** Punkte

Österreichischer Schaumwein mit zugesetzter Kohlensäure
FRIZZANTE NO2 ROSÉ 2022
13,00% / trocken / Naturkorken / Ausbau: mit zugesetzter Kohlensäure / 0,75 l
Intensive Schaumbildung, leuchtendes Rosa, Babybananen, Kirschen, Majoran; feines
Mousseux, leichtfüßig, glockenklare Frucht, Erdbeeren, Zitronen, balancierte Dosage,
feine Süße, lebendige Säure, trinkfreudig und unkompliziert.

Weingut Josef Tesch, 7311 Neckenmarkt
0664/2623756
www.tesch-wein.at

 € 9,50 **90**⁺ Punkte

Österreichischer Schaumwein mit zugesetzter Kohlensäure
ROSÉ SECCO 2022
12,00% / trocken / Schrauber / Ausbau: mit zugesetzter Kohlensäure / 0,75 l
Feine Schaumbildung, die lange nachperlt, leuchtendes Rosa, frische Nase, Kirschen,
Blutorangen, Flieder; mundfüllendes seidiges Mousseux, druckvolle Süße, lebendige Säure,
feinsalzig, blitzsaubere Frucht, trinkfreudig und unkompliziert.

Weingut Mayr Minichhofen, 3720 Ravelsbach
0676/6205487
www.weingut-mayr.at

€ 7,90 **90** Punkte

Österreichischer Sekt
CABERNET SAUVIGNON ROSÉ SEKT 2021
13,00% / brut / Naturkorken / Ausbau: Méthode Traditionelle / 0,75 l
Intensive Perlage, Rosa mit orangen Reflexen, intensiver Duft, eingelegte Pfefferoni,
rote Paprika, Äpfel; feines Mousseux, druckvolle Süße, knackige Säure, Stachelbeeren,
Weichsel, sortentypisch, mineralischer Kern, erfrischender Nachhall.

Weingut Steininger, 3550 Langenlois
02734/2372
www.weingut-steininger.at

 € 22,50 **90** Punkte

Österreichischer Schaumwein mit zugesetzter Kohlensäure
LOVE BIRD FRIZZANTE 2022
12,50% / extra trocken / Schrauber / Ausbau: mit zugesetzter Kohlensäure / 0,75 l
Feine Schaumbildung, rosarot, ölige Schlieren, diskreter Duft, Datteln und Feigen, Brioche;
zartes Mousseux, feine Fruchtsüße, balancierte Säure, Kirschen und Erdbeeren, kreidig,
femininer Charakter, trinkfreudig, schönes Partygetränk.

Domaine Pöttelsdorf Familymade, 7025 Pöttelsdorf
02626/5200
www.domaine-poettelsdorf.at

 € 8,90 **90** Punkte

Österreichischer Sekt
SECCO ROSÉ 2022
12,50 % / trocken / Naturkorken / Ausbau: Méthode Traditionelle / 0,75 l
Kräftige Schaumbildung, rosa, ölige Schlieren, diskreter Duft, Erdbeer-Vanille-Eis,
Germknödel, Peruanischer Pfeffer; mundfüllendes Mousseux, schöne Süße mit klirrender
Säure, Erdbeer-Zitronen-Mix, strukturiert, erfrischender Nachhall.

Weingut Migsich, 7042 Antau
02687/62253
www.migsich.at

  € 11,00 **90⁺** Punkte

Sekt Austria Burgenland g.U.
ROSÉ BRUT 2021
12,00 % / brut / Naturkorken / Ausbau: Méthode Traditionelle / 0,75 l
Intensive Schaumbildung, lachsrosa, diskreter Duft, getrocknete Erdbeeren, Laugengebäck, Osterstriezel; kräftiges Mousseux, getrocknete Tomaten, Blätterteig, Kirschen,
Zitrone, balanciertes Süße-Säure-Spiel, schlank und süffig.

Schlumberger Wein- und Sektkellerei, 1190 Wien
01/36822580
www.schlumberger.at

 € 14,99 **90⁺** Punkte

Österreich
PET NAT ROESLER 2022
11,50 % / trocken / Diam / Ausbau: Pet Nat / 0,75 l
Massive Schaumbildung, seidenmattes Himbeerrosa, Trockenfrüchte, Sturm; mundfüllendes Mousseux, komplett trocken, rassige Säure, ausgesprochen salzig, puristische
Frucht, Ribisel, Sauerkirschen, alternativer Charakter, anspruchsvoll.

Weingut Silvia Rosenberger, 3491 Straß im Straßertal
02735/2532
www.weingut-rosenberger.at

 € 13,00 **90** Punkte

Österreichischer Schaumwein mit zugesetzter Kohlensäure
FRIZZANTE ROSÉ ZWEIGELT 2022
12,00 % / trocken / Schrauber / Ausbau: mit zugesetzter Kohlensäure / 0,75 l
Feine Schaumbildung, die lange nachperlt, rosa, Erdbeerpudding, Biskuit, Waldbeeren;
feines Mousseux, intensive Süße, sanfte Säure, Erdbeermarmelade, süße Kirschen,
schlank, femininer Charakter, trinkfreudiger Partyhit.

Weinbau Hermann Haller, 2202 Enzersfeld im Weinviertel
0676/5299535
www.weinbau-haller.at

€ 6,50 **89** Punkte

Österreichischer Schaumwein mit zugesetzter Kohlensäure
SECCO VOM CABERNET 2022
12,00 % / trocken / Diam / Ausbau: mit zugesetzter Kohlensäure / 0,75 l
Kräftige feinperlige Schaumbildung, blassrosa, rote Äpfel, Cassis, Grenadinesirup;
intensive Erdbeernoten, ein Hauch Vanillezucker, mundfüllendes Mousseux, schlank und
saftig, elegante Süße, stützende Säure, Erdbeerpudding im Abgang.

Weingut Breyer, 2500 Baden bei Wien
0650/8645306
www.weingut-breyer.at

€ 10,00   **89** Punkte

ROSÉ & SCHILCHER

✔ Rosés kommen aus allen Weinbaugebieten des Landes und präsentieren sich in vielerlei Gestalt - vom charmanten Jungwein über frische Vertreter aus Zweigelt und St. Laurent aus Niederösterreich bis hin zum rassigen Schilcher aus der Weststeiermark. Das Spektrum reicht von trockenen, rassigen bis zu lieblichen, intensiven, reinsortig ausgebauten Weinen oder Cuvées.

✔ Wichtigste Rebsorten: Zweigelt, Blaufränkisch, Blauer Wildbacher, Blauburgunder und Cabernet Sauvignon

✔ Farbe von Zwiebelschale bis Erdbeerrot.

✔ Spezialitäten sind Schilcher, Uhudler Rosé und Gleichgepresster (Rotweinsorten, sofort nach der Ernte gepresst, sind fast weiß).

✔ Schilcher ist ein Rosé aus der autochthonen Rebsorte Blauer Wildbacher, begrenzt auf die Weinbaugebiete der Steiermark. Als DAC ist er nur für die Weststeiermark erlaubt.

✔ Eigenschaften: Rassige Säure, markantes Geruchs- und Geschmacksbild des fruchtig-frischen, robusten Weins, der auch als Aperitif beliebt ist.

✔ Intensive Aromatik nach Cassis und Erdbeeren.

Blauer Wildbacher

✔ Anbaufläche: 520 ha

✔ Herkunft: Wildbach, Steiermark.

✔ Abstammung: Natürlicher Sämling von der Sorte Heunisch, nahe verwandt mit dem Blaufränkisch.

✔ Vorkommen nur in der Steiermark, speziell Weststeiermark. Neben Schilcher werden auch Rotweine, Prädikats- und Schaumweine aus der Sorte erzeugt.

SIEGERWEIN

Weststeiermark DAC
SCHILCHER KLASSIK 2022
12,00% / trocken / Schrauber / Ausbau: Stahltank / 0,75 l
Helles Purpur, Brombeeren, Johannisbeeren, Brennnessel,
geriebener Mohn; straffe Struktur, rassige Säure, grazile
Fruchtsüße, Zitronensorbet, Kir Royal, Kaffeeroulade,
enorme Spannung, erfrischender Zitrusnachhall,
archetypischer Schilcher.

Weingut & Buschenschank Weber
8511 St. Stefan ob Stainz
0664/73652695, www.weingutweber.at

€ 7,80 **94** Punkte

Rosalia DAC Rosé
THE ORIGIN OF ROSÉ BLAUFRÄNKISCH 2022
12,00% / trocken / Schrauber / Ausbau: Stahltank / 0,75 l
Blassrosa, kräftige Schlieren, rote Äpfel, Orange Blossom, Heublumen; schlank und rank, saftig und mineralisch, feinsalzig, Orangen, Kirschen, Zitronensorbet, beschwingt und erfrischend, langer Zitrusnachhall, bleibt ewig stabil.

Weingut Migsich, 7042 Antau
02687/62253
www.migsich.at

 € 12,90 **93⁺** Punkte

---

Rosalia DAC Rosé
THE ORIGIN OF ROSÉ BLAUFRÄNKISCH 2022
13,50% / trocken / Schrauber / Ausbau: Stahltank / 0,75 l
Rosa, dicke Schlieren, noble Nase, Zwetschkenfleck mit Vanillezucker; wohlige Mundfülle, angenehm trocken, wunderbare Harmonie, Preiselbeeren, Minze, kreidiger Grip, hohe Mineralität, edler Provence-Stil, gediegener Speisenbegleiter.

Domaine Pöttelsdorf Familymade, 7025 Pöttelsdorf
02626/5200
www.domaine-poettelsdorf.at

€ 13,00 **93** Punkte

Weststeiermark DAC
SCHILCHER RIED LESTEIN 2022
12,50% / trocken / Schrauber / Ausbau: Stahltank / 0,75 l
Kirschrot, braucht Luft, Himbeeren; Zitronensorbet, mächtige Struktur, kreidiger Grip, rassige Säure von der Mineralität abgefedert, Orangenkerne, geradliniger Zitrusnachhall, sehr salzig, straff und lang, mineralisches Bitterl im Abgang.

Weingut Trapl, 8511 St. Stefan ob Stainz
03463/81082
www.weingut-trapl.at

 € 9,00 **93⁺** Punkte

---

Österreich
UHUDLER EROS 2022
11,00% / halbtrocken / Schrauber / Ausbau: Stahltank / 0,75 l
Leuchtendes Kirschrot, Duftexplosion, Walderdbeeren, Johannisbeer-Bonbon; druckvolle Süße, rassige Säure, enorme Spannung, Zitronensorbet, Erdbeer- und Ribiselmarmelade, substanzreich, ausgezeichnete Basis für den Sommerspritzer.

Uhudlerei Mirth, 7562 Eltendorf
03325/2216
www.uhudlerei-mirth.at

 € 9,00 **93** Punkte

Weststeiermark DAC
SCHILCHER STAINZER BLUT RIED SCHLOSSWEINGARTEN 2022
12,00 % / trocken / Schrauber / Ausbau: Stahltank / 0,75 l
Kirschrot, ölige Schlieren, Ribisel, Heidel- und Stachelbeeren; staubtrocken, klirrende
Säure, sehr mineralisch, straffer Grip, Zitrone pur, glockenklar, enorme Spannung, ewiger
Zitrusnachhall, sortentypisch, ideal zum Zwiebelschmalzbrot.

Weingut Trapl, 8511 St. Stefan ob Stainz
03463/81082
www.weingut-trapl.at

€ 9,00   **93**+ Punkte

Weststeiermark DAC
SCHILCHER KLASSIK 2022
12,00 % / trocken / Schrauber / Ausbau: Stahltank / 0,75 l
Zinnoberrot mit orangen Reflexen, Johannisbeeren, Kir Royal, Brennnessel, Basilikum,
Limette; Erdbeershake, Stachelbeergelee, enormer Grip, rassige Säure von zarter Fruchtsüße abgefedert, druckvoll mit erfrischendem Zitrusnachhall.

Weinhof Florian, 8143 Dobl
0664/4532109
www.weinhofflorian.at

€ 7,50   **93** Punkte

Weststeiermark DAC
SCHILCHER RIED LANGEGG 2022
12,50 % / trocken / Schrauber / Ausbau: Großes Holzfass / 0,75 l
Kirschrot, deutliche Schlieren, Ribisel, Brennnessel, Zitronenzesten, Pfefferminze, Staubzucker; puristisch, knackig, straffe Struktur, sehr kreidig, Zitronensorbet, Grapefruit,
Pfefferoni, mineralischer Kern, enorme Spannung.

Weingut & Buschenschank Weber, 8511 St. Stefan ob Stainz
0664/73652695
www.weingutweber.at

€ 9,50   **92**+ Punkte

Weststeiermark DAC
SCHILCHER KLASSIK 2022
11,50 % / trocken / Schrauber / Ausbau: Stahltank / 0,75 l
Dunkelrosa mit purpurnen Reflexen, getrocknete Erdbeeren, Zwetschkenfleck, geriebene
Nüsse, Maroni; klirrende Säure, knochentrocken, enorme Struktur, salzig, Zitronensorbet,
Kir Royal, Säure und Salz verleihen Biss, für Schilcherfreaks!

Weingut Christian Reiterer, 8551 Wies
03465/3950
www.weingut-reiterer.com

€ 8,40   **92** Punkte

Rosalia DAC Rosé
ROSÉ FASSGEREIFT 2021

13,50 % / trocken / Schrauber / Ausbau: Barrique / 0,75 l
Lachsrosa, mächtige Schlieren, diskreter Duft, mineralische Nase, eine Idee Zesten, braucht Luft; straffe Struktur, sehr kreidig, distinguiert, zarte Frucht, Pomelo, Kiwi, wunderbar trocken, balancierte Säure, ein Rosé mit Potenzial.

Domaine Pöttelsdorf Familymade, 7025 Pöttelsdorf
02626/5200
www.domaine-poettelsdorf.at

€ 16,00 **92** Punkte

Rosalia DAC Rosé Reserve
ROSÉNATOR 2021

12,50 % / trocken / Diam / Ausbau: Stahltank / 0,75 l
Lachsrosa, kräftige Schlieren, diskreter Duft, Erdbeerpudding, Pomelo, Grammeln; straffe Struktur, mineralischer Kern, kreidige Textur, rote Äpfel, Orangen, Mandelsplitter, extraktsüß, rassige Säure, erfrischender Nachhall, hat Potenzial.

Weingut Migsich, 7042 Antau
02687/62253
www.migsich.at

 € 18,00 **92⁺** Punkte

Burgenland
ROSÉ BLAUFRÄNKISCH 2022

12,00 % / trocken / Schrauber / Ausbau: Stahltank / 0,75 l
Lachsrosa, kräftige Schlieren, Erdbeerschnitten, Orangensaft; straffe Struktur, glocken-klare Frucht, Erdbeeren, Kirschen, wunderbar trocken, lebendige Säure, druckvoll und solide, herrlicher Terrassenwein und Speisenbegleiter.

Weingut Juliana Wieder, 7311 Neckenmarkt
02610/42438
www.weingut-juliana-wieder.at

 € 6,90 **91** Punkte

Steiermark
ZWEIGELT ROSÉ 2022

12,00 % / trocken / Schrauber / Ausbau: Stahltank / 0,75 l
Transparentes Purpurrot, feine Fruchtnase, Erdbeeren, Orangensaft; am Gaumen saftige Kirschfrucht, Himbeeren, Cassis, wunderbar trocken, lebendige Säure, kreidige Textur, leichtfüßig und Trinkfreudig, farbenfroher Terrassenwein.

Weinbau Gerhard Liener, 8462 Gamlitz
0664/4130194
www.weinbau-liener.at

 € 7,50 **91⁺** Punkte

Weststeiermark DAC
SCHILCHER RIED ENGELWEINGARTEN ALTE REBEN 2022

12,50 % / trocken / Schrauber / Ausbau: Stahltank / 0,75 l

Leuchtendes Purpurrot, dezenter Duft, Stachelbeeren; saftig, grazile Restsüße, klirrende Säure, präzise Kirschfrucht, trinkfreudig, endloser Zitrusnachhall, herrlicher Terrassenwein, ideale Basis für den Sommerspritzer.

Weingut Christian Reiterer, 8551 Wies
03465/3950
www.weingut-reiterer.com

 € 12,30

91⁺ Punkte

Rosalia DAC Rosé
ROSÉ 2022

13,00 % / trocken / Schrauber / Ausbau: Stahltank / 0,75 l

Leuchtendes Schweinchenrosa, ölige Schlieren, geriebene Nüsse, Birchermüsli, nasser Stein, zartes Pfefferl; Erdbeeren, Blutorangen, Zitronen, hohe Kreidigkeit, feine Extraktsüße, knackige Säure, wunderbar mineralisch.

Domaine Pöttelsdorf Familymade, 7025 Pöttelsdorf
02626/5200
www.domaine-poettelsdorf.at

 € 8,90

91 Punkte

Burgenland
CONCERTO BLAUFRÄNKISCH ROSÉ 2022

12,50 % / trocken / Diam / Ausbau: Stahltank / 0,75 l

Blassrosa, kräftige Schlieren, diskreter Duft, Erdbeerschnitten, Kokosflocken; feine Fruchtsüße, knackige Säure, salzige Anklänge, mineralische Struktur, kreidiger Grip, Pomelos, straffer Zug, langer Zitrusnachhall.

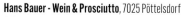

Hans Bauer - Wein & Prosciutto, 7025 Pöttelsdorf
0664/5379491
www.wein-prosciutto.at

€ 14,90

90⁺ Punkte

Niederösterreich
FLY ROSÉ 2022

12,00 % / trocken / Schrauber / Ausbau: Stahltank / 0,75 l

Blassrosa, Birchermüsli, Haferflocken, getrocknete Erdbeeren, Himbeeren, gewinnt mit Luft; diskrete Frucht, Erdbeer-Zitronen-Eis, harmonische Süße-Säure-Balance, schlank und rank, feine Mineralität, rote Äpfel und Weichseln im Abgang.

Weingut Gerhold, 3482 Gösing am Wagram
02738/2241
www.gerhold.cc

 € 6,50

90 Punkte

Niederösterreich
LIGHT PINK ZWEIGELT ROSÉ 2022

12,00 % / halbtrocken / Schrauber / Ausbau: Stahltank / 0,75 l
Blassrosa, kräftige Schlieren, rote Äpfel, Gletschereis-Bonbon, Maracuja, glockenklar;
delikate Fruchtsüße, lebendige Säure, saftige Spannung, Himbeer-Zitronen-Eis, cremiger
Schmelz, druckvoll mit langem erfrischendem Fruchtnachhall.

Weinbauernhof Johannes Hess, 2223 Hohenruppersdorf
0699/12127966
www.hess-wein.at

€ 5,50 **90** Punkte

Niederösterreich
ZWEIGELT ROSÉ 2022

11,50 % / trocken / Schrauber / Ausbau: Stahltank / 0,75 l
Hellrosa, blitzsauberes Bukett, Erdbeeren, Flieder; wunderbar trocken, rassig Säure,
Zitronensorbet, Buttermilch, zart rauchige Anklänge, leichtfüßiger Alkohol, geradlinig und
erfrischend, ausgezeichneter Terrassenwein.

Weingut Silvia Rosenberger, 3491 Straß im Straßertal
02735/2532
www.weingut-rosenberger.at

€ 5,70 **90⁺** Punkte

Burgenland
ROSÉ 2022

13,00 % / trocken / Schrauber / Ausbau: Stahltank / 0,75 l
Leuchtendes Rosarot, erfrischender Duft, Orangenzesten, frische Bananen, Pfefferminze;
druckvolle Fruchtsüße, vitale Säure, saftig und balanciert, Erdbeergelee, mineralischer
Kern, Alkohol sehr gut eingebunden, verführerischer Partywein.

Weingut Josef Tesch, 7311 Neckenmarkt
0664/2623756
www.tesch-wein.at

€ 5,80 **90⁺** Punkte

Burgenland
BLAUFRÄNKISCH ROSÉ 2022

12,50 % / halbtrocken / Schrauber / Ausbau: Stahltank / 0,75 l
Kräftiges Rosa mit bronzenen Reflexen, präzise Erdbeernoten, eine Idee Birchermüsli;
geprägt von delikater Fruchtsüße, agile Säure, Erdbeergelee, cremige Mundfülle, gute
Spannung, druckvoll, exzellenter Partyhit.

Familienweingut Ackermann, 7082 Donnerskirchen
02683/8344
www.familienweingut-ackermann.at

€ 5,50 **90** Punkte

Österreich
UHUDLER DAS ORIGINAL 2022

12,00 % / trocken / Schrauber / Ausbau: Stahltank / 0,75 l

Leuchtendes Zinnoberrot, intensives Bukett, Walderdbeeren pur; feine Fruchtsüße, balancierte Säure, ruhig von der Struktur her, aber explosiv in der Aromatik, Zitronensaft mit Walderdbeeren, schlanker Körper, langer Fruchtnachhall.

Weinbau Gratzl, 7522 Strem
0664/4420020
www.weinbau-gratzl.at

 € 7,90 **89** Punkte

Weststeiermark DAC
SCHILCHER RIED LAMBERG 2022

12,50 % / trocken / Schrauber / Ausbau: Stahltank / 0,75 l

Seidenmattes Purpurrot, verschlossene Nase, braucht Luft, Weichseln, Erdbeeren, Cassis, Wacholderbeeren; süße Kirschen, Sauermilch, enorme Säurespannung, dichte Mundfülle, mineralischer Grip, braucht Luft, rauchig im Abgang.

Weingut Christian Reiterer, 8551 Wies
03465/3950
www.weingut-reiterer.com

€ 11,40 **89**+ Punkte

Wagram DAC
ROSÉ 2022

13,00 % / trocken / Schrauber / Ausbau: Stahltank / 0,75 l

Rosa, kräftige Schlieren, Himbeeren, Marille, Maracuja; präzise Erdbeeren, Zitronensorbet, lebendige Süße-Säure-Spannung, feine Extraktsüße, pikante Säure, sehr salzig, Birnen-Chutney, Pomelo, Wassermelonen, langer Fruchtnachhall.

Weinhof Hubert Blauensteiner, 3470 Kirchberg am Wagram
02279/2048
www.hofblauensteiner.at

€ 6,00 **89** Punkte

Thermenregion
ROSÉ PINOT NOIR BIO 2022

11,50 % / halbtrocken / Schrauber / Ausbau: Stahltank / 0,75 l

Rosarot, deutliche Schlieren, zarter roter Beerenmix, Melisse, Sojasauce; schlank und rank, Kirschjoghurt, Trockenfrüchte, deutliche Süße, stimmige Säure, Restzucker ist sehr gut eingebunden, schmalzige Textur, süffig und sanft.

Bio-Weingut Frühwirth, 2524 Teesdorf
02253/81216
www.fruehwirth.bio

€ 8,00 **89** Punkte

Burgenland
ROSÉ 2022

12,50% / trocken / Schrauber / Ausbau: Stahltank / 0,75 l

Kräftiges Rosa, Erdbeeren und Orangen, Dotter vom harten Ei; angenehm trocken, sanfte Säure, salzige Noten, kreidige Textur, getrocknete Erdbeeren, rote Äpfel, sanft und ruhig, langlebig, universeller Speisenbegleiter.

Weingut Stiegelmar, 7122 Gols
02173/2317
www.stiegelmar.com

€ 7,30 · **89**⁺ Punkte

Burgenland
ROSÉ LOVE BIRD 2022

12,50% / halbtrocken / Schrauber / Ausbau: Stahltank / 0,75 l

Kräftiges Rosarot, ölige Schlieren, diskreter Duft, Kirschkuchen, rote Äpfel, gewinnt mit Luft; vollmundige Fruchtsüße, stützende Säure, Orangensaft, Erdbeergelee, schlanker Körper, kreidiger Grip, blitzsauber, ideal für asiatische Küche.

Domaine Pöttelsdorf Familymade, 7025 Pöttelsdorf
02626/5200
www.domaine-poettelsdorf.at

€ 7,90 · **89**⁺ Punkte

Niederösterreich
ROSÉ 2022

11,00% / trocken / Schrauber / Ausbau: Stahltank / 0,75 l

Leuchtendes Pink, deutliche Schlieren, verschlossene Nase, Erdbeerschnitten, Apfelschalen; feine Extraktsüße, pikante Säure, salzige Anklänge, sehr leichtfüßig, zarte Aromatik, Erdbeer-Zitronen-Eis, straffe Struktur, langer Zitrusnachhall.

Weingut Hirschbüchler, 2120 Obersdorf
0699/11701579
www.hirschbuechler.at

€ 7,10 · **89** Punkte

Niederösterreich
ROSÉ VOM ZWEIGELT 2022

12,50% / trocken / Schrauber / Ausbau: Stahltank / 0,75 l

Leuchtendes Rosa, kräftige Schlieren, reifer Obstkorb, Relish; angenehm trocken, grazile Fruchtsüße, lebendige Säure, dezente Frucht, hochreife Erdbeeren, kompakter Körper, langer Zitrusnachhall, erfrischender Speisenbegleiter.

Weingut Etz, 3492 Walkersdorf
02735/2473
www.etzwine.at

€ 7,90 · **89** Punkte

Weingut Braun
3610 Wösendorf in der Wachau
Haupstraße 36
+43 (0) 676/6966311
office@braun.wine
www.braun.wine

WEINGUT BRAUN
WACHAU

Die Familie Braun aus Wösendorf zeigt seit 2016, dass man mit Liebe und Leidenschaft guten Wein erzeugen kann. Man muss schon ein wenig verrückt sein, wenn man ein neues Weingut aus dem Boden stampfen möchte. Davon sind Veronika und Sebastian überzeugt. Durch Unterstützung von Freunden und Familie werden 2,5ha Terrassenlagen bewirtschaftet.

Grüner Veltliner und Riesling sind die Leitsorten des Betriebs! Den Fokus setzt Sebastian Braun auf klare, fruchtige, charaktervolle Weine für den täglichen Genuss sowie trockene, kompakte Lagenweine mit komplexen Aromenspielen und langem Potenzial. Durch die selektive Handlese und schonendste Verarbeitung im Keller werden diese feinen Nuancen bewahrt und spiegeln sich auf beeindruckende Weise im Wein wider.

Weingut Roman Gritsch
3620 Spitz
Radlbach 11
+43 (0) 2713/2208
wein@romangritsch.at
www.romangritsch.at

WEINGUT ROMAN GRITSCH
WACHAU

Das Weingut Roman Gritsch liegt am Setzberg und ist umgeben von Weingärten mit idyllischem Ausblick, sowohl auf die Ruine Hinterhaus wie auch auf eine der berühmtesten Lagen des Ortes, die Ried Tausendeimer-berg. Urgesteinsböden, Lehm- und Lössböden, Gneis- und Paragneis sowie Sedimentablagerungen sind die Grund-zutaten für die tägliche Arbeit des Familienbetriebs.

So entfalten die regionaltypischen Weinsorten wie Grüner Veltliner, Riesling, Neuburger und Muskateller erst dann ihre Facetten richtig, wenn man ihnen die entsprechende Bodenstruktur bietet und ihre natürliche physiologische Entwicklung unterstützt. D

ieser Grundsatz gilt für jede Tätigkeit der Winzerfamilie, und so finden die Weine ihre Stilistik in einem perfekten Zusammenspiel zwischen Natur und Winzer.

WEINGUT HUTTER SILBERBICHLERHOF

WACHAU

Das Wachauer Weingut der Familie Hutter wird in 8. Generation als Familienbetrieb geführt und geht in seinen Anfängen auf das Jahr 1748 (Michael Hutter, Weinhauer in Stratzing) zurück. Der 14 ha große Betrieb wird derzeit von Fritz IV. geführt - unterstützt von den Eltern Fritz III. und Elfriede Hutter.

Eine Besonderheit unseres Weingutes: Rieden am linken und rechten Donauufer erlauben es uns terroirgeprägte Weine mit unterschiedlichen Stilistiken zu keltern. Besonderen Wert legen wir auf die nachhaltige Bewirtschaftung unserer Weingärten, die wir aus dem forstwirtschaftlichen Teil unseres Betriebes kennen und handeln deshalb nach dem Grundsatz: Wir haben unseren Betrieb nicht von unseren Eltern geerbt, sondern von unseren Kindern geliehen!

Weingut Hutter Silberbichlerhof
3512 Mautern
St. Pöltnerstraße 385
+43 (0) 664/736 25 932
info@hutter-wachau.at
www.hutter-wachau.at

WEINGUT HERBERT POLZ

WACHAU

Seit 1986 bewirtschaften Erich und Brigitte Polz den Familienbetrieb, mittlerweile tatkräftig unterstützt vom Nachwuchswinzer Herbert Polz. Im Jahr 1990 wurde das Wirtschaftsgebäude hinter dem Wohnhaus für die Weinbaumaschinen errichtet.

2001 erfolgte dann der Umbau des Weinkellers um der heutigen schonenden Verarbeitungsweise der Trauben und Tecnologie gerecht zu werden.

Im Zeitraum von 2008-2012 wurde der Betrieb erweitert durch den Bau von 4 Gästezimmern und einem Wintergarten für den Heurigenbetrieb.

Seit 1986 sind wir auch Mitglied von Vinea Wachau und fühlen uns unserer Natur verpflichtet.

Weingut Herbert Polz
3602 Rossatz, Rührsdorf 22
+43 (0) 2714/6326
+43 (0) 664/43 20 426
weingut@polzwachau.at
www.polzwachau.at

Weingut Sigl
3602 Rossatz 175
+43 (0) 2714/6302
wein@weingut-sigl.at
www.weingut-sigl.at

WEINGUT SIGL
WACHAU

Das Weingut liegt mitten in den Weinbergen von Rossatz - der Ausblick auf das wunderschöne Donautal erstreckt sich von Dürnstein bis Krems. Mit dem Jahrgang 2021 ist man BIO zertifiziert worden. Kreativität, viel Gefühl und eine fundierte Ausbildung mit moderner Weintechnologie bilden die perfekte Grundlage für hochwertige Weine, die unter anderem aus den Rieden Himmelreich, Frauenweingärten und Kirnberg kommen. Auf 8,0 ha zählt neben den Sortenklassikern Grüner Veltliner und Riesling auch Gelber Muskateller zu den Leitsorten des Betriebes. Die besonderen Klimaverhältnisse in der Wachau, die vorausschauende qualitätsorientierte Arbeit im Weingarten, der richtige physiologische Reifezeitpunkt, die schonende Verarbeitung bilden die Basis für den unverwechselbaren Charakter der Weine. Kein Jahr gleicht dem anderen und mit viel Liebe und Können werden die sortentypischen Merkmale der Trauben Jahr für Jahr optimiert.

Weingut Eder
3494 Gedersdorf, Gedersdorf Landstraße 36
+43 (0) 676/346 73 33
office@weinguteder.at
www.weinguteder.at

WEINGUT EDER
KREMSTAL

Seit 1849 wird von Familie Eder in Gedersdorf Weinbau betrieben. Der Großteil der Weingärten befindet sich auf den mächtigen Lössterrassen von Gedersdorf und Rohrendorf. Das 15 ha große Weingut wird von dem Geschwisterpaar Martin und Marina, mit Unterstützung der gesamten Familie, geführt. Martin, Winzer aus Leidenschaft, führt seit 2013 den Familienbetrieb in der 7. Generation - Marina, die recht Hand, stieg 2017 in das Weingut mit ein. So unterschiedlich die Geschwister sind, so vielseitig sind auch die Weine. Von klassischem, würzigen Grünen Veltliner bis zum kräftigen, ausdrucksstarken Zweigelt im Holz.

Trotz neuer Dynamik bleibt das Weingut dem Motto „Familie, Erfahrung und Tradition führen zum Erfolg" treu.

WEINGUT BRÜNDLMAYER

KAMPTAL

Seit Jahrzehnten steht das Weingut Bründlmayer für exemplarische Qualität. Willi Bründlmayer hat, wie bereits sein Vater, die österreichische Weinbautradition neu überdacht und das Kamptaler Weingut an die internationale Spitze geführt. Seine „Lyra"-Erziehung ist ebenso ein Markenzeichen wie der Grüne Veltliner Lamm oder die Rieslinge vom Heiligenstein.

Seit mehr als 40 Jahren werden alle Weingärten der Familie nachhaltig bewirtschaftet, seit 2018 ist das Weingut auch BIO-zertifiziert. Die Trauben werden von Hand gelesen, sanft gepresst, wobei der feine Most durch die Schwerkraft ohne Pumpen in den darunter liegenden Keller läuft, wo er ebenso behutsam vergoren wird. Der Ausbau erfolgt im Stahltank oder im noch tiefer im Löss gelegenen historischen Fasskeller.

Eine Klasse für sich bilden auch die nach traditioneller Methode hergestellten Winzersekte, wie der legendäre Bründlmayer Brut. Auch anhand der Burgundersorten zeigt sich, dass Bründlmayer die lokale Tradition mit größter Fachkenntnis perfektioniert.

Weingut Bründlmayer
3550 Langenlois, Zwettler Straße 23
+43 (0) 2734/21720
weingut@bruendlmayer.at
www.bruendlmayer.at

Unser Sortensieger des Vorjahres Pinot Noir Reserve 2016 begeisterte auch „Parker-Verkoster" Stephan Reinhardt. Er erreichte mit 95 Parker-Punkten die höchste jemals für einen österreichischen Blauburgunder vergebene Bewertung im Wine Advocate. Alle aktuellen Weine können im Heurigenhof Bründlmayer (Pächter Fam. Schierhuber) auch glasweise verkostet werden.

Vor allem am Abend und an den Wochenenden auch mittags lässt es sich im lauschigen Innenhof und im Winter am offenen Kamin des wunderbar erhaltenen Renaissancebaus herrlich wohl sein.

GEÖFFNET: Mi - Fr ab 15:00 Uhr
Sa, So, Feiertags ab 12:00 Uhr

Weingut Schloss Gobelsburg
3550 Gobelsburg, Schlossstraße 16
+43 (0) 2734/2422
schloss@gobelsburg.at
www.gobelsburg.at

WEINGUT SCHLOSS GOBELSBURG
KAMPTAL

SCHLOSS GOBELSBURG ist das älteste Weingut der Donauregion Kamptal und kann auf eine dokumentierte Weinbaugeschichte bis ins 12. Jahrhundert zurückblicken.

2021 feierte SCHLOSS GOBELSBURG seinen 850. Jahrgang der altehrwürdigen Domaine. Zisterzienser Mönche des Stiftes Zwettl erhielten ihre ersten Weingärten im Jahre 1171 und haben über die letzten 850 Jahre den Weinbau in Österreich nachhaltig geprägt.

Heute konzentriert sich das Weingut auf die typischen Herkunftsweine der Donau Appellationen in den drei Kategorien Gebiets-, Orts- und Riedenwein - darunter weltbekannte Namen wie Ried HEILIGENSTEIN oder Ried LAMM.

Nachhaltiger Weinbau war immer schon eine Herzensangelegenheit. So werden die Weingärten vom Rebschnitt bis zu den Laubarbeiten mit Umsicht und Bedacht gepflegt.

Im Herbst, wenn sich die Blätter schon golden färben, werden die Trauben per Hand in kleine Kisten gelesen und sorgfältig in den Keller gebracht und dort weiter sortiert. Einfachheit und Strenge ist ein Leitmotiv der Zisterzienser, welches den Weg zu großen Weinen weist.

Der Faktor Zeit ist in der heutigen Zeit ein rares Gut geworden - den Gobelsburger Weinen wird allerdings der Luxus gegönnt, sich in aller Ruhe in den kühlen Kellern entfalten zu können. Eine kleine, aber feine Spezialität sind die Süßweine aus Gobelsburg. Hier werden Prädikate in allen Ebenen und auch regelmäßig Eiswein gekeltert.

Bekannt ist das Weingut auch für seine Beschäftigung mit historischer Weinbereitung, die in den TRADITION Weinen zum Ausdruck kommt.

WINZERHOF SAX

KAMPTAL

Bereits seit 1660 schreibt unser Haus Winzergeschichte. Ein hohes Maß an Sonnenstunden und kühle Nächte sorgen für hochgradige und fruchtintensive Weine. Das Besondere ist die je nach Ausbauvariante differenzierte Säurestruktur. In unseren 28 ha großen Weingärten zählen zu den besten Rieden: Steinhaus, Steinmassl, Schenkenbichl, Spiegel und Panzaun, die auch zu den renommierten Rieden des Kamptals zählen.

Neueste ökologische Erkenntnisse bilden das Fundament unserer Arbeit. Unser Hauptaugenmerk liegt traditionell auf Grünem Veltliner und Riesling. Wir bieten inzwischen fünf Ausbauvarianten des Grünen Veltliners an. Beginnend mit unserem leichten Grünen Veltliner „Luftikus" bis hin zum Grünen Veltliner „Reserve" (extraktreich, pikant) bieten wir für jeden Gaumen den passenden Konnex.

Winzerhof Sax
3550 Langenlos, Walterstraße 16
+43 (0) 2734/2349
office@winzersax.at
www.winzersax.at

WEINGUT THYRI

WAGRAM

Als Weinbauern leben wir in und mit der Natur. Für uns ist das Argument genug. Guter Wein ist das Ergebnis einer Reihe richtiger Entscheidungen. Wir treffen sie basierend auf Erfahrung, Wissen und Intuition und zuallererst im Weingarten. Denn dort liegt der Ursprung unserer Qualität: an den sonnigen Hängen des Wagrams.

So traditionell unser Handwerk auch ist: Es lässt immer Raum für das Eigene. Mit der „Edition Michael" nimmt sich die nächste Generation die Freiheit, eine neue Weinlinie zu kreieren. Abseits bekannter Wege, aber in bewährter Qualität. Es sind die Lieblingssorten des Jungwinzers, die nun auch seine Handschrift tragen. Kräftig, aromatisch und dabei frisch und mit feiner Frucht. Ein eindrucksvoller Beleg für die Harmonie von Tradition und Weitblick.

Weingut Thyri
3463 Eggendorf am Wagram
Stift-Wilhering-Gasse 1
+43 (0) 664/2314702
thyri@wagramheuriger.at
www.wagramheuriger.at

BIOWEINBAU BERGER
WEINVIERTEL

Als traditioneller Familienbetrieb im Weinviertel legen wir größten Wert auf absolute Perfektion unserer Weine.

Durch die Kombination von sorgfältig durchgeführten, spitzenqualitätsorientierten Pflegearbeiten, einer dem Wunschweinstil entsprechend rechtzeitigen, schonenden Lese und einem dem Wein zur benötigten Reife Zeitgeben in liebevoller Begleitung von permanenter Qualitätskontrolle entstehen für die Region typische Weine. Und das aus Liebe zum Wein. „Mit dem Herzen dabei sein" macht unsere Weine Glas für Glas zum Genuss.

Bioweinbau Berger
2212 Grossengersdorf
Kellergasse 10
+43 (0) 676/6391445
thbe@gmx.at
www.bio-berger.at

Seit 2006 wird unser Betrieb biologisch bewirtschaftet.

Für Sie, für uns und vor allem für die Umwelt!

WEINGUT BEYER
WEINVIERTEL

Das Weingut Beyer ist in Watzelsdorf beheimatet und liegt ca. 7 km südlich der bekannten Weinstadt Retz in der Weinregion Retzer Land. Der Weinbaubetrieb besteht seit 1876 und wird mittlerweile in der 4. Generation von Roman und Patricia geführt. Um gesunde und extraktreiche Trauben keltern zu können tragen Komponenten wie optimale Laubarbeit, schonende Bodenbearbeitung und Traubenminimierung bei. Es setzt sich in der Vinifikation fort, wo sehr viel Wert auf schonende Pressung, gekühlte und langsame Vergärung gelegt wird.

Weingut Beyer
2051 Zellerndorf, Watzelsdorf 111
+43 (0) 664/736 35 181
office@beyer-wein.at
www.weingut-beyer.at

Am Weingut werden weiße Reben wie Grüner Veltliner, Chardonnay, Riesling, Muskateller und Sauvignon Blanc bepflanzt. An roten Sorten sind Blauburger, Zweigelt und Carbernet Sauvignon anzutreffen.

WEINGUT DOLLINGER

WEINVIERTEL

Wir, die Dollinger´s betreiben nunmehr seit drei Generationen Weinbau. Rudi Dollinger hat nach Absolvierung der Meisterlehrgänge in den Bereichen Landwirtschaft sowie Weinbau und Kellertechnik den Familienbetrieb im Jahr 2000 übernommen. Der Familienbetrieb bietet eine große Sortenvielfalt an Weinen an. Unter Berücksichtigung höchster Qualitätsansprüche werden rund 2/3 der Weingärten mit Grünem Veltliner, Müller Thurgau, Welschriesling, Riesling, Sämling 88, Chardonnay, Muskat Ottonel bebaut.

Die Rotweinlieberhaberinnen und -liebhaber kommen mit Zweigelt, Blauburger, Merlot und Cabernet-Sauvignon auf ihre Kosten. Die verschiedenen Sorten werden je nach Grad ihrer Reife als Prädikatsweine ausgebaut. Als prickelnde Genussfreude gilt auch der selbst produzierte Perlwein.

Weingut Dollinger
2244 Spannberg
Hauptplatz 5
+43 (0) 664/3523130
rudi.dollinger@aon.at
www.weingut-dollinger.at

WEINBAUERNHOF HESS

WEINVIERTEL

Unser Weinbauernhof liegt im Herzen des Weinviertels. Mit viel Fleiß und Bestreben auf naturnahe Produktion führen wir hier einen lebenden Bauernhof. Wir bewirtschaften einen gemischten Betrieb mit Weinbau, Ackerbau und Rinderzucht mit Milchproduktion!

Die Weingärten werden nach der integrierten Produktion bearbeitet. Es sind jene Sorten ausgepflanzt, die nach Bodenbeschaffenheit, Lage und Kleinklima die besten Qualitäten bringen: Grüner Veltliner, Welschriesling, Weißburgunder, Grauer Burgunder, Rivaner, Roter Riesling, Muskateller u.v.m.

Weiters haben wir unser Sortiment um die PIWI Sorten Blütenmuskateller, Donauriesling und Roesler erweitert.

Weinbauernhof Hess
2223 Hohenruperspdorf, Milchhausstraße 35
+43 (0) 2574/8656
+43 (0) 699/1212 79 66
weinbauernhof-hess@aon.at
www.hess-wein.at

WEINGUT HIRSCHBÜCHLER

WEINVIERTEL

Unser Weingut liegt in Obersdorf, im südlichen Weinviertel. In zweiter Generation führen wir, Daniel und Elisabeth, als Geschwisterpaar den Weinbaubetrieb mit Heurigen und Gästezimmern. Unter Berücksichtigung der einzelnen Bodentypen (Löss, Lehm, Sand) und des charakteristischen Einflusses der Einzellagen keltern wir sortentypische und ausdrucksstarke Weine. Die Palette an unterschiedlichen Weinen ist regionaltypisch sehr vielfältig. Etwa 75% der Weingärten sind mit weißen Rebsorten bepflanzt. Gebietsbedingt gibt der Grüne Veltliner, ob fruchtig-spritzig oder kräftig-komplex den Ton an. Aber auch Rotweinsorten wie Cabernet Franc, Cabernet Sauvignon, Blaufränkisch, St. Laurent und Zweigelt werden von uns in unterschiedlichsten Ausbauvarianten vinifiziert. Eine gute Gelegenheit unsere Weine zu verkosten, bietet unser Heuriger mit gemütlichem Gastgarten.

Weingut Hirschbüchler
2120 Obersdorf, Hauptstraße 84
+43 (0) 699/117 01 579
weingut@hirschbuechler.at
www.hirschbuechler.at

WEINGUT PRECHTL

WEINVIERTEL

Das Weingut Prechtl liegt in Zellerndorf im Retzer Land und hat sich vor allem auf die Rebsorte Grüner Veltliner spezialisiert. Mittlerweile umfasst das Angebot sechs verschiedene Weine dieser Rebsorte. Der Winzer Dipl.-Ing. Franz Prechtl legt größten Wert auf naturnahen Weinbau. Zur Düngung wird Stiermist verwendet und auf Herbizide wird gänzlich verzichtet.

Samstags 10-19 Uhr, von März bis Weihnachten, verwöhnt die Weinakademikerin Petra Prechtl im alten Bauernhaus mit wunderbarem Innenhof ihre Gäste mit Schmankerln der Region. Außerdem kann man einzigartige Accessoires und Deko im Shabby-Chic-Style erwerben. Besichtigungen von Vinothek und Barriquekeller, Weinverkauf und Weinverkostungen sind zusätzlich Montag bis Freitag 8-12 Uhr möglich.

Weingut Prechtl
2051 Zellerndorf, Zellerndorf 12
+43 (0) 2945/2297
weingut@prechtl.at
www.prechtl.at

WEINGUT REISINGER
WEINVIERTEL

Die Familie Reisinger betreibt in der vierten Generation Qualitätsweinbau. Das Weingut Reisinger bewirtschaftet 21 ha Weingärten in den Toplagen rund um die Orte Obritz, Mailberg und Hadres. Hier gedeihen die klassischen Rebsorten des Weinviertels, aber auch neue Sorten mit hohem Potenzial. Ein besonderes Anliegen ist es uns, den Charakter der einzelnen Rebsorten zu erhalten und die Weißweine mit kräftigen Aromen zu vinifizieren. Bei den Rotweinen spielt das Barriquefass eine große Rolle, jedoch darf das Barrique den Eigengeschmack nie überdecken, es soll stets dem Ausbau dienen. Naturnaher Weinbau, gesundes und hochwertiges Traubenmaterial und eine Symbiose zwischen moderner Weinbautechnik und Tradition in der Vinifizierung der Weine führen zu einem konsequent, hochwertigen Produkt, welches man mit jedem Schluck erleben kann.

Weingut Reisinger
2061 Obritz
Obritz 139
+43 (0) 664/73553500
wein@reisingerwein.at
www.reisingerwein.at

BIOWEINGUT RICHARD SCHOBER
WEINVIERTEL

Das Bioweingut Richard Schober liegt in Gaweinstal im östlichen Weinviertel. Im Familienbetrieb hat man sich ganz dem Slogan „Freude am Wein" verschrieben. Auf den tiefgründigen Lössböden gedeihen sortentypische, fruchtige Weiß- und Rotweine.

„Die naturnahe Bewirtschaftung unserer Weingärten steht bei uns an erster Stelle, denn sie sind unser wichtigstes Gut", betont Winzer Richard Schober. Deshalb ist der Betrieb seit dem Jahr 2022 sowohl „Biologisch" als auch „Nachhaltig Austria" zertifiziert. Bei den Rebsorten liegt der Schwerpunkt auf dem Grünen Veltliner. Natürlich werden nebenher auch Sorten wie der Gelber Muskateller und der Sauvignon Blanc sowie kräftige Lagenweine, wie der Weinviertel DAC „Schrickerberg" oder Riesling „Schossern" ausgebaut.

Bioweingut Richard Schober
2191 Gaweinstal, Wienerstraße 11
+43 (0) 664/2778412
mail@weingut-schober.at
www.weingut-schober.at

WEINGUT SUTTER

WEINVIERTEL

Veltliner Vielfalt

Doris und Leopold Sutter keltern im süd-westlichen Weinviertel an der Grenze zum Wagram und zum Kamptal eine ganz besondere Veltliner Vielfalt. Auf den Schotterterrassen der Ur-Donau finden nicht nur der Grüne Veltliner sondern auch der Rote Veltliner hervorragende Bedingungen. Gerade die Sorten- Rarität und Weißwein-Diva Roter Veltliner, die sehr viel Feingefühl, Erfahrung und Arbeitseinsatz erfordert, liegt dem Winzerpaar besonders am Herzen. Der Rote Veltliner ist ein eleganter, extraktreicher Wein mit feinwürzigem Aroma und enormen Entwicklungspotenzial und darüber hinaus auch ein vielseitig einsetzbarer Speisenbegleiter. Das Aushängeschild des Betriebes ist daher neben der Weinviertel DAC Reserve auch der Rote Veltliner „Alte Reben", ein dichter, fruchtsüßer Wein mit Anklängen von kandierten Früchten.

Weingut Sutter
3472 Hohenwarth, Weinviertler Straße 6
+43 (0) 2957 200
Doris Sutter: +43 (0) 664 78 82 409
Leopold Sutter: +43 (0) 664 14 14 253
office@weingut-sutter.at
www.weingut-sutter.at

WEINGUT WEINGARTSHOFER

WEINVIERTEL

Das familiengeführte Weingut liegt im nordöstlichen Weinviertel. Die Schwarzerde Böden der Rebanlagen unserer Region sind für den Weinbau hervorragend geeignet. Neben dem Grünen Veltliner, der unsere Weinregion auszeichnet, bieten wir viele weitere regionstypische Rebsorten zum Verkauf an. Wir bearbeiten unsere Weingärten mit größter Sorgfalt und Freude, um die beste Qualität und Typizität der jeweiligen Rebsorten zu erreichen. Die Trauben werden in unserem technisch modernen Keller im Fallprinzip verarbeitet, schonend gepresst und die Maische wird mittels computergesteuerter Kühlung kontrolliert vergoren. Unser Erfolgsrezept basiert auf langjähriger Erfahrung mit einem guten Konzept und unermüdlichen Einsatz, viel Empathie und Mut, Neues auszuprobieren - für eines der faszinierendsten Produkte, das unser Land zu bieten hat - gutem Wein.

Weingut Weingartshofer
2143 Großkrut, Hauptplatz 1
+43 (0) 699/118 73 107
office@weingartshofer.at
www.weingartshofer.at

WEINGUT WEIN WIMMER

WEINVIERTEL

Das Weinviertel. Da leben wir, die Wein-Wimmers. Wir bieten in unserem Weingut in Frauendorf im Schmidatal ein vielfältiges Weinangebot und verarbeiten Trauben von unseren 15 ha Weingärten zu fruchtbetonten jahrgangstypischen Weinen. Uns erfüllt es mächtig mit Stolz, in 11. Generation, seit 1665, das traditionsreiche Familienweingut mit Leib und Seele bewirtschaften zu dürfen.

Alle ziehen an einem Strang! So hat jeder seine Aufgaben, angefangen mit Mama Sabine im Weingarten bei der Handarbeit, Papa Ferdinand als Kellermeister, die Betriebsnachfolger Sohn Matthias wo man ihn gerade braucht, im Weingarten, Keller oder auf dem Traktor und seine Frau Tamara ist im Büro für unsere Kunden da. Unser gemeinsames Ziel, ein Glas pure Lebensfreude.

Weingut Wein Wimmer
3714 Frauendorf an der Schmida
Herrenstraße 33
+43 (0) 680/1280683
office@wein-wimmer.at
www.wein-wimmer.at

WEINBAU WIEDERMANN

WEINVIERTEL

Über viele Jahre hat sich der Betrieb zu dem entwickelt, welcher er heutet ist. Nachdem dieser bis dahin hauptsächlich landwirtschaftlich bewirtschaftet wurde, 1995 von Johann und Martha Wiedermann von den Eltern übernommen wurde, waren es wichtige Entscheidungen, wie etwa die Erweiterung der Weingartenflächen, welche den Grundstein für die heutige Betriebsgröße legten.

Nach dem Abschluss von Sohn Christian an der LFS war klar, dass er den Betrieb übernehmen wird. Er hat es sich zum Ziel gesetzt, den Weinbau noch weiter auszubauen.

2019 hat er das Ruder übernommen und wird darin von seiner Frau Elisabeth unterstützt. Gemeinsam bauen die beiden den Weinbau weiter aus. Die Weine sind die große Leidenschaft der Familie.

Weinbau Wiedermann Christian
2225 Zistersdorf, Alte Marktstraße 2 / Wieseng. 1 A
+43 (0) 699/105 56 463
christian.wiedermann@aon.at
www.weinbau-wiedermann.at

Weinbau Johann Wittmann
2161 Poysbrunn
Franzbergstraße 12
+43 (0) 2554/6212
+43 (0) 664/1953129
johannwittmann@aon.at
www.weinbau-wittmann.at

WEINBAU JOHANN WITTMANN
WEINVIERTEL

Weine die Spaß machen! - Lebensfreude pur!
Der Familienbetrieb Johann Wittmann bewirtschaftet bereits seit 1775 Weingärten in den besten Lagen rund um das idyllische Märchendorf Poysbrunn, im nördlichen Weinviertel. Mit großem Respekt vor unserer Natur und deren Abläufen pflegen und unterstützen wir die Reben in den Weingärten, um gesunde und gehaltvolle Trauben zu ernten. Im Keller begleiten wir unsere Weine mit viel Geduld und Fingerspitzengefühl, bis sie ihr ganzes Potenzial entfalten. Das Ziel ist es vorzügliche, sortentypische Weine in die Flasche zu bringen, die Lust machen ein zweites Glas zu genießen. - Weine die Spaß machen und Lebensfreude verbreiten. Das Sortiment umfasst unter anderem die Rebsorten Grüner Veltliner, Welschriesling, Riesling, Weißburgunder sowie Blauburger und Zweigelt. Unsere Weine sind ab Hof und im WEINMARKT POYSDORF erhältlich.

Heurigen Habacht
2353 Guntramsdorf, Hauptstraße 38
+43 (0) 2236/52 229
office@heurigen-habacht.at
heurigen-habacht.at

HEURIGEN HABACHT
THERMENREGION UND WAGRAM

Unser Betrieb „Heurigen Habacht" liegt in der Gemeinde Guntramsdorf in Niederösterreich (Thermenregion). Er wird von Elisabeth und Markus Habacht geführt. Unsere Eigenbauweine werden im Weinbaugebiet Wagram (Ruppersthal) gekeltert und ausgebaut.

Unsere Weissweinsorten sind vor allem Grüner Veltliner (in 3 Ausbaustufen) Grüner Veltliner No. 1: Klassischer Ausbau im Stahltank, Grüner Veltliner No. 2: kräftiger Veltliner im Stahltank, Ausbau zum Reserve Wein, und Grüner Veltliner No. 3: kräftiger Veltliner im Akazienfass gereift, Große Reserve.

Wir betreiben auch ein Heurigenrestaurant in Guntramsdorf (200 Plätze Indoor, 150 Plätze Outdoor). Weitere Infos können Sie gerne unserer Homepage entnehmen.

WEINGUT DREXLER-LEEB

THERMENREGION

Das Traditionsweingut Drexler-Leeb liegt inmitten von Perchtoldsdorf vor den Toren Wiens. Unsere Weingärten liegen an den Süd- und Südosthängen des Wienerwaldes in der Thermenregion. Um die Fauna und Flora der Weinbaurieden zu erhalten und zu fördern, widmen man sich besonders dem wichtigen Thema der Nachhaltigkeit, weswegen das Weingut im April 2015 vom Österreichischen Weinbauverband nachhaltig zertifiziert wurde. Mit dieser Zertifizierung wurden in unterschiedlichen Prozessen, wie der Traubenproduktion, Weinerzeugung, Weingartenanlage, Ökonomie und dem Sozialen, Qualitätsziele definiert und Maßnahmen zur nachhaltigen Umsetzung festgelegt.

Was das Weingut hervorhebt sind Sortenvielfalt und unterschiedliche Ausbaustufen, die es als prämierte und ausgezeichnete Lagen- und Qualitätsweine zu genießen gibt. Die Weine werden aus den traditionellen Sorten der Thermenregion wie Rotgipfler, Weißburgunder, Neuburger oder St. Laurent und Zweigelt vinifiziert.

Seit Generationen wird in dem urigen Hauerhaus, das erstmalig 1431 urkundlich erwähnt wurde, eine Buschenschank betrieben. Der historische Weinhauergehöft wurde mit viel Liebe und Rücksicht auf seine ursprüngliche Form als Hakenhof im Laufe der Jahrzehnte zu einem Heurigen geformt. Ein besonders gemütlicher, zum Verweilen einladender, historischenr Perchtoldsdorfer Heurigen. Der naturbelassene und ruhig gelegene Garten wird von alten Zwetschkenbäumen und einer Schirmplatane beschattet.

Weingut Drexler-Leeb
2380 Perchtoldsdorf, Hochstraße 65
+43 (0) 1/869 76 60
weinbau@drexler-leeb.at
www.drexler-leeb.at

WEINGUT PETER BERNREITER

WIEN

Unser Betrieb im Herzen von Groß Jedlersdorf im 21. Bezirk beschäftigt sich seit 5 Generationen mit Weinbau. Aus einem gemischten Betrieb mit Ackerbau und Viehzucht und einem kleinen Lebensmittelgeschäft wurde im Laufe der Zeit ein reiner Weinbaubetrieb mit Buschenschank. In den letzten Jahren rückten der Weinbau und ab Hof-Verkauf zunehmend in den Mittelpunkt.

Alle unsere Weingärten liegen auf der Wiener Seite des Bisambergs, seit vielen Jahren produzieren wir hochwertige Weine, die bei nationalen und internationalen Verkostungen oft im Spitzenfeld landen!

Besonders die Burgundersorten Weißburgunder, Grauburgunder, Chardonnay und Blauburgunder liegen uns am Herzen. Aber auch Wiener Gemischter Satz sowie Grüner Veltliner können sich bei Verkostungen ganz vorne platzieren.
Wir produzieren auf 12 ha naturnah und verwenden weder Herbizide noch Insektizide. In Zukunft wird auch bei uns im Betrieb immer mehr Wert auf Lagenweine gelegt werden.

Mit den Rieden Gabrissen, Rothen, Falkenberg sowie Zwerchbreiteln und Jungen Berg bewirtschaften wir auch einige der besten Lagen am Bisamberg.

Weingut Peter Bernreiter
1210 Wien, Amtsstraße 24-26
+43 (0) 699/117 14 760
office@bernreiter.at
www.bernreiter.at

WEINGUT MAYER AM PFARRPLATZ & ROTES HAUS

WIEN

Mayer am Pfarrplatz: Das traditionsreiche Weingut Mayer am Pfarrplatz, der Inbegriff Wiener Weinkultur. Die Rebflächen befinden sich zur Gänze innerhalb der Wiener Stadtgrenze im 17. und 19. Bezirk. Franz Mayer gab dem modernen Weinbau ein Gesicht. Hans Schmid, Eigentümer und Visionär, setzte sich zum Ziel, das Weingut zurück an die Spitze des österreichischen Weinbaus zu führen. Gemeinsam mit seinem kompetenten Team rund um Geschäftsführer Gerhard J. Lobner ist das innerhalb weniger Jahre gelungen. Die Stilistik der Weine von Mayer am Pfarrplatz ist von eleganter Struktur, Finesse und Trinkfreudigkeit geprägt. Während speziell die Lagenweine in ihrer Jugend längere Zeit zur Entfaltung benötigen, besitzen sie ein sehr großes Reifepotenzial. Seit Generationen wird der Wiener Gemischte Satz in unserem Haus aus Grüner Veltliner, Riesling, Rotgipfler und Zierfandler vinifiziert.

Rotes Haus: Dieses idyllische Domizil gibt dem Weingut seinen Namen und ziert die bezaubernde Rebenlandschaft auf dem einzigartigen Wiener Nussberg. Einst diente das Haus als Unterkunft für Weingartenarbeiter. Seit 2001 ist es ein Weingut und ein Ort, an dem Freunde des Hauses gerne bei einem Glas Wein verweilen. Zahlreiche Einzellagen formen ein buntes Landschaftsbild und verlangen vom Winzer aufwändige Handarbeit. Charakteristisch für das signifikante Terroir sind die Temperaturunterschiede zwischen Tag und Nacht. Die Weine, vom Roten Haus am Nussberg kultiviert, sind opulent dimensioniert, feinwürzig und hintergründig. Sie zeigen stets hohe Reife und vielschichtige Aromen. Viele der Weine werden im großen Holzfass ausgebaut, was ihren füllligen burgundischen Charakter zusätzlich unterstreicht.

Weingut Mayer am Pfarrplatz & Rotes Haus
1190 Wien, Pfarrplatz 2
+43 (0) 1/33 60 197
weingut@pfarrplatz.at
www.pfarrplatz.at

Als Mitglied von Wien Wein und den österreichischen Traditionsweingütern arbeitet das Weingut gemeinsam an Weinen mit internationalem Format. Die besten Lagen Wiens herauszuarbeiten und damit besonders charakterstarke und langlebige Weine hervorzubringen - das ist die Zielsetzung der Wiener Traditionsweingüter.

WEINGUT FRANZ WIESELTHALER
WIIEN

Das Weingut Franz Wieselthaler befindet sich in Oberlaa, ein gern vergessener Exot unter den Weinbaugebieten Wiens. Im Jahr 1628 wurde der Name Wieselthaler urkundlich das erste Mal erwähnt. Betrieb man früher eine reine Vieh- und Landwirtschaft, so wird heute ausschließlich Weinbau auf 8 Hektar betrieben. Der Laaerberg in Oberlaa ist mit 270m Seehöhe die höchste Eiszeitterrasse und gleichzeitig mit nur 30 Hektar Rebfläche die kleinste Weinbauzone im Südosten von Wien.

Auf den primär sandig-lehmigen Böden gedeihen der typische Wiener Gemischte Satz und die Burgundersorten ganz ausgezeichnet. Den Wiener Gemischten Satz DAC erzeugt Franz Wieselthaler in 3 Varianten und damit sicher für jeden Geschmack den richtigen Wein.

Weingut Franz Wieselthaler
1100 Wien, Oberlaaerstraße 71
+43 (0) 1/688 47 16
info@weingut-wieselthaler.at
www.weingut-wieselthaler.at

WEINGUT ACKERMANN
LEITHABERG

Unser Weingut ist ein Familienbetrieb in dritter Generation, der seit Bestehen in Donnerskirchen ansässig ist. Wir bewirtschaften an den Südhängen des Leithagebirges eine Rebfläche von neun Hektar. Das gesamte Traubengut wird im eigenen Betrieb verarbeitet und wird ausschließlich in Flaschen vermarktet. Optimaler Zeitpunkt und qualitätsorientierter Ausbau der Weine sind unser oberstes Ziel.

Im Keller sind wir bemüht, unseren Kunden eine breite Palette anzubieten. Unser Angebot reicht vom trockenen fruchtigen bis hin zum lieblich süßen Weißwein, sowie vom leichten fruchtigen über kräftigen, im Holzfass gereiften Rotwein. Abgerundet wird unser Angebot von unseren Edelbränden, die die Qualität und Sorgfalt des Familienbetriebes widerspiegeln.

Weingut Ackermann
7082 Donnerskirchen
Hauptstraße 71
+43 (0) 2683/8344
+43 (0) 676/9526127
m.ackermann98@outlook.com
www.familienweingut-ackermann.at

WEINGUT FEILER-ARTINGER

LEITHABERG

Wo die Natur lebt … lebt es sich wunderbar. In Rust, dem seit Jahrhunderten berühmten Weinort, führen Kati und Kurt Feiler in 3. Generation das international bekannt Weingut Feiler-Artinger. 26 ha in den besten Ruster Rieden werden seit 2008 bio-dynamisch bewirtschaftet. Gesunder Boden und intakte Natur sind Grundvoraussetzung für vitale Reben und große, charaktervolle Weine. Die Weine zeichnen sich durch intensive Frucht und Frische sowie Fülle und besonders viel Finesse aus.

Sie sind eine gewachsene Symbiose aus dem Klima und Boden sowie den Reben und den Menschen, die sie bewirtschaften. Ganz im Sinne der Ruster Tradition umfasst die Weinpalette die sogenannte „Ruster Trilogie" von trockenen Weiß- und Rotweinen bis zu den edelsüßen Kreszenzen, deren Spitze der Ruster Ausbruch darstellt.

Weingut Feiler Artinger
7071 Rust, Hauptstraße 3
+43 (0) 2685/237
office@feiler-artinger.at
www.feiler-artinger.at

WEINGUT LEO HILLINGER

LEITHABERG

Seit Leo Hillinger 1990 den elterlichen Weinhandel übernahm, entwickelte er das Weingut zu einem Musterbetrieb. Heute bewirtschaftet das Weingut Leo HILLINGER mehr als 100 Hektar Weingärten und zählt somit zu den größten Bio-Weinproduzenten im Top-Qualitätssegment in Österreich. Bereits 2010 erfolgte die Umstellung auf eine vollständig biologische Bewirtschaftung.

Die hohe Qualität der Weine basiert auf modernster Kellertechnik und den für das Leithagebirge typischen Bodenformationen. Leo Hillinger unterteilt sein umfangreiches Weinsortiment in fünf Kategorien. Prickelnd. Frisch und fruchtig. Trendy. Erdverbunden. Premium. Geprägt durch seine Herkunft, trägt jeder Wein seinen persönlichen Charakter in sich und ist ein idealer Begleiter für alle Lebenslagen.

Weingut Leo HILLINGER
7093 Jois, Hill 1
+43 (0) 2160/83 170
office@leo-hillinger.com
www.leo-hillinger.com

WEINBAU MENITZ

LEITHABERG

Unsere Weinrieden befinden sich auf den sanften Hängen eines Ausläufers des Leithagebirges - der Vorderberg mit sandigem Lehm und teils hohem Muschelkalk Anteil dieser gibt dem Wein seine feine Struktur und Finesse und das Reinischviertel mit mittelschwerem Lehmboden auf Mergel und gutem Wasserhaltevermögen. Top Wein entsteht mit viel Liebe und Verständnis zur Natur und seinen Reben! Die Lieblingsweine des Winzers sind der Blaufränkisch Grande Reserve aus der Ried Vorderberg - er besticht durch seine Finesse und doch dichter Struktur.

Weinbau Menitz
2443 Leithaprodersdorf
Untere Hauptstraße 31
+43 (0) 676/503 16 98
weinbau@menitz.at
www.menitz.at

Sowie der Chardonnay Reserve Ried Vorderberg im Barrique spontan vergoren - er vereint exotische Früchte, zarter Vanille mit breiten und cremigen Noten am Gaumen.

WEINGUT PRIELER

LEITHABERG

Der Hof am oberen Ende der Hauptstraße in Schützen am Gebirge im Burgenland hat bereits eine lange Geschichte hinter sich. Er ist ein altestraditionsreiches Bauerngut - der Wein spielte dabei immer die wichtigste Rolle. Die Prielers waren immer schon Vorkämpfer für Qualität und Eigenständigkeit - schon als Engelbert und Irmgard Prieler 1972 das Weingut vom Großvater übernahmen und von Anfang an sich noch mehr auf Qualität statt auf Quantität setzte. Aber auch die Jugend konnte bereits groß Erfolge mitwirken. Die Weingärten befinden sich von Schützen am Gebirge bis Oggau am Neusiedlersee, auf Plateaus, in der Ebene und auf Hängen, die meist in sanften Wellen abfallen. Die Prielers beobachten und begleiten die Weine mit einem Ziel vor Augen Weine zu keltern, die detailliert, präzise, ausgewogen und unbeschwert von ihrer Herkunft und Sorte erzählen.

Weingut Prieler
7081 Schützen am Gebirge
Hauptstraße 181
+43 (0) 2684/2229
+43 (0) 699/10603739
weingut@prieler.at
www.prieler.at

WEINGUT RUDOLF WAGENTRISTL

LEITHABERG

Seit 2014 ist Rudi Wagentristl verantwortlich für die Geschicke des seit 1888 in Großhöflein beheimateten Familienweinguts. Seine Weingärten liegen an den sanften Hängen des Leithagebirges und dessen Ausläufern. Die besondere Zusammensetzung der Böden sorgt gemeinsam mit dem speziellen Kleinklima der Region für ein einzigartiges Terroir, das in dieser Beschaffenheit anderswo nicht zu finden ist.

„Ich bin ein Freund klarer Linien, und diese verfolge ich auch bei der Kelterung meiner Weine. So entstehen Weine mit unverwechselbarem Charakter - Weine mit Kraft und Finesse. Mit diesen Weinen will ich andere, aber auch mich selbst glücklich machen!"so Winzer Rudi Wagentristl.

Weingut Rudolf Wagentristl
7051 Großhöflein, Rosengasse 2
+43 (0) 2682/61 415
weingut@wagentristl.com
www.wagentristl.com

WEINGUT HERBERT WEBER

LEITHABERG

Das Weingut Weber ist ein Familienbetrieb, der Tradition mit modernem Know-how verbindet. Die herrliche Lage in Jois im nördlichen Burgenland, umgeben von den sanften Hängen des Leithagebirges zur einen und dem idyllischen Neusiedlersee zur anderen Seite, bietet beste Voraussetzungen für den Anbau qualitativ hochwertiger Weine. Sowohl die Vielfalt der Böden wie Schiefer, Schwarzerde, Lehm und Kalkstein als auch das pannonische Klima lässt auf den Weingärten hervorragende Weine unterschiedlicher Ausprägung je nach Rebsorte, Lage und Jahrgang heranreifen. Die jahrelange Erfahrung und ein optimal abgestimmter Weinkeller ermöglichen, Altbewährtes mit Modernem auf hohem Niveau zu vereinen und dadurch Spitzenweine auf höchster Qualität zu erzeugen.

Weingut Herbert Weber
7093 Jois, Bruckergasse 4
+43 (0) 2160/8352
weingut@weber-weine.at
www.weber-weine.at

DOMAINE PÖTTELSDORF FAMILYMADE

ROSALIA

„Familymade: Von Reben leben und dabei Sinn und Zeit für die Freuden des Lebens haben - das ist unsere Familywork-Familylife-Balance. Und genauso entspannt schmeckt unser Wein."

Die Winzer-Großfamilie Schandl/Kurz betreibt seit Generationen in Pöttelsdorf Weinbau. Der Arbeit im Weingarten mit größter Achtung vor der Natur wird dabei genauso viel Wichtigkeit gegeben wie der akribischen Kellerarbeit. Auch professionelles Marketing und der Vertrieb tragen zum Erfolg des Groß-Familienunternehmens bei - und vor allem der Spaß, den man bei der Arbeit hat und der bei jedem Besuch in Pöttelsdorf offenkundig wird. Schließlich versteht man es hier auch, in geselliger Runde zu feiern und neue Pläne für die Zukunft zu schmieden.

Domaine Pöttelsdorf Familymade
7025 Pöttelsdorf
Kellerweg 15
+43 (0) 2626/5200
office@familymade.at
www.domaine-poettelsdorf.at

WEINGUT JOSEF IGLER

MITTELBURGENLAND

Erstklassige Weine, speziell aus der Rebsorte Blaufränkisch, hält Josef Igler in unserem Gebiet für eine Selbstverständlichkeit. Das Gesamtsortiment ist druckvoll und sortentypisch, die Weine weisen eine klare Textur sowie Eleganz auf. Die Sorte Blaufränkisch dominiert das Sortiment dabei bis heute.

An der Spitze der Qualitätspyramide stehen die vielschichtige, internationale Cuvée „Maximus" und ein Blaufränkisch „Reserve", beide in Barriquefässern ausgebaut. Als Flaggschiff des Hauses fungiert der Wein „Joe N°1" - Grande Reserve. Ein pointierter, eigenständiger Blaufränkisch mit tollem Lagerpotenzial. Abgerundet wird das Sortiment mit einem eleganten Sauvignon Blanc und neu im Programm ist ein fruchtiger White Secco!

Weingut Josef Igler
7301 Deutschkreutz, Hauptstraße 59-61
+43 (0) 26 13/80 213
info@igler-weingut.at
www.igler-weingut.at

WEINGUT JOSEF TESCH
MITTELBURGNLAND

Unser Weingut liegt im „Blaufränkischland". Unsere Weingärten umfassen 26 Hektar. Die Bodenbeschaffenheit ist vielschichtig - vom kristallinen Verwitterungsschiefer bis zum tiefgründigen Lehmboden mit guter Wasserspeicherfähigkeit. Mit 60 % spielt die Sorte Blaufränkisch die Hauptrolle in unseren Weingärten. Das Weingut Tesch ist ein traditioneller Familienbetrieb, in dem die gesamte Familie aktiv am Erfolg beteiligt ist. Josef (Pepi) Tesch hat bereits von 1979 bis 1982 gemeinsam mit seinem Bruder Hans kleine Mengen vom Blaufränkischen gekeltert, die noch heute von Weinfreunden anerkennend mit dem „österreichischen Rotweinwunder" in Verbindung gebracht werden. 2011 hat Josef (Joe) Christian Tesch die Leitung des Familienbetriebs übernommen. Aufgewachsen mit dem Thema Wein konnte er sich schon früh mit dem Weingut identifizieren.

Weingut Josef Tesch
7311 Neckenmarkt, Herrengasse 26
+43 (0) 2610/43 610
titan@tesch-wein.at
www.tesch-wein.at

WEINGUT JULIANA WIEDER
MITTELBURGENLAND

Im Mittelburgenland, rund um Neckenmarkt bietet die Natur die Grundlage für unsere Arbeit - mit ihr sorgfältig umzugehen und mit ihr zu leben ist unser erklärtes Ziel. Damit Bodenschätze zu ausgezeichneten Weinen reifen. Im Bewusstsein, dass charakteristischer Wein nicht im Keller gemacht wird, sondern im Weingarten wächst, sicherten sich die Wieder´s Weingärten in den besten Lagen wie Bodigraben, Hochberg, Spiegelberg, Kohlenberg und Sonnensteig.

Mit Fingerspitzengefühl, Idealismus und Können keltert Georg Wieder die „Wieder Weine". Nachhaltiges, naturnahes Arbeiten und strenge Auswahl der Trauben bei der Lese legen einen Grundstein für die hohe Qualität. Es ist aber auch der Blick fürs Spezielle und das Bekenntnis zu einem Wein, der den natürlichen Charakter der Traube und Ihrer Herkunft betont.

Weingut Juliana Wieder
7311 Neckenmarkt, Lange Zeile 76
+43 (0) 2610/42 438
info@weingut-juliana-wieder.at
www.weingut-juliana-wieder.at

WEINGUT KLEBER
SÜDBURGENLAND

Seit 1998 bewirtschaften Gerti und Siegfried Kleber den rekultivierten Weinbauried Hussi Brand in Rudersdorf-Berg. Auf dem Südhang mit sandig-lehmigen, von Kalk-Sedimenten durchzogenem Boden, gedeihen Qualitätsweine der Sorten Rheinriesling, Blaufränkisch und Pinot Noir. Die Trauben des Rhein-Rieslings gelangen Ende September zur vollen Reife, der Wein wird im Stahltank gekeltert. Seine zart würzigen Fruchtaromen erinnern an Pfirsich und Zitrusfrüchte.

Weingut Kleber
7571 Rudersdorf, Bergstraße 13
+43 (0) 664/5310020
office@weingut-kleber.at
www.weingut-kleber.at

Die feine elegante Säure unterstützt die frischen Aromen am Gaumen. Das Weingut Kleber ist heute mit seinem Beitrag zur Revitalisierung des südburgenländischen Weinbaus durch erlesene Spitzenweine nicht nur ein Geheimtipp für alle Weinfreunde, sondern auch ein nachhaltiger Gewinn für die Landschaft.

UHUDLEREI MIRTH - WEINGUT MATTHIAS MIRTH
EISENBERG-UHUDLERLAND

Naturnaher Weinbau mit Uhudler und zukunftsträchtigen Sorten wie Muscaris und Muscatbleu faszinieren Winzer Matthias Mirth, ganz zur Freude vieler Kenner aus dem In- undAusland.

Evergreen und Star der Uhudlerei Mirth ist der Uhudler Frizze Rot. Kreativität und Liebe zum Handwerk spürbar macht der Winzer mit Muscaris Wermut oder Uhudler Gin.

Uhudlerei Mirth -
Weingut Matthias Mirth
7562 Eltendorf, Kirchenstraße 7
+43 (0) 3325/2216
+43 (0) 664/395 68 17
office@uhudlerei-mirth.at
www.uhudlerei-mirth.at

Neben dem Wohlfühl-Gasthof Kirchenwirt*** in Eltendorf lädt der Familienbetrieb von Mai bis Oktober in die Hoch-Zeitschenke im Uhudlerviertel am Hochkogel und ins Freibadrestaurant Jennersdorf. Ganz neu sind die beiden Kellerstöckl im Uhudlerviertel Eltendorf welche zum Ausspannen gemietet werden können.

WEINGUT KODOLITSCH

SÜDSTEIRMARK

Das Weingut befindet sich seit mehr als 300 Jahren im Familienbesitz. Die heutigen Besitzer, Christa und Nikolaus Kodolitsch, haben das Weingut 1993 übernommen und mit Liebe und hohem Qualitätsanspruch zu einem Vorzeigeunternehmen ausgebaut. Heute ist Mario Weber, ein Abgänger der Weinbauschule Silberberg, für den Weinausbau verantwortlich.

Das Weingut umfasst ca. 14 ha Weingartenfläche. Ein schonender Umgang mit unserer Produktionsgrundlage, der Natur, und bewusst zurückhaltende Einflussnahmen auf die Umwelt ist uns ein ebenso wichtiges Anliegen. Für die Qualität von Reben und Trauben reduzieren wir die Traubenmengen. In den Weingärten am Rosengarten und am Kogelberg gedeihen die Sorten: Welschriesling, Weißburgunder, Chardonnay, Sauvignon Blanc, Gelber Muskateller und Riesling.

Weingut Kodolitsch
8430 Leibnitz
Kodolitschweg 9
+43 (0) 664/422 59 19
+43 (0) 664/188 01 82
weingut@kodolitsch.at
www.kodolitsch.at

WEINGUT RIEGELNEGG OLWITSCHHOF

SÜDSTEIRMARK

Das Weingut Olwitschhof befindet sich in der Südsteiermark, ca. 4 km südwestlich von Gamlitz entfernt. Mittlerweile umfasst der familiäre Betrieb ca. 14 ha Rebfläche, davon werden zu 85% Weißweine und zu 15% Rot- und Roséweine produziert.

Diese Rebflächen befinden sich fast ausschließlich um den Olwitschhof der Familie Riegelnegg. Wer den Weg hierher einmal gefunden hat, wird nicht nur mit einem atemberaubenden Panorama belohnt: Der Olwitschhof am Sernauberg gilt schon seit Jahren als Pilgerstätte für qualitätsbewusste Weinfreunde. Zahlreiche Top-Platzierungen bei nationalen und internationalen Verkostungen haben den ehemaligen Geheimtipp zu einem Fixstern am Weinhimmel gemacht.

Weingut Riegelnegg Olwitschhof
8462 Gamlitz
Steinbach 62
+43 (0) 3454/6263
weingut@riegelnegg.at
www.riegelnegg.at

WEINGUT SÖLL
SÜDSTEIERMARK

Beim Weingut Söll in Gamlitz in der Südsteiermark lässt man der Natur den Vortritt. Winzer Hannes Söll hat eine Methode „erfunden", die weit über den Bioweinbau hinausgeht. Er nennt seine Methode „Sanfter Weinbau".

1997 wurde das idyllisch gelegene Anwesen von Hannes Söll und seiner Frau Maria übernommen. Bereits ein Jahr später stellte der Winzer auf das um, was er als sanften Weinbau bezeichnet. „Biologischer Anbau war mir nicht genug. Ich möchte so wenig wie möglich in den Weinberg eingreifen, verzichte zum Beispiel auf jeglichen Dünger".

Die Folge davon ist, dass die Reben langsamer wachsen und dadurch sind sie widerstandsfähiger gegen Krankheiten. Das wirkt sich auf das gesamte System im Weingarten aus. Es gedeihen wieder Gräser, Kräuter und Insekten im Weinberg. Statt 25 gibt es bei mir maximal vier bis sechs Traktordurchfahrten, das spart nicht nur jede Menge Treibstoff, sondern schont die Böden. Sie sind bekanntlich der Darm des Rebstocks.

Wenn der Boden gesund ist, dann ist auch der Wein gesund. Jeder Rebstock ist unterschiedlich wie ein Kind und benötigt Zuneigung, liebevolle Pflege. Deshalb werden beim Weingut Söll die Rebstöcke, Blätter und Triebe händisch bearbeitet. Die Ernte- und Kellerarbeiten

Weingut Söll
8462 Gamlitz, Sernaustraße-Steinbach 63a
+43 (0) 3454/66670
familie@weingut-soell.at
www.weingut-soell.com

richten sich nach den Mondphasen. Der Verzicht von Chemie und Traktoren hat einen ökonomischen und menschlichen Wert.

Manche vergleichen die Weingärten mit einem Urwald, aber das ist genauso „gewollt", erklärt Hannes Söll ein wenig seine Philosophie. Wein-Klassiker wie Gelber Muskateller und Sauvignon Blanc sind ebenso im Portfolio des Weingutes wie hochwertige rote Weinlagen. Diese Kleinode werden nicht nur in Stahl und Holz, sondern zum Teil auch im Betonei vergoren.

Zahlreiche Auszeichnungen belegen, dass Hannes Söll auf dem richtigen Weg ist, und doch hat der 55-Jährige ein neues Lebenskapitel aufgeschlagen:

„Wir haben auf 2,5 Hektar reduziert, unser Sohn Christian führt jetzt unser Weingut in die nächste Generation." Hannes Söll wird künftig sein Wissen sowie seine Ideologie vom sanften Weinbau an interessierte Winzer weitergeben. Was er auf jeden Fall weiterführt, das sind seine weit über die Grenzen von Gamlitz hinaus bekannten Erlebnis-Weingartenführungen inklusive einer Weinverkostung und kleinem Imbiss.

Shop Öffnungszeiten: ab Frühlingsbeginn bis 1. November täglich 9:00 - 17:00 Uh Verkostungen, Erlebnis-Weingartenführungen gegen Voranmeldung

Weingut Christian Reiterer
8551 Wies, Lamberg 11
+43 (0) 3465/3950, +43 (0) 650/260 36 17
info@weingut-reiterer.com, www.weingut-reiterer.com

WEINGUT CHRISTIAN REITERER
WESTSTEIERMARK

Genuss - Eleganz - Lebensfreude: Das sind die Grundpfeiler der prickelnden Welt von Christian Reiterer. Er hat schon früh erkannt, dass sich die Blauer-Wildbacher-Traube mit ihrer intensiven Frucht und ihrer erfrischenden Säure perfekt für die Produktion von Schaumweinen eignet und kelterte bereits vor drei Jahrzehnten als Erster Schilcher-Frizzante und Schilcher-Sekt.

Heute bewirtschaftet Reiterer rund 50 Hektar eigene Rebflächen in weststeirischen Spitzenlagen und exportiert einen Großteil seiner Weine in zehn Länder der Welt. Steile Lagen sorgen für die perfekte Sonneneinstrahlung und die kühlen Winde von der Koralpe für eine besonders intensive Aromenausprägung in den Trauben.

Das kommt dem Schilcher, der hier klassisch und als Lagenwein von den Monopollagen Lamberg und Engelweingarten gekeltert wird, ebenso zugute, wie den duftig-trinkfreudigen Weißweinen vom Welschriesling, Morillon und Sauvignon Blanc.

Der Traumjahrgang 2021 verspricht hohe Qualität in Geschmack und Aroma und auch in diesem Jahr wird es wieder den Rosé Schilcher Frizzante geben .

WEINGUT TRAPL - FABIAN BAYR

WETSTEIERMARK

Eines der ältesten und bekanntesten Weingüter der Weststeiermark. Die jugendliche Neugierde des Winzer & Kellermeisters Fabian, gepaart mit dem Wissen und der Erfahrung seines Onkels Eduard, lassen jedes Jahr aufs Neue viele herausragende Weine entstehen. Vom richtig rassigen „Schilcher Rustikal" bis hin zu höchst eleganten Rieden Weine aus den berühmten Weingärten „Schloss Stainz", „Hochgrail" und „Lestein".

Aber nicht nur der Schilcher spielt eine wichtige Rolle für das Traditionsweingut in der Weststeiermark – auch feinste Weißweine wie der Klevner, Sauvignon Blanc, uvm. zählen mittlerweile zur absoluten Elite unter den steirischen Weinen. Abgefüllt wird außerdem nur bei bestimmten Mondphasen - abgeleitet nach uralten Aufzeichnungen der Vorfahren.

Weingut Trapl - Fabian Bayr
8511 St. Stefan ob Stainz, Lestein 40
+43 (0) 3463/81 082
office@weingut-trapl.at
www.weingut-trapl.at

WEINGUT & BUSCHENSCHANK WEBER

WETSTEIERMARK

Alles, außer gewöhnlich, mit diesen Worten können die Webers in Lestein mitten im weststeirischen Schilcheranbaugebiet beschrieben werden.

Susi, Edi und Mathias managen hier den Familienbetrieb, der seine Wurzeln im Jahr 1928 hat. Susi kocht, bäckt und bewirtet die Gäste in der Buschenschank, die im Jahr 2015 neu eröffnet wurde. Edi und Mathias machen den Wein, der immer wieder ausgezeichnet wird, und den man in weiten Teilen Österreichs schätzt.

Der Schwerpunkt liegt natürlich beim Schilcher, aber auch Muskateller, Rheinriesling, Sauvignon Blanc, richtige Rote und Frizzante stehen zum Verkosten bereit.

Weingut & Buschenschank Weber
8511 St. Stefan ob Stainz
Lestein 73
+43 (0) 664/736 52 695
office@weingutweber.at
www.weingutweber.at

WEINHOF GWALTL
VULKANLAND STEIERMARK

Im Südosten der Steiermark liegt der Weinhof Gwaltl. Seit zwei Generationen produziert der Familienbetrieb Weine von höchster Qualität. Insgesamt werden 9 Hektar verarbeitet. Die Bodenvielfalt – wie Schotter, Lehm, Sand, das milde Klima sowie die sorgsame Arbeit im Weingarten und im Keller ist auch im Wein zu schmecken.

Produziert werden die klassisch steirischen Weißweinsorten wie: Welschriesling, Rheinriesling, Weißburgunder, Chardonnay, Sauvignon Blanc, Muskateller und Grauer Burgunder. Sowie die Rotweine: St. Laurent, Rotwein Cuvée, Merlot. Die liebevolle Handarbeit vom Rebschnitt bis zur Ernte und eine schonende Kelterung sind notwendig, um Weine von solcher Qualität zu produzieren. Die Weine können im Keller des Weinhofes verkostet werden.

Weinhof Gwaltl
8350 Fehring, Burgfeld 7
+43 (0) 3155/2989, +43 (0) 664/383 71 24
weinhof-gwaltl@aon.at, www.weinhof-gwaltl.at

WEINGUT LEITGEB
VULKANLAND STEIERMARK

Der Familienbetrieb besteht seit über 50 Jahren mit vielen Facetten! Die Weinauswahl reicht von fruchtig-frisch bis zu gereiften und ausdrucksstarken Weinen. Hochreife Grauburgunder und Sauvignon blanc, Riedenweine sowie Katzianer, Forsthof und Grauburgunder Schale vergoren sind hier zu finden. Seit ein paar Jahren gibt es auch hochwertige Sekte. Nach dem Chardonnay Sekt Austria, sogar Landesfinalist, gibt es auch einen Chardonnay-Sekt extra brut, eine elegante Reserve mit 18-monatiger Reife auf der Hefe und in der Flasche! Im Buschenschank wird ein kulinarisches Angebot mit selbstgemachten Köstlichkeiten (auch vegetarisches und veganes) angeboten. Überall trifft man auf die vinosophie! Dies steht für „Begeisterung für Wein & Musik" der Hausherrn, die die Weine im Keller beschallen & sie bei Wein-Erlebnispaketen, Führungen sowie kommentierten Verkostungen persönlich musikalisch begleiten.

Weingut Leitgeb
8243 Bad Gleichenberg
Trautmannsdorf 104
+43 (0) 664/412 80 89
+43 (0) 3159/2885
info@weingut-leitgeb.at
www.weingut-leitgeb.at

WEINHOF VLG. RITTER

KÄRNTEN - BERGLAND

Der Weinhof vlg. Ritter liegt auf 450 m Seehöhe am sonnigen Südhang des Josefsberg bei St. Paul im Lavanttal und ist das Zuhause der Winzerfamilie David. Sabine, die leidenschaftliche Winzerin, bewirtschaftet gemeinsam mit ihrem Mann Dominique und den drei Töchtern drei Weingärten im wunderschönen Lavanttal.

Die Weine der Rieden Steinbruch, Weinberg und Josefsberg widerspiegeln das Terroir der Region. Klassische Sorten wie Chardonnay, Sauvignon Blanc oder Pinot Noir genießen das inneralpine Klima und ermöglichen das Keltern von ausgezeichneten Weinen.

Schonender Umgang mit Natur und Ressourcen sind aus Sicht der Winzerin Voraussetzung für nachhaltiges Wirtschaften und langfristigen Erfolg.

Weinhof vlg. Ritter
9470 St. Paul im Lavanttal, Loschental 8
+43 (0) 680/302 71 00
wein@vulgoritter.at
www.vulgoritter.at

TRIPPELGUT

KÄRNTEN - BERGLAND

Unser TrippelGUT ist mit 10,4 ha das zweitgrößte Weingut Kärntens und bietet größte Rebsorten-Vielfalt. Das TrippelGUT baut drei unterschiedliche Weinlinien aus: Alpenwein, Privat und AndaS.

Von beliebten Klassikern bis hin zu Lagenweinen ist auch für Sie das Passende dabei. Dank der phantastischen Lage des TrippelGUTs erlebt jeder Weinliebhaber ein wahres Wohlfühlparadies inmitten der Weinberge mit dem Besten aus der Küche und dem Weinkeller.

Einzigartig sind unsere Suiten mit traumhaftem Ausblick über Kärnten. Durch seine vielfältigen Möglichkeiten ist das TrippelGUT der ideale Ort für Ihre Feier: ob Taufe, Hochzeit oder Seminar - wir lassen keine Wünsche offen!

TrippelGUT
9560 Feldkirchen i. K., Hubertusweg 4
+43 (0) 4276/93 080
info@trippelgut.at
www.trippelgut.at

A

Familienweingut Ackermann, 7082 Donnerskirchen
Tel.: 02683/8344, www.familienweingut-ackermann.at

Weinbau Amandus Adam, 8463 Leutschach an der Weinstraße
Tel.: 0650/2033040, www.amandus.at

Weingut Assigal, 8430 Leibnitz
Tel.: 03452/86811, www.assigal.at

Weingut Leo Aumann, 2512 Tribuswinkel
Tel.: 02252/80502, www.aumann.at

B

BaderWein, 7312 Horitschon,
Tel.: 0664/75038152, www.baderwein.at

Weinbau Andreas Bauer, 3483 Wagram am Wagram
Tel.: 0660/8777001, www.weinerlebnis-bauer.at

Familie Bauer - Bioweingut, 3471 Großriedenthal
Tel.: 02279/7204, www.familiebauer.at

Hans Bauer - Wein & Prosciutto, 7025 Pöttelsdorf
Tel.: 0664/5379491, www.wein-prosciutto.at

Bioweinbau Berger, 2212 Großengersdorf
Tel.: 0676/6391445, www.bio-berger.at

Weingut Peter Bernreiter, 1210 Wien
Tel.: 0699/11714760, www.bernreiter.at

Weingut Beyer, 2051 Zellerndorf,
Tel.: 0664/73635181, www.beyer-wein.at

Weingut Patricia Hinteregger, 3714 Sitzendorf an der Schmida
Tel.: 0664/1107010, www.weingut-hinteregger.at

Weingut Hirschbüchler, 2120 Obersdorf
Tel.: 0699/11701579, www.hirschbuechler.at

Weingut Franz Hirtzberger, 3620 Spitz an der Donau
Tel.: 02713/2209, www.hirtzberger.com

Familienweingut Höfinger, 3550 Gobelsburg
Tel.: 0676/7235899, www.weingut-hoefinger.at

Weingut Höpler, 7091 Breitenbrunn
Tel.: 02683/239070, www.hoepler.at

Weingut Roman Hörmayer, 2202 Enzersfeld
Tel.: 0699/15068083, www.hoermayer-wein.at

Winzerhof Holzheu - Familie Heigl, 3508 Krustetten
Tel.: 0650/6680333, www.winzerhofholzheu.at

Weingut Markus Huber, 3134 Reichersdorf
Tel.: 02783/82999, www.weingut-huber.at

Weingut Andreas Humer, 3473 Mühlbach am Manhartsberg,
Tel.: 0664/9144203, www.weingut-humer.at

Weingut Hutter Silberbichlerhof, 3512 Mautern
Tel.: 0664/73625932, www.hutter-wachau.at

I

Weingut Josef Igler, 7301 Deutschkreutz
Tel.: 02613/80213, www.igler-weingut.at

K

Domaines Kilger Wein, 8462 Gamlitz
Tel.: 03453/236311, www.domaines-kilger.com

BIO Weinbau Killmeyer, 2215 Raggendorf
Tel.: 0650/2107074, www.kleinhaus.at

Weingut Kleber, 7571 Rudersdorf,
Tel.: 0664/5310020, www.weingut-kleber.at

M

N

NÖ Landesweingut Hollabrunn, 2020 Hollabrunn
Tel.: 02742/900513045, www.noe-landesweingueter.at

NÖ Landesweingut Krems, 3500 Krems,
Tel.: 02742/900513045, www.noe-landesweingueter.at

NÖ Landesweingut Mistelbach, 2130 Mistelbach a.d. Zaya
Tel.: 02742/900513045, www.noe-landesweingueter.at
Jubiläumssekt 125 Jahre LFS Mistelbach NV,

NÖ Landesweingut Retz Gut Altenberg, 2070 Retz
Tel.: 02742/900513045, www.noe-landesweingueter.at

O

Weingut Oberschil-Rieger, 2102 Hagenbrunn
Tel.: 02262/672782, www.oberschil-rieger.at

Weingut Oppelmayer, 2464 Göttlesbrunn
Tel.: 02162/8237, 0664/5232200, www.oppelmayer.at

P

Weinbau Gerhard Pamperl, 3710 Ziersdorf
Tel.: 0699/11112242, www.pamperl-wein.at

Weingut Paul, 2100 Leobendorf
Tel.: 0664/9482137, www.heurigerpaul.at

Weingut Daniel Plos, 2500 Sooß
Tel.: 02252/87301, www.weingutplos.at

Weingut Pluschkovits, 2443 Leithaprodersdorf
Tel.: 02255/6576, www.pluschkovits.at

Weingut Polz, 3602 Rossatz
Tel.: 0664/4320426, 02714/6326, www.polzwachau.at

Weingut Stefan Potzinger, 8424 Gabersdorf
Tel.: 0664/5216444, www.potzinger.at

Weingut Prechtl, 2051 Zellerndorf
Tel.: 02945/2297, www.prechtl.at

Weingut Prieler, 7081 Schützen am Gebirge
Tel.: 02684/2229, www.prieler.at
Chardonnay Sinner 2022, Burgenland 155
Pinot Blanc Alte Reben 2020, Leithaberg DAC 169
Pinot Blanc Ried Haidsatz 2020, Leithaberg DAC 170
Pinot Blanc Ried Seeberg 2022, Burgenland 171

Weingut Pugl, 8452 Großklein
Tel.: 03456/2662, www.weingut-pugl.com
Sauvignon Blanc 2022, Südsteiermark DAC 189
Gelber Muskateller 2022, Südsteiermark DAC 203

R

Weinbau Radl, 2482 Münchendorf
Tel.: 0664/3836376, www.weinbau-radl.at
Neuburger 2022, Thermenregion 221

Weingut Reisinger, 2061 Obritz
Tel.: 0664/73553500, www.reisingerwein.at
Grüner Veltliner Klassik 2022, Weinviertel DAC 87
Grüner Veltliner Ried Simetler 2020, Niederösterreich 94
Grüner Veltliner Ried Wartberg 2022, Niederösterreich ...113
Chardonnay Klassik 2022, Niederösterreich 158
Sauvignon Blanc 2022, Niederösterreich 197

Weingut Christian Reiterer, 8551 Wies
Tel.: 03465/3950, www.weingut-reiterer.com
Sauvignon Blanc Ried Lamberg 2021, Weststeiermark DAC ...195
Schilcher Frizzante NV, Österreichischer Perlwein 258
Schilcher Sekt NV, Österreichischer Sekt 275
Schilcher Klassik 2022, Weststeiermark DAC 284
Schilcher Ried Engelweingarten Alte Reben 2022,
Weststeiermark DAC 286
Schilcher Ried Lamberg 2022, Weststeiermark DAC 288

Weingut Riegelnegg - Olwitschhof, 8462 Gamlitz
Tel.: 03454/6263, www.riegelnegg.at
Morillon Ried Sernauberg 2022, Südsteiermark DAC 157
Sauvignon Blanc Ried Sernauberg Exzellenz 2020,
Südsteiermark DAC 183
Sauvignon Blanc Ried Welles 2021, Südsteiermark DAC ...185
Sauvignon Blanc Ried Sernauberg 2021, Südsteiermark DAC ...186
Sauvignon Blanc Gamlitz 2022, Südsteiermark DAC 188

Weinhof Riegelnegg Stammhaus, 8462 Gamlitz
Tel.: 0664/4055108, www.riegelnegg-stammhaus.at
Welschriesling 2022, Südsteiermark DAC 134
Weißburgunder 2022, Südsteiermark DAC 178
Sauvignon Blanc 2022, Südsteiermark DAC 196
Gelber Muskateller 2022, Südsteiermark DAC 204
Grauburgunder Ried Gamlitzberg 2020, Südsteiermark DAC ...213

Weinhof vlg. Ritter, 9470 St. Paul im Lavanttal
Tel.: 0680/3027100, www.vulgoritter.at
Chardonnay Reserve 2021, Kärnten 159
Chardonnay Ried Josefsberg 2022, Kärnten 161
Sauvignon Blanc Ried Steinbruch 2022, Kärnten 192

Robitza Wein, 7064 Oslip
Tel.: 0699/12338540, www.robitza-wein.at
Grüner Veltliner Uzlop 2022, Burgenland 122
Chardonnay Steinnelke 2019, Burgenland 158
Sauvignon Blanc Uzlop 2022, Burgenland 193

Weingut Silvia Rosenberger, 3491 Straß im Straßertal
Tel.: 02735/2532, www.weingut-rosenberger.at
Grüner Veltliner Mehrklang 2022, Niederösterreich 93
Grüner Veltliner Symphonie 2022, Kamptal DAC 97
Pet Nat Sämling 2022, Österreich 268
Pet Nat Roesler 2022, Österreich 278
Zweigelt Rosé 2022, Niederösterreich 287

S

Winzerhof Schachinger, 3494 Gedersdorf
Tel.: 0664/5436797, www.schachingerwein.at
Grüner Veltliner Ried Tiefenthal 2022, Kremstal DAC 88
Grüner Veltliner Ried Weitgasse 2022, Kremstal DAC 88
Riesling Ried Steingraben 2021, Kremstal DAC 146
Luftkuss 2022, Niederösterreich 239
Frizzante Rosé NV, Österreichischer Perlwein
mit zugesetzter Kohlensäure 260

Weinbau und Buschenschank Familie Ernst Schauhuber, 3463 Stetteldorf am Wagram
Tel.: 0664/7859626, www.weinbau-schauhuber.at
Grüner Veltliner Reserve 2021, Niederösterreich 110
Grüner Veltliner Alte Reben 2022, Weinland 125

Weingut Herbert Weber, 7093 Jois
Tel.: 02160/8352, www.weber-weine.at
Grüner Veltliner 2022, Burgenland 102
Welschriesling 2022, Burgenland 131
Chardonnay 2022, Burgenland 161
Pinot Blanc 2021, Burgenland 178
Neuburger 2022, Burgenland 227

Weingut Weingartshofer, 2143 Großkrut
Tel.: 0699/11873107, www.weingartshofer.at
Grüner Veltliner Benjamin 2022, Weinviertel DAC 91
Welschriesling 2022, Niederösterreich 132
Gelber Muskateller 2022, Niederösterreich 207

Weingut Juliana Wieder, 7311 Neckenmarkt
Tel.: 02610/42438, www.weingut-juliana-wieder.at
Chardonnay Reserve Ried Bodigraben 2021, Burgenland 160
Muskat Ottonel 2022, Burgenland 224
Rosé brut 2019, Österreichischer Sekt 276
Rosé Blaufränkisch 2022, Burgenland 285

Weinbau Christian Wiedermann, 2225 Zistersdorf
Tel.: 0699/10556463, www.weinbau-wiedermann.at
Welschriesling 2022, Niederösterreich 133
Neuburger 2022, Niederösterreich 227

Weingut Wiedeschitz, 7301 Deutschkreutz
Tel.: 0650/9041286, www.weingut-wiedeschitz.at
Chardonnay Deutschkreutz 2022, Burgenland 162
Frizzante Chardonnay & Blütenmuskateller 2022 271

Weingut Wiesböck, 2403 Wildungsmauer
Tel.: 0699/10165976, www.wiesboeck-wildungsmauer.at
Grüner Veltliner „Der Schöne Josef" 2022, Österreich............119
Welschriesling 2022, Österreich 129
Gelber Muskateller 2022, Österreich 207

Weingut Franz Wieselthaler, 1100 Wien
Tel.: 01/6884716, www.weingut-wieselthaler.at
Weißburgunder 2022, Wien...176
Sauvignon Blanc 2022, Wien...198
Neuburger 2022, Weinland... 228
Wiener Gemischter Satz 2022, Wiener Gemischter Satz DAC....234
Wiener Gemischter Satz Ried Goldberg 2022,
Wiener Gemischter Satz DAC 236
Wiener Gemischter Satz Ried Weichseltal 2022,
Wiener Gemischter Satz DAC 237

Weinbau Heuriger Wiltschko, 1230 Wien
Tel.: 01/8885560, www.weinbau-wiltschko.at
Chardonnay Südrand 2020, Wien 161
Weißburgunder Ried Leiten 2021, Wien 174
Sauvignon Blanc 2022, Wien...198
Wiener Gemischter Satz Ried Maurerberg 2022,
Wiener Gemischter Satz DAC 239
Wiener Gemischter Satz Ried Leiten - Hausweingarten 2022,
Wiener Gemischter Satz DAC 242

Wein-Wimmer, 3714 Frauendorf an der Schmida
Tel.: 0680/1280683, www.wein-wimmer.at
Graburgunder Premium 2022, Niederösterreich 211

Winzer Krems, 3500 Krems an der Donau
Tel.: 02732/85511, www.winzerkrems.at
Grüner Veltliner Ried Kremser Wachtberg 2021,
Kremstal DAC Reserve...118

Weinbau J. Wittmann, 2161 Poysbrunn
Tel.: 0664/1953129, www.weinbau-wittmann.at
Grüner Veltliner Ried Franzbergen 2022, Weinviertel DAC.....................96
Welschriesling 2022, Niederösterreich 131
Riesling 2022, Niederösterreich 150
Weißburgunder 2022, Niederösterreich.....................................178
RosaMunde Frizzante 2022, Österreichischer Perlwein
mit zugesetzter Kohlensäure 262

Weingut Wutte, 8441 Fresing
Tel.: 0664/4567904, www.weingut-wutte.at
Sauvignon Blanc Klassik 2022, Steiermark 191
Gelber Muskateller Klassik 2022, Steiermark 201

Z

Weingut Stefan Zehetbauer, 7081 Schützen am Gebirge
Tel.: 02684/2523, www.zehetbauerwein.at
Chardonnay Ried Steinberg 2020, Leithaberg DAC 155
Pinot Blanc Ried Satz 2020, Leithaberg DAC 170

Weingut Zens, 2024 Mailberg
Tel.: 0660/5322843, www.weingutzens.at
Grüner Veltliner Reserve Ried Hundschupfen 2021, Niederösterreich..116
Riesling Reserve Ried Hundschupfen 2021, Niederösterreich.............150
Chardonnay Reserve Ried Antlasbergen 2022, Niederösterreich 163

WEISSWEIN GUIDE AUSTRIA 2023

MEDIENINHABER	MN Anzeigenservice GmbH, 1110 Wien, Brehmstraße 10/4. OG
	Tel.: +43/1/919 20-0, www.medianet.at
HERAUSGEBER	Johannes Fiala, Adi Schmid, Germanos Athanasiadis
REDAKTIONSLEITUNG	Johannes Fiala
DATENAUFBEREITUNG	Oliver Werbach
GRAFISCHE PRODUKTION	Lilo Werbach
VERLAGSLEITUNG GUIDES	Michael Stein
ASSISTENZ DER VERLAGSLEITUNG	Viktoria Wölfel
ANZEIGENVERKAUF	Werner Hascher, Günter Konecny, Thomas Parger
MARKETING & VERTRIEB	Alexandra Otto
DRUCK	Bösmüller Print Management GmbH & Co KG, 2000 Stockerau
VERTRIEB	Medienlogistik Pichler-ÖBZ GmbH & Co KG, IZ-NÖ Süd, Straße 1, Objekt 34, 2355 Wr. Neudorf
BESTELLUNG	www.medianet.at oder Tel.: +43/1/919 20-2152
COVERFOTO	Andrea Knura
FOTOS	Weinflaschen: Leon Karner, Constanze Trzebin/Fotostube (S 4, 18); www.oesterreichwein.at/Robert Herbst (S 11, 292-293); www.oesterreichwein.at/Wirz (S 8); www.oesterreichwein.at/WSNA (S 14-15, 17, 20, 24, 26, 29, 38-39, 40-41); www.oesterreichwein.at (S 21, 23); Weingut Bründlmayer/Anna Stöcher (S 30, 296); www.oesterreichwein.at/Weinbauverband Kärnten (S 42-43); www.oesterreichwein.at/Armin Faber (S 85, 105, 127, 135, 143, 151, 167, 181, 199, 209, 215, 231); www.oesterreichwein.at/Anna Stöcher (S 281); Niederösterreich Werbung/Robert Herbst (S 291); Monika Loeff (S 296); Mayer am Pfarrplatz/ Steve Haider (S 309); beigestellt